中等职业学校财经类专业基础课规划教材

财经法规与会计职业道德

CAIJING FAGUI YU KUAIJI ZHIYE DAODE

周　慧　赵金英　主　编
杨绪玲　副主编
于家臻　主　审

图书在版编目（CIP）数据

财经法规与会计职业道德 / 周慧，赵金英主编．—大连：东北财经大学出版社，2013.7

（中等职业学校财经类专业基础课规划教材）

ISBN 978-7-5654-1156-4

Ⅰ.财… Ⅱ.①周… ②赵… Ⅲ.①财政法-中国-中等专业学校-教材 ②经济法-中国-中等专业学校-教材 ③会计人员-职业道德-中等专业学校-教材 Ⅳ.①D922.2 ②F233

中国版本图书馆 CIP 数据核字（2013）第 132683 号

东北财经大学出版社出版

（大连市黑石礁尖山街 217 号 邮政编码 116025）

教学支持：（0411）84710309

营 销 部：（0411）84710711

总 编 室：（0411）84710523

网 址：http：//www.dufep.cn

读者信箱：dufep@dufe.edu.cn

大连日升印刷厂印刷　　　　东北财经大学出版社发行

幅面尺寸：185mm×260mm　　字数：311 千字　　印张：14

2013 年 7 月第 1 版　　　　2013 年 7 月第 1 次印刷

责任编辑：周 欢 郭海雷　　责任校对：那 欣

封面设计：张智波　　　　　版式设计：钟福建

ISBN 978-7-5654-1156-4

定价：24.00 元

前言

根据《国家中长期教育改革和发展规划纲要（2010—2020 年）》的战略部署，大力发展中等职业教育成为国家今后一项长期政策，这给中等职业教育带来了难得的发展机遇。在国家对中等职业教育高度重视的背景下，为适应中等职业学校教育教学改革，打破传统教学模式，更好地开展财经法规与会计职业道德课程的教学，我们组织编写了本教材。

内容简练、实用是本教材最主要的特色。本教材紧紧围绕中等职业教育人才培养目标，结合学校开设本课程的学时安排和学生的理解能力等因素，在内容设置上减少理论讲授，突出实用内容传授，将理论与实践紧密衔接，更加注重对学生分析与解决问题能力的培养。另外，本教材在编写体例上有所创新，设置了“案例导入”、“任务驱动”、“知识链接”、“拓展阅读”、“课后练习”等环节。在每个模块中设置“小知识”、“做一做”、“想一想”等小栏目，这样的设置便于课堂练习，能够激发学生的学习兴趣。尤其是书中的“任务驱动”环节，能够使学生在学习时带着任务进入课堂，诱导学生积极主动地探索教材，这是本教材的创新独到之处。

在编写过程中，我们搜集和参考了最新的法律法规，力求使本教材具有前瞻性、科学性、准确性和稳定性。同时，为方便任课老师教学，我们还为每个模块后的“课后练习”试题提供了答案，老师和同学们可登录东北财经大学出版社网站（www. dufep. cn）查询或下载这些网上教学资源。

本教材由周慧、赵金英担任主编，杨绪玲担任副主编。参与本教材编写的人员有：周慧、赵金英、杨绪玲、魏丽丽、孙萍、潘晓丽、李丕娟、魏晓辉、宋建强。全书由赵金英负责统稿。

在本教材的编写过程中，我们参考了大量的图书资料，在此谨向各位专家和同仁表示衷心的感谢！山东省教学研究室教研员于家臻老师担任了本书主审，特别致谢！

由于编者水平有限，书中不足之处在所难免，敬请同行及读者不吝赐教。

编　者

2013 年 4 月

目 录

模块一

公司法

学习目标

知识目标

1. 认知有限责任公司、股份有限公司的概念和特征；认知一人有限责任公司和国有独资公司的概念和特征；认知公司的法律责任。
2. 熟知有限责任公司、股份有限公司设立的程序；熟知公司股票和公司债券的概念和特征；熟知公司法人的法律责任。
3. 掌握有限责任公司、股份有限公司设立的条件和组织机构；掌握公司股票和公司债券的发行条件；掌握公司高级管理人员的法定义务和职责。

技能目标

1. 熟悉设立有限责任公司和股份有限公司的条件和注册流程。
2. 熟悉有限责任公司和股份有限公司的各组织机构的地位、权限和职责。
3. 具有为公司股票和公司债券发行和转让流程提供基本法律咨询的能力。

1.1 有限责任公司

案例导入

2012 年 4 月 1 日，甲、乙、丙、丁四家公司商议签订一份合同，合同约定：四方共同出资改造甲所属的食品厂，并把厂名定为“宏达食品有限责任公司”，注册资本为4 200万元。其中，甲以旧厂房作价 1 000 万元，并以“红星牌”食品商标折价 200 万元作为出资；乙以现金 550 万元，并以食品生产技术折价 450 万元作为出资；丙、丁各以现金 1 000万元作为出资。四家公司约定，在合同生效后 10 日内资金必须到位，由甲负责办理公司登记手续。2012 年 5 月 5 日，甲、乙、丙都按合同规定办理出资手续和财产转移手续，但丁提出，因资金困难，要求退出。甲、乙、丙均表示同意，并重新签订了一份合同，将公司注册资本改为 3 200 万元。2012 年 6 月 1 日，经工商注册登记，宏达食品有限责任公司正式成立。

请问：甲、乙、丙、丁四方签订的合同约定的出资是否符合法律规定，为什么？对丁的要求，甲、乙、丙是否应当接受？

案例评析：根据公司法的规定，有限责任公司注册资本最低限额为人民币 3 万元；股东可以用货币出资，也可以用实物、知识产权、土地使用权等可以用货币估价并可以依法转让的非货币财产作价出资；全体股东的货币出资金额不得低于有限责任公司注册资本的30%。因此，甲、乙、丙、丁四方签订的合同约定的出资符合法律规定。

根据公司法的规定，公司成立后，股东不得抽逃出资。本案中，丁退出出资是在公司成立之前，且得到甲、乙、丙的一致同意，符合法律规定，但应当向其他股东承担违约责任。

任务驱动

任务内容：完成鑫源有限责任公司模拟注册。

任务布置：将班级学生分成三个小组：第一组代表股东；第二组代表工商行政管理部门；第三组代表社会评估机构。每个小组选出组长和代表，根据公司法的相关知识明确本组应准备的材料、应完成的任务和注册的法定步骤，然后在班级内公开展示，教师应给予专业指导。

知识链接

1.1.1 有限责任公司的概念和特征

1. 有限责任公司的概念

有限责任公司是指依照《中华人民共和国公司法》（以下简称《公司法》）在中国境内设立的，由 50 个以下的股东共同出资设立的企业法人。股东以其认缴的出资额对公司承担有限责任，公司以其全部资产对公司的债务承担责任。

2. 有限责任公司的特征

1）公司资本的不等额性

有限责任公司的全部资本不划分为等额股份，股东按协议确定出资比例，按出资比例享有权利、承担义务及风险，股东的股权表现形式是公司签发的出资证明书。

2）股东人数的相对稳定性

有限责任公司股东人数的最高限额均由法律严格规定，使得股东人数相对稳定，而不像股份有限公司股东人数是无上限的。股东人数的相对稳定性决定了股东间的关系较为密切，股东出资的转让也受到严格限制。

3）股权转让的限制性

《公司法》第72条规定："有限责任公司的股东之间可以相互转让其全部或者部分股权。股东向股东以外的人转让股权，应当经其他股东过半数同意。股东应就其股权转让事项书面通知其他股东征求同意，其他股东自接到书面通知之日起满30日未答复的，视为同意转让。其他股东半数以上不同意转让的，不同意的股东应当购买该转让的股权；不购买的，视为同意转让。经股东同意转让的股权，在同等条件下，其他股东有优先购买权。"

4）设立程序的简便性

由于有限责任公司不发行股票，不向社会公开募集资本，这决定了它的设立方式只有发起设立，即由股东共同制定章程，缴纳出资，经验资机构验资，最后由指定的代表或委托的代理人向公司登记机关申请设立登记，公司即告成立。

陈家三兄弟共同出资设立了一家有限责任公司，其中老大以房产出资50万元，公司成立后又吸收孙某入股。后查明，老大的房产实际价值仅为30万元，老大对出资不足应承担怎样的责任呢?

案例评析：老大应当补足差额。有限责任公司成立后，发现作为设立公司出资的非货币资产的实际价额显著低于公司章程所定价额的，应当由交付该出资的股东补足其差额；公司设立时的其他股东承担连带责任。

1.1.2 有限责任公司的设立

1. 有限责任公司设立的条件

1）股东符合法定的人数

根据我国《公司法》第24条规定，有限责任公司由50个以下股东出资设立。

2）股东出资达到法定资本的最低限额

由于有限责任公司的资本是由股东的出资构成的，因此，公司在设立时，股东的出资必须达到法定资本最低限额。有限责任公司的注册资本为在公司登记机关登记的全体股东认缴的出资额。

根据我国《公司法》第26条规定，有限责任公司注册资本最低限额为人民币3万元。法律、行政法规对有限责任公司注册资本的最低限额有较高规定的，从其规定。

股东出资应符合两个条件：一是公司全体股东的首次出资额不得低于注册资本的20%；二是股东出资额不得低于法定注册资本的最低限额，其余部分由股东自公司成立之日起2年内缴足。其中，投资公司可以在5年内缴足。

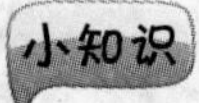

各类公司注册资本最低限额

有限责任公司	一般为3万元 一人有限责任公司为10万元
股份有限公司	注册资本的最低限额为500万元
商业银行	全国性商业银行10亿元 城市商业银行1亿元 农村商业银行5 000万元
拍卖公司	一般拍卖公司100万元 经营文物拍卖的拍卖公司1 000万元
证券公司	经纪类证券公司5 000万元 综合类证券公司根据经营项目分别为1亿元、5亿元
保险公司	注册资本最低限额为2亿元

3）股东共同制定公司章程

公司章程是公司设立及活动的基本规则，是公司依法确立公司内外部法律关系及股东权利义务的基本法律文件。设立公司必须依法制定公司章程，公司章程对公司、股东、董事、监事、高级管理人员具有约束力。

公司章程应当载明下列事项：公司名称和住所；公司经营范围；公司注册资本；股东的姓名或者名称；股东的出资方式、出资额和出资时间；公司的机构及其产生办法、职权、议事规则；公司法定代表人；股东会会议认为需要规定的其他事项。股东应当在公司章程上签名、盖章。

4）有公司名称，建立符合有限责任公司要求的组织机构

依法设立的有限责任公司必须在公司名称中标明“有限责任公司”或者“有限公司”字样。同时，有限责任公司还必须建立与法律规定相一致的组织机构，即设立股东会、董事会或执行董事、监事会或监事。

小知识

公司名称要符合法定格式，一个完整的公司名称应当由行政区划、字号、行业、组织形式四部分依次组成。如：山东鑫源食品有限公司即由行政区划（山东）+公司字号（鑫源）+行业（食品）+组织形式（有限责任公司）组成。

5）有固定的生产经营场所和必要的生产经营条件

生产经营场所是指公司进行生产经营活动的地方。公司要有固定的生产经营场所，一方面是进行正常生产经营活动的需要；另一方面也便于国家有关部门对其生产经营活动进行必要的监督管理。公司的生产经营场所既包括公司的住所，即公司主要办事机构所在地，也包括其他经营场所。生产经营条件是指与公司经营范围相适应的条件，如必要的机器设备、设施，必要的工作环境，必要的从业人员等。

2. 有限责任公司设立的程序

1）股东制定公司章程

有限责任公司章程由公司全体股东共同订立，经全体股东同意并在公司章程上签名、盖章。公司章程对公司、股东、董事、监事、高级管理人员具有约束力。

国有独资公司的章程由国家授权投资的机构或者国家授权的部门制定，或者由董事会制定，报国家授权投资的机构或者国家授权的部门批准。

2）股东缴纳出资并验资

股东可以用货币出资，也可以用实物、知识产权、土地使用权等可以用货币估价并可以依法转让的非货币财产作价出资。但是，法律，行政法规规定不得作为出资的财产除外。对作为出资的非货币财产的应当评估作价，核实财产，不得高估或者低估作价。法律、行政法规对评估作价有规定的，从其规定。全体股东的货币出资金额不得低于有限责任公司注册资本的30%。

想一想

甲、乙、丙、丁、戊5个有限责任公司共同投资设立盛世有限责任公司，注册资本总额为100万元，其中甲以现金40万元出资，乙以其对B有限责任公司享有的股权作价15万元出资。

请问：甲、乙的出资形式是否符合现行法律规定？

案例评析：根据法律规定，股东可以用货币出资，也可以用实物、知识产权、土地使用权等可以用货币估价并可以依法转让的非货币财产作价出资。但是，法律、行政法规规定不得作为出资的财产除外。甲用货币出资是符合法律规定的，乙对B有限责任公司享有的股权可以用货币估价并可以依法转让，所以也可以作价出资。

以下几种出资形态中，符合《公司法》规定的是(　　)。

A. 劳务出资

B. 管理技能出资

C. 信用出资

D. 非专利技术出资

【答案】D

股东应当按期足额缴纳公司章程中规定的各自认缴的出资额。股东以货币出资的，应当将货币足额存入有限责任公司在银行开设的账户；以非货币财产出资的，应当依法办理其财产权的转移手续。股东不按照前款规定缴纳出资的，除应当向公司足额缴纳外，还应当向已按期足额缴纳出资的股东承担违约责任。

股东缴纳出资后，必须经依法设立的验资机构验资并出具证明。

3）设立登记

股东的首次出资经依法设立的验资机构验资后，由全体股东指定的代表或者共同委托的代理人向公司登记机关报送公司登记申请书、公司章程、验资证明等文件，申请设立登记。

有限责任公司成立后，发现作为设立公司出资的非货币资产的实际价额显著低于公司章程所定价额的，应当由交付该出资的股东补足其差额；公司设立时的其他股东承担连带责任。

公司登记机关对符合《公司法》规定条件的予以登记，发给公司营业执照。公司营业执照签发日期为有限责任公司成立日期。公司成立后，股东不得抽逃出资。

甲、乙、丙共同出资设立了一有限责任公司，其中甲以机器设备作价出资 25 万元。公司成立半年后，吸收丁入股。1 年后，该公司因拖欠巨额债务被诉至法院。法院查明，甲作为出资的机器设备出资时价值仅为 15 万元，甲现有可执行的个人财产 8 万元。下列处理方式中，符合公司法规定的是(　　)。

A. 甲以现有财产补交差额，不足部分待有财产时再行补足

B. 甲以现有财产补交差额，不足部分由乙、丙补足

C. 甲以现有财产补交差额，不足部分由乙、丙、丁补足

D. 甲无需补交差额，其他股东也不负补交差额的责任

【答案】B

4）签发出资证明书

有限责任公司登记注册后应当向股东签发出资证明书。出资证明书是证明股东出资份额的书面凭证。出资证明书应当载明下列事项：公司名称；公司成立日期；公司注册资本；股东的姓名或者名称、缴纳的出资额和出资日期；出资证明书的编号和核发日期。出资证明书由公司盖章。

出资证明书是确认股东出资的凭证，应当载明的事项有(　　)。

A. 公司名称

B. 公司成立日期

C. 公司注册资本

D. 股东的姓名或者名称、缴纳的出资额和出资日期

【答案】ABCD

1.1.3　有限责任公司的组织机构

1. 股东会

1）股东会的性质和职权

有限责任公司的股东会由全体股东组成。股东会是公司的权力机构，是公司的最高决策机关，对公司的重大问题进行决策。根据《公司法》第 38 条规定，有限责任公司的股东会行使下列职权：

（1）决定公司的经营方针和投资计划；

（2）选举和更换非由职工代表担任的董事、监事，决定有关董事、监事的报酬事项；

（3）审议批准董事会的报告；

（4）审议批准监事会或者监事的报告；

（5）审议批准公司的年度财务预算方案、决算方案；

（6）审议批准公司的利润分配方案和弥补亏损方案；

（7）对公司增加或者减少注册资本作出决议；

（8）对发行公司债券作出决议；

（9）对公司合并、分立、变更公司形式、解散和清算等事项作出决议；

（10）修改公司章程；

（11）公司章程规定的其他职权。

2）股东会的议事规则

（1）首次股东会会议由出资最多的股东召集和主持。股东会会议分为定期会议和临时会议。定期会议应当按照公司章程的规定按时召开。代表1/10以上表决权的股东，1/3以上的董事，监事会或者不设监事会的公司的监事提议召开临时会议的，应当召开临时会议。召开股东会会议应当于会议召开15日前通知全体股东。但是，公司章程另有规定或者全体股东另有约定的除外。

根据《公司法》的规定，下列各项中，属于有限责任公司股东会职权的是（　　）。

A. 决定公司的经营计划和投资方案

B. 选举和更换全部监事

C. 对发行公司债券作出决议

D. 对股东向股东以外的人转让出资作出决议

【答案】C

（2）股东会会议的召集与组织。有限责任公司设立董事会的，股东会会议由董事会召集，董事长主持；董事长不能履行职务或者不履行职务的，由副董事长主持；副董事长不能履行职务或者不履行职务的，由半数以上董事共同推举一名董事主持。有限责任公司不设董事会的，股东会会议由执行董事召集和主持。

董事会或者执行董事不能履行或者不履行召集股东会会议职责的，由监事会或者不设监事会的公司的监事召集和主持；监事会或者监事不召集和主持的，代表1/10以上表决权的股东可以自行召集和主持。

（3）股东会的议事方式和表决程序。股东会会议由股东按照出资比例行使表决权。股东会会议作出修改公司章程、增加或者减少注册资本的决议，以及公司合并、分立、解散或者变更公司形式的决议，必须经代表2/3以上表决权的股东通过。

某有限责任公司打算与另一公司合并，该合并方案必须经（　　）。

A. 代表1/2以上表决权的股东通过

B. 代表2/3以上表决权的股东通过

C. 全体股东通过

D. 出席股东会的全体股东通过

【答案】B

2. 董事会

1）董事会的设立及职权

（1）董事会及其成员构成。有限责任公司设董事会，其成员为3～13人。但设有执行董事的除外。

两个以上的国有企业或者两个以上的其他国有投资主体投资设立的有限责任公司，其董事会成员中应当有公司职工代表；其他有限责任公司董事会成员中可以有公司职工代表。董事会中的职工代表由公司职工通过公司职工代表大会、职工大会或者其他形式民主选举产生。

董事会设董事长1人，可以设副董事长。董事长、副董事长的产生办法由公司章程规定。

两家国有企业设立了一有限责任公司。该公司董事会中的职工代表应由(　　)。

A. 股东会选举产生

B. 公司职工民主选举产生

C. 监事会指定

D. 工会指定

【答案】B

(2) 董事的任职期限。董事任期由公司章程规定，但每届任期不得超过三年。董事任期届满，连选可以连任。

董事任期届满未及时改选，或者董事在任期内辞职导致董事会成员低于法定人数的，在改选出的董事就任前，原董事仍应当依照法律、行政法规和公司章程的规定，履行董事职务。

(3) 董事会的职权。董事会对股东会负责，行使下列职权：

①召集股东会会议，并向股东会报告工作；

②执行股东会的决议；

③决定公司的经营计划和投资方案；

④制订公司的年度财务预算方案、决算方案；

⑤制订公司的利润分配方案和弥补亏损方案；

⑥制订公司增加或者减少注册资本以及发行公司债券的方案；

⑦制订公司合并、分立、变更公司形式、解散的方案；

⑧决定公司内部管理机构的设置；

⑨决定聘任或者解聘公司经理及其报酬事项，并根据经理的提名决定聘任或者解聘公司副经理、财务负责任人及其报酬事项；

⑩制定公司的基本管理制度；

⑪公司章程规定的其他职权。

2）董事会的议事规则

董事会会议由董事长召集和主持；董事长不能履行职务或者不履行职务的，由副董事长召集和主持；副董事长不能履行职务或者不履行职务的，由半数以上董事共同推举一名董事召集和主持。

董事会应当对所议事项的决定作成会议记录，出席会议的董事应当在会议记录上签名。董事会决议的表决，实行一人一票。

3. 经理

有限责任公司可以设经理，由董事会决定聘任或者解聘。经理对董事会负责，行使下列职权：

(1) 主持公司的生产经营管理工作、组织实施董事会决议；

（2）组织实施公司年度经营计划和投资方案；

（3）拟订公司内部管理机构设置方案；

（4）拟订公司的基本管理制度；

（5）制定公司的具体规章；

（6）提请聘任或者解聘公司副经理、财务负责人；

（7）决定聘任或者解聘除应由董事会决定聘任或者解聘以外的负责管理人员；

（8）董事会授予的其他职权。

有限责任公司可以设经理，由董事会决定聘任或者解聘。经理对董事会负责，可以行使的职权包括(　　)。

A. 决定公司年度经营计划和投资方案

B. 决定公司内部管理机构设置

C. 制定公司的具体规章

D. 决定聘任或解聘公司副经理、财务负责人

【答案】C

4. 监事会

1）监事会的设立与组成

（1）监事会及其成员构成。有限责任公司设监事会，其成员不得少于3人。股东人数较少或者规模较小的有限责任公司，可以设1～2名监事，不设监事会。

监事会成员应当包括股东代表和适当比例的公司职工代表，其中职工代表的比例不得低于1/3，具体比例由公司章程规定。监事会中的职工代表由公司职工通过职工代表大会、职工大会或者其他形式民主选举产生。

监事会设主席一人，由全体监事过半数选举产生。监事会主席召集和主持监事会会议；监事会主席不能履行职务或者不履行职务的，由半数以上监事共同推举一名监事召集和主持监事会会议。

董事、高级管理人员不得兼任监事。

（2）监事的任职期限。监事的任期每届为3年。监事任期届满，连选可以连任。

2）监事会或监事的职权

监事会、不设监事会的公司的监事行使下列职权：

（1）检查公司财务；

（2）对董事、高级管理人员执行公司职务的行为进行监督，对违反法律、行政法规、公司章程或者股东会会议的董事、高级管理人员提出罢免的建议；

（3）当董事、高级管理人员的行为损害公司的利益时，要求董事、高级管理人员予以纠正；

（4）提议召开临时股东会会议，在董事会不履行规定的召集和主持股东会会议职责时召集和主持股东会会议；

（5）向股东会会议提出提案；

（6）依照《公司法》152条的规定，对董事、高级管理人员提起诉讼；

(7) 公司章程规定的其他职权。

根据《公司法》的规定，下列选项中，属于有限责任公司监事会的职权的是(　　)。

A. 向股东会会议提出提案

B. 选举和更换由股东代表出任的监事

C. 提议召开临时股东会

D. 决定公司内部管理机构的设置

【答案】AC

拓展阅读

一人有限责任公司的特别规定

一人有限责任公司是指只有一个自然人股东或者一个法人股东的有限责任公司。其特别规定有：

(1) 一人有限责任公司的注册资本最低限额为人民币10万元。股东应当一次足额缴纳公司章程规定的出资额。

(2) 一人有限责任公司应当在公司登记中注明自然人独资或者法人独资，并在公司营业执照中载明。

(3) 一人有限责任公司章程由股东制定。

(4) 一人有限责任公司不设股东会。

(5) 一人有限责任公司应当在每一会计年度终了时编制财务会计报告，并经会计师事务所审计。

(6) 一人有限责任公司的股东不能证明公司财产独立于股东自己的财产的，应当对公司债务承担连带责任。

国有独资公司的特别规定

国有独资公司是指国家单独出资、由国务院或者地方人民政府授权本级人民政府国有资产监督管理机构履行出资人职责的有限责任公司。其特别规定有：

(1) 国有独资公司不设股东会，由国有资产监督管理机构行使股东会职权。国有资产监督管理机构可以授权公司董事会行使股东会的部分职权，决定公司的重大事项，但公司的合并、分立、解散、增加或者减少注册资本和发行公司债券，必须由国有资产监督管理机构决定。

(2) 国有独资公司设董事会，董事会成员由国有资产监督管理机构委派。董事会成员中应当有公司职工代表，董事会成员中的职工代表由公司职工代表大会选举产生。国有独资公司的董事长、副董事长、董事、高级管理人员，未经国有资产监督管理机构同意，不得在其他有限责任公司、股份有限公司或者其他经济组织兼职。

(3) 国有独资公司设监事会，监事会成员不得少于5人，其中职工代表比例不得低于1/3，具体比例由公司章程规定。监事会成员由国有资产监督管理机构委派，但是，监事会成员中的职工代表由公司职工代表大会选举产生。监事会主席由国有资产监督管理机构从监事会成员中指定。

课后练习

一、选择题

1. 甲、乙、丙于2012年3月出资设立东方医疗器械有限责任公司。2012年10月，该公司又吸收丁入股。2012年12月，该公司因经营不善造成严重亏损，拖欠巨额债务，被依法宣告破产。人民法院在清算中查明：甲在公司设立时作为出资的房产，其实际价额明显低于公司章程所定价额；甲的个人财产不足以抵偿其应出资额与实际出资额的差额。按照我国《公司法》的规定，对甲出资不足的行为，正确的处理方法是(　　)。

A. 甲以个人财产补交其差额，不足部分由乙、丙、丁补足

B. 甲以个人财产补交其差额，不足部分由乙、丙补足

C. 甲以个人财产补交其差额，不足部分待有财产时再补足

D. 甲、乙、丙、丁均不承担补交该差额的责任

2. 有限责任公司的章程制定后，应在章程上签名、盖章的是(　　)。

A. 股东　　B. 董事

C. 监事　　D. 经理

3. 有限责任公司的权力机构是(　　)。

A. 股东会　　B. 股东大会

C. 董事会　　D. 监事会

4. 甲国有企业与乙国有企业共同投资设立一家丙有限责任公司，丙公司董事会成员的人数应为(　　)。

A. 3～9人　　B. 3～13人

C. 5～15人　　D. 5～19人

5. 根据我国《公司法》的规定，下列人员中，可以担任公司监事的是(　　)。

A. 公司董事　　B. 公司股东

C. 公司财务负责人　　D. 公司经理

6. 关于有限公司的出资转让，表述不正确的是(　　)。

A. 有限责任公司的股东之间可以相互转让其全部或者部分股权，需经其他股东同意

B. 股东向股东以外的人转让股权，应当经其他股东所持股权过半数同意。股东应就其股权转让事项书面通知其他股东征求同意，其他股东自接到书面通知之日起满30日未答复的，视为同意转让。其他股东半数以上不同意转让的，不同意的股东应当购买该转让的股权；不购买的，视为同意转让

C. 股权转让，在同等条件下，其他股东有优先购买权。两个以上股东主张行使优先购买权的，协商确定各自的购买比例；协商不成的，按照转让时各自的出资比例行使优先购买权

D. 公司章程对股权转让另有规定的，从其规定

7. 根据我国《公司法》的规定，公司成立的时间是(　　)。

A. 工商行政管理机关作出予以核准登记的决定之日

B. 工商行政管理机关签发《企业法人营业执照》之日

C. 申请人收到《企业法人营业执照》之日

D. 公司成立公告发布之日

8. 根据我国《公司法》的规定，有限责任公司董事长应当由(　　)。

A. 股东会选举产生　　B. 董事会选举产生

C. 职工代表大会选举产生　　D. 公司章程规定的方式选举产生

二、简答题

1. 有限责任公司设立应具备哪些法定条件?

2. 有限责任公司董事会有哪些职权?

3. 什么是《公司法》中规定的股东表决权?

三、案例分析

1. 2011 年 8 月 8 日，甲、乙、丙、丁共同出资设立了一家有限责任公司（下称公司）。公司未设董事会，仅设丙为执行董事。2012 年 6 月 8 日，甲与戊订立合同，约定将其所持有的全部股权以 20 万元的价格转让给戊。甲于同日分别向乙、丙、丁发出拟转让股权给戊的通知书。乙、丙分别于同年 6 月 20 日和 24 日回复，均要求在同等条件下优先购买甲所持公司全部股权。丁于同年 6 月 9 日收到甲的通知后，至 7 月 15 日未就此项股权转让事项作出任何答复。戊在对公司进行调查的过程中，发现乙在公司设立时以机器设备折合 30 万元用于出资，而该机器设备当时的实际价值仅为 10 万元。请问：

（1）丁未作答复将产生何种法律效果？并说明理由。

（2）乙、丙要求在同等条件下，优先受让甲所持公司全部股权，应当如何处理?

（3）如果乙出资不实的行为属实，应当如何处理?

2. 甲、乙、丙、丁等 20 人拟共同出资设立某有限责任公司。股东共同制定了公司章程，在公司章程中，对董事任期、监事会组成、股权转让规则等事项做了如下规定：公司董事任期为 4 年；公司设立监事会，监事会成员为 7 人，其中包括 2 名职工代表。请问：

（1）公司章程中关于董事任期的规定是否合法？为什么?

（2）公司章程中关于监事会职工代表人数的规定是否合法？为什么?

1.2 股份有限公司

案例导入

甲、乙、丙、丁、戊拟发起设立远洋股份有限公司，初步拟定的公司章程包括以下内容：（1）注册资本 2 000 万元，其中甲、乙共以货币 600 万元出资；丙以实物作价出资，经评估机构评估为 800 万元；丁以其专利技术出资，作价 600 万元。因为资金问题，各股东都在成立之时首次出资只缴纳 30%，其他部分在 6 年内缴足。（2）公司不设董事会，由甲任执行董事；乙担任经理；公司不设监事会，由乙兼任公司的监事。（3）股东大会应当每年召开一次年会。股东大会会议由董事会召集，董事会不能履行或者不履行召集股东大会会议职责的，经理应当负责召集和主持。

远洋公司成立后经营顺利，发展迅速，于 2009 年 6 月发行股票并上市交易，并设立了董事会。2010 年，公司召开董事会，通过以下决议：（1）根据经理丙的提名解聘财务负责人甲。（2）决定发行公司债券，责成董事乙准备有关发行文件报送有关部门审批。

(3) 增选戊为公司董事，戊3年前曾因挪用公司财产被判刑6个月。(4) 该次董事会会议记录由出席董事会会议的全体董事和列席会议的监事签名后存档。

请问：(1) 股东的出资期限是否符合法律规定?

(2) 公司的组织机构设置是否符合规定?

(3) 股东大会会议召集制度是否符合规定?

(4) 远洋公司董事会通过的三项决议是否符合规定?

(5) 指出本案例中董事会签字存档有无不规范之处。

案例评析：(1) 股东的出资期限不符合法律规定。根据规定，公司的发起人的首次出资额不得低于注册资本的20%，其余部分由发起人自公司成立之日起2年内缴足。本题中，股东约定在6年内缴足是不符合规定的。

(2) 公司的组织机构设置不符合规定。根据规定，股份有限公司必须设立董事会和监事会，而且公司的经理不能兼任监事。所以本公司决定“公司不设董事会，由甲任执行董事；乙担任经理；公司不设监事会，由乙兼任公司的监事”是不符合规定的。

(3) 股东大会会议召集制度不符合规定。根据规定，股东大会会议由董事会召集，董事长主持；董事长不能履行职务或者不履行职务的，由副董事长主持；副董事长不能履行职务或者不履行职务的，由半数以上董事共同推举一名董事主持。董事会不能履行或者不履行召集股东大会会议职责的，监事会应当及时召集和主持；监事会不召集和主持的，连续90天以上单独或者合计持有公司10%以上股份的股东可以自行召集和主持。

(4) 决定发行公司债券和增选戊为公司董事不符合法律规定。根据规定，决定发行公司债券是股东会的职权；因贪污、贿赂、侵占财产、挪用财产或者破坏社会主义市场经济秩序罪，被判处刑罚，执行期满未逾5年，或者因犯罪被剥夺政治权利，执行期满未逾5年的人不得被选为公司董事。

(5) 董事会会议记录由列席会议的监事签名不符合规定。根据规定，董事会应当对会议所议事项的决定作成会议记录，出席会议的董事应当在会议记录上签名。

任务驱动

任务内容：模拟完成正大股份有限公司募集设立的材料准备及注册。

任务布置：将学生分成五个小组：第一组代表发起人；第二组代表工商行政管理部门；第三组代表社会评估机构；第四组代表承销机构和证券公司；第五组代表国务院授权部门或者省级人民政府。每个小组选出组长和代表，根据公司法的相关知识，明确本组应准备的材料、应完成的任务和注册的法定步骤，然后在班级内公开展示，教师应给予专业指导。

知识链接

1.2.1 股份有限公司的概念和特征

1. 股份有限公司的概念

股份有限公司是指将全部资本分为等额股份，股东以其认购的股份为限对公司承担有限责任，公司以其资产为限对公司债务承担责任的企业法人。

2. 股份有限公司的特征

(1) 股东责任的有限性。股份有限公司的股东仅以自己持有的股份为限对公司债务承担责任。公司的债务以公司独立的资产清偿。

（2）股东人数的广泛性。股份有限公司的人数只有下限而没有上限，且公司可以公开向社会募集资本，股份可以自由转让，这就决定了股份有限公司股东人数的广泛性和不确定性。

（3）股份的等额性。股份有限公司的全部资本划分为若干股份，每股金额相等。公司的股份体现为股票形式。股票可以向社会公开发行，持有公司股票即为公司股东。

（4）股份有限公司的设立程序较为复杂。由于股份有限公司的资本数额较大，股东人数众多，国家对其设立的要求和监督管理也更为严格。与有限责任公司相比，股份有限公司的设立程序较为复杂。

我国《公司法》规定的有限责任公司与股份有限公司两种公司形式的主要区别包括(　　)。

A. 设立方式不同　　B. 股东人数上下限规定不同

C. 出资证明形式不同　　D. 股权转让方式不同

【答案】ABCD

1.2.2　股份有限公司的设立

1. 股份有限公司设立的条件

（1）发起人符合法定人数。设立股份有限公司，应当有2人以上200人以下为发起人，其中须有半数以上的发起人在中国境内有住所。

（2）发起人认购和募集的股本达到法定资本最低限额，股份有限公司注册资本的最低限额为人民币500万元，法律、行政法规对股份有限公司注册资本的最低限额有较高规定的，从其规定。

（3）股份发行、筹办事项符合法律规定。

（4）发起人制定公司章程，并经创立大会通过。

（5）有公司名称，建立符合股份有限公司要求的组织机构。

（6）有公司住所。

甲、乙、丙、丁、戊五位投资者共同出资设立股份有限公司，甲出资150万元，乙出资200万元，丙、丁各出资50万元，根据公司法的规定，戊至少应出资(　　)。

A. 50万元　　B. 100万元

C. 200万元　　D. 300万元

【答案】A

2. 股份有限公司的设立程序

股份有限公司的设立，可以采取发起设立或募集设立的方式。发起设立是指由发起人认购公司应发行的全部股份而设立公司。募集设立是指由发起人认购公司应发行股份的一部分，其余部分向社会公开募集而设立公司。

（1）发起人制定公司章程。发起人在确立了设立公司的共同意见并订立了发起人协议后，可开始进行公司的筹建工作。

全体发起人制定股份有限公司章程应当载明下列事项：公司名称和住所、公司经营范围、公司设立方式；公司股份总数、每股金额和注册资本、发起人的姓名或者名称、认购的股份数；股东的权利和义务；董事会的组成、职权、任期和议事规则；公司法定代表人；监事会的组成、职权、任期和议事规则；公司利润分配办法；公司的解散事由与清算办法；公司的通知和公告办法；股东大会认为需要规定的其他事项。

（2）设立审批。股份有限公司的设立必须经过国务院授权的部门或者省级人民政府批准。

（3）出资和募股。股份有限公司的设立可以采取发起设立或者募集设立的方式。股份有限公司的发起人可以用货币出资，也可以用实物、知识产权、土地使用权等可以用货币估价并可以依法转让的非货币财产作价出资。对作为出资的非货币财产应当评估作价，核实财产，不得高估或者低估作价。土地使用权的评估作价，依照法律、行政法规的规定办理。

以发起方式设立的，注册资本为在公司登记机关登记的全体发起人认购的股本总额。公司全体发起人的首次出资额不得低于注册资本的20%，其余部分由发起人自公司成立之日起2年内缴足；其中投资公司可以在5年内缴足。发起人应当书面认足公司章程规定其认购的股份；一次缴纳的，应即缴纳全部出资；分期缴纳的，应即缴纳首期出资。以非货币财产出资的，应当依法办理其财产权的转移手续。

以募集方式设立股份有限公司的，发起人认购的股份不得少于公司股份总数的35%，但法律、行政法规另有规定的，从其规定。发起人向社会公开募集股份，必须公告招股说明书，并制作认股书。发起人向社会公开募集股份，应当由依法设立的证券公司承销，签订承销协议，还应当同银行签订代收股款协议。以募集方式设立股份有限公司公开发行股票的，还应当向公司登记机关报送国务院证券监督管理机构的核准文件。募股申请得到批准后，发起人即可向社会公告招股说明书和公司章程，邀约社会单位和个人认股。

有限责任公司可以实行募集设立吗？

募集设立股份有限公司，要求发起人认购股份不得少于（　　）。

A. 公司股份总数的25%　　B. 公司股份总数的20%

C. 公司股份总数的35%　　D. 公司股份总数的45%

【答案】C

发起人、认股人缴纳股款或者交付抵作股款的出资后，除未按期募足股份、发起人未按期召开创立大会或者创立大会决议不设立公司的情形外，不得抽回其股本。

（4）建立公司的组织机构。采取发起方式设立的，发起人首次缴纳出资后，应当选举董事会和监事会，由董事会向公司登记机关申请设立登记。采取募集方式设立的，发行股份的股款缴足后，发起人应当自股款缴足之日起30日内主持召开公司创立大会，创立大会由发起人、认股人组成。发起人应当在创立大会召开15日前将会议日期通知各认股人或者予以公告。创立大会应当有代表股份总数过半数的发起人、认股人出席，方可举行。

创立大会行使下列职权：审议发起人关于公司筹办情况的报告；通过公司章程；选举董事会成员；选举监事会成员；对公司的设立费用进行审核；对发起人用于抵作股款的财产的作价进行审核；发生不可抗力或者经营条件发生重大变化直接影响公司设立的，可以作出不设立公司的决议。创立大会对上述事项作出决议，必须经出席会议的认股人所持表决权过半数通过。

创立大会对通过公司章程作出决议，必须经出席会议的认股人所持表决权1/2以上通过。这种说法是否正确？

问题评析：这种说法是错误的。创立大会对公司章程作出决议，必须经出席会议的认股人所持表决权过半数通过。“过半数”不包括本数，“1/2”包括本数，两者在法律上的含义是有区别的。

（5）公司设立。公司登记机关自接到股份有限公司设立登记申请之日起30日内作出是否予以登记的决定，对符合《公司法》规定条件的，予以登记，发给公司营业执照，公司营业执照签发日期为公司成立日期。

做一做

下列选项中，股份有限公司法定成立日期是(　　)。

A. 公司设立登记的申请日期　　B. 公司营业执照签发日期

C. 公司成立的公告日期　　D. 公司登记机关通知指定的日期

【答案】B

1.2.3　股份有限公司的组织机构

1. 股份有限公司的股东大会

1）股东大会的性质和职权

股东大会是公司的权力机构，由股份有限公司的股东组成。股东大会行使以下职权：

（1）决定公司的经营方针和投资计划；

（2）选举和更换董事，决定有关董事的报酬事项；

（3）选举和更换由股东代表出任的监事、决定有关监事的报酬事项；

（4）审议批准董事会的报告；

（5）审议批准监事会的报告；

（6）审议批准公司的年度财务预算方案、决算方案；

（7）审议批准公司的利润分配方案和弥补亏损方案；

（8）对公司增加或者减少注册资本作出决议；

（9）对发行公司债券作出决议；

（10）对公司合并、分立、解散和清算等事项作出决议和修改公司章程。

根据《公司法》的规定，不属于股份有限公司股东大会职权的是(　　)。

A. 决定公司的经营计划和投资方案　　B. 选举和更换全部监事

C. 对发行公司债券作出决议　　D. 对股东转让股份作出决议

【答案】ABD

2）股东大会及临时股东大会的召开

股东大会应当每年召开一次年会。有下列情形之一的，应当在两个月内召开临时股东大会：

（1）董事人数不足法律规定人数或者公司章程所定人数的2/3时；

（2）公司未弥补的亏损达实收股本总额1/3时；

（3）单独或者合计持有公司10%以上股份的股东请求时；

（4）董事会认为必要时；

（5）监事会提议召开时；

（6）公司章程规定的其他情形。

根据《公司法》的规定，股份有限公司应当召开临时股东大会的情形包括(　　)。

A. 董事人数不足法定人数或者公司章程所定人数的1/2时

B. 公司未弥补的亏损达实收股本总额的1/3时

C. 持有公司股份5%的股东请求时

D. 监事会提议召开时

【答案】ABD

3）股东大会的议事规则

（1）股东大会的召集。股东大会会议由董事会召集，董事长主持；董事长不能履行职务或者不履行职务的，由副董事长主持；副董事长不能履行职务或者不履行职务的，由半数以上董事共同推举一名董事主持。董事不能履行或者不履行召集股东大会会议职责的，监事会应当及时召集和主持；监事会不召集和主持的，连续90日以上单独或者合计持有公司10%以上股份的股东可以自行召集和主持。

（2）表决权与股东大会议事规则。股东出席股东大会会议，所持每一股份有一表决权。股东大会作出决议，必须经出席会议的股东所持表决权过半数通过。但是，股东大会作出修改公司章程、增加或者减少注册资本的决议，以及公司合并、分立、解散或者变更公司形式的决议，必须经出席会议的股东所持表决权的2/3以上通过。

（3）表决权的代理行使。股东可以委托代理人出席股东大会会议，代理人应当向公司提交股东授权委托书，并在授权范围内行使表决权。

（4）股东大会的会议记录。股东大会应当对所议事项的决定作成会议记录，主持人、出席会议的董事应当在会议记录上签名。会议记录应当与出席股东的签名册及代理出席的委托书一并保存。

根据《公司法》的规定，股份有限公司股东大会所作出的下列决议中，必须经出席会议的股东所持表决权的2/3以上通过的是(　　)。

A. 公司合并决议　　　　B. 公司分立决议

C. 修改公司章程决议　　D. 批准公司年度预算方案决议

【答案】ABC

2. 股份有限公司的董事会和经理

想一想

蓝天股份有限公司的董事长谢某出了车祸，无法主持董事会会议，你认为应该由谁来主持会议呢?

1）董事会

(1）董事会设立及其职权。股份有限公司设董事会，其成员为5～19人。董事会成员中可以有公司职工代表。董事会中的职工代表由公司职工通过职工代表大会、职工大会或者其他形式民主选举产生。

关于有限责任公司董事会任期和董事会职权的规定，适用于股份有限公司。

(2）董事会的组成。董事会设董事长1人，可以设副董事长。董事长和副董事长由董事会以全体董事的过半数选举产生。董事长召集和主持董事会会议，检查董事会决议的实施情况。副董事长协助董事长工作，董事长不能履行职务或者不履行职务的，由副董事长履行职务；副董事长不能履行职务或者不履行职务的，由半数以上董事共同推举一名董事履行职务。

(3）董事会的召开。董事会每年度至少召开2次会议，每次会议应当于会议召开10日前通知全体董事和监事。代表1/10以上表决权的股东、1/3以上董事或者监事会，可以提议召开董事会临时会议。

根据《公司法》的规定，可以提议召开股份有限公司临时董事会会议的是(　　)。

A. 代表20%表决权的股东提议　　B. 40%的董事提议

C. 总经理提议　　D. 监事会提议

【答案】ABD

(4）董事会的议事规则。董事会会议应有过半数的董事出席方可举行。董事会作出决议，必须经全体董事的过半数通过。董事会决议的表决，实行一人一票。董事会会议，应由董事本人出席；董事因故不能出席，可以书面委托其他董事代为出席，委托书中应载明授权范围。董事会应当对会议所议事项的决定作成会议记录，出席会议的董事应当在会议记录上签名。董事应当对董事会的决议承担责任。董事会的决议违反法律、行政法规或者公司章程、股东大会决议，致使公司遭受严重损失的，参与决议的董事对公司负赔偿责任。但经证明在表决时曾表明异议并记载于会议记录的，该董事可以免除责任。

某股份有限公司共有甲、乙、丙、丁、戊、己、庚7位董事。某次董事会会议，董事甲、乙、丙、丁、戊、己参加，庚因故未能出席，也未书面委托其他董事代为出席。该次会议通过一项违反法律规定的决议，给公司造成严重损失。该次会议的会议记录记载，董事戊在该项决议表决时表明了异议。根据《公司法》的规定，应对公司承担赔偿责任的董事是(　　)。

A. 董事甲、乙、丙、丁、戊、己、庚

B. 董事甲、乙、丙、丁、戊、己

C. 董事甲、乙、丙、丁、己、庚

D. 董事甲、乙、丙、丁、己

【答案】D

2）经理

股份有限公司设经理，由董事会决定聘任或者解聘。公司董事会可以决定由董事会成员兼任经理。有关有限责任公司经理职权的规定，适用于股份有限公司经理。

3. 股份有限公司的监事会

股份有限公司设监事会，其成员不得少于 3 人。监事会设主席 1 人，可以设副主席。监事会主席和副主席由全体监事过半数选举产生。监事会应当包括股东代表和适当比例的公司职工代表，其中职工代表的比例不得低于 1/3，具体比例由公司章程规定。监事会中的职工代表由公司职工通过职工代表大会、职工大会或者其他形式民主选举产生。

董事、高级管理人员不得兼任监事。

有关有限责任公司监事任期、监事会职权的规定，适用于股份有限公司监事和监事会。

有关有限责任公司与股份有限公司两种公司形式的表述正确的是(　　)。

A. 股份有限公司的股东可以自由转让股票

B. 两种公司的股东人数均既有最低限制，也有最高限制

C. 有限责任公司不能发行股票，但可以签发出资证明书

D. 股份有限公司的财务必须公开

【答案】BCD

课后练习

一、选择题

1. 关于股份有限公司董事会的议事规则和表决程序，下列说法中正确的是(　　)。

A. 董事会每年度至少召开 1 次会议

B. 董事会会议应有 2/3 以上的董事出席方可举行

C. 若董事因故不能出席董事会会议，可以书面委托任一股东代为出席

D. 董事会决议的表决，实行一人一票

2. 甲股份有限公司与乙有限责任公司准备实施合并，下列说法中正确的是(　　)。

A. 有限责任公司不能与股份有限公司合并

B. 有限责任公司可以与股份有限公司合并，但合并后只能是有限责任公司

C. 有限责任公司可以与股份有限公司合并，但合并后只能是股份有限公司

D. 有限责任公司可以与股份有限公司合并，合并后可以是有限责任公司，也可以是股份有限公司

3. 下列属于股份有限公司经理职权的是(　　)。

A. 制订公司的年度财务预算方案、决算方案

B. 组织实施公司年度经营计划和投资方案

C. 决定公司内部管理机构的设置

D. 制订公司的利润分配方案和弥补亏损方案

4. 股份有限公司董事会会议由董事长召集和主持。若董事长不能履行职务或不履行职务时，董事会会议(　　)。

A. 不能召开

B. 由副董事长召集和主持

C. 由监事会主席召集和主持

D. 由代表1/10以上表决权的股东召集和主持

5. 甲、乙、丙、丁、戊五人拟发起设立一股份有限公司，依我国《公司法》的规定，五个发起人应认缴的出资总额应不少于人民币(　　)。

A. 35万元　　B. 100万元

C. 350万元　　D. 500万元

6. 下列选项中，不属于股份有限公司股东大会职权范围的是(　　)。

A. 决定公司的经营计划和投资方案

B. 对公司发行债券作出决议

C. 决定董事的报酬

D. 审议批准公司的弥补亏损方案

7. 下列有关股份有限公司董事任期的表述，正确的是(　　)。

A. 董事任期由公司章程规定，但每届任期最长不得超过2年

B. 董事任期届满，连选可以连任

C. 董事任期届满未及时改选，董事资格自然终止

D. 董事在任期届满前，不得辞职

8. 依我国《公司法》规定，下列事项中，可以简单多数通过的股东会决议是(　　)。

A. 公司解散的决议　　B. 变更公司形式的决议

C. 修改公司章程的决议　　D. 关于利润分配方案的决议

9. 一般情况下，以募集方式设立股份有限公司，发起人认购的股份不得少于公司股份总数的(　　)。

A. 35%　　B. 50%

C. 1/3　　D. 2/3

10. 下列选项中，不属于股份公司应当在两个月内召开临时股东大会的法定情形是(　　)。

A. 董事人数不足公司章程所定人数的2/3时

B. 公司未弥补的亏损达公司实收股本总额1/3时

C. 单独或者合计持有公司10%以上股份的股东请求时

D. 1/3以上董事提议时

二、简答题

1. 股份有限公司设立应具备哪些法定条件?

2. 股份有限公司的董事会具有哪些职权?

3. 公司法对股份有限公司股东的议事规则是怎样规定的？

4. 公司法对股份有限公司董事会的议事规则是怎样规定的？

三、案例分析

某股份有限公司董事会由11名董事组成。2012年5月10日，公司董事长李某召集并主持董事会会议，出席会议的共8名董事，另有3名董事因事请假。董事会会议讨论了下列事项：(1) 鉴于公司董事会成员工作任务繁重，决定给每位董事提高工资；(2) 因监事会成员中的职工代表张某即将退休，决定由本公司职工王某代替张某担任监事；(3) 将财务科升级为财务部，面向社会招聘财务部经理，拟提请股东大会审议批准后实施；(4) 公司的净资产额目前为人民币2 300万元，拟发行公司债券800万元。经表决，有6名董事同意将该方案提交股东大会作出决议后实施。请问：

1. 出席该次董事会会议的董事人数是否符合法律规定？为什么？

2. 该次董事会会议通过的事项有无不符合法律规定之处？如有，请分别说明理由。

1.3 公司股票和公司债券

案例导入

某股份有限公司董事会由13名董事组成。2012年5月10日，公司董事长李某召集并主持召开董事会会议，出席会议的共9名董事。董事会会议讨论了下列事项，经表决有6名董事同意而获得通过：鉴于公司的净资产额已达2 900万元，符合有关公司发行债券的法律规定，决定发行公司债券1 000万元。

请问：公司董事会通过的事项有无不符合法律规定之处？

案例评析：董事会认为公司的净资产额达到发行公司债券的法定条件的观点不符合法律规定。根据公司法的规定，股份公司发行公司债券，其净资产额应不低于人民币3 000万元。

任务驱动

任务内容：组织学生认知股票，熟悉股票的发行、购买，学会股票投资的基本知识和法律约束。

任务布置：带领学生到学校附近的证券营业部感受体会股票购买和交易的基本法律规则，分小组进行调查，回校后形成小组调查报告。

知识链接

1.3.1　公司股票

1. 股份和股票

股份有限公司的资本划分为股份，每一股的金额相等。

公司的股份采取股票的形式。股票是公司签发的、证明股东所持股份的凭证。

2. 股份的发行

股份的发行是指股份有限公司为了筹集资本或其他目的而出售公司股份的行为。股份发行分为设立发行和新股发行。

1）股份发行的原则

股份的发行，实行公平、公正的原则，同种类的每一股份应当具有同等权利。同次发行的同种类股票，每股的发行条件和价格应当相同；任何单位或者个人所认购的股份，每股应当支付相同价额。

2）股票发行的价格

我国《公司法》规定，股票发行的价格可以按票面金额，也可以超过票面金额，但不得低于票面金额。

关于股份（股票）的发行，下列说法中正确的是(　　)。

A. 股份有限公司发行股份时，必须向不特定的社会公众公开发售

B. 股份有限公司同次发行的股票，每股的发行条件和价格可以相同，也可以不相同

C. 股票发行价格可以按票面金额，也可以超过票面金额，但不得低于票面金额

D. 经中国证监会核准，股票发行价格可以低于票面金额

【答案】C

3）股票的形式

股票采用纸面形式或者国务院证券监督管理机构规定的其他形式。股票应当载明下列主要事项：公司名称；公司成立日期；股票种类、票面金额及代表的股份数；股票的编号。股票还应载明法定代表人签名，公司盖章。

4）股票的种类

公司发行的股票，可以为记名股票，也可以为无记名股票。公司向发起人、法人发行的股票，应当为记名股票。发起人的股票，应当标明“发起人股票”字样。

5）新股发行条件

已成立的股份有限公司为增加公司资本而发行新股应具备以下条件：

(1）具备健全且运行良好的组织机构；

(2）具有持续盈利能力，财务状况良好；

(3）最近3年财务会计文件无虚假记载，无其他重大违法行为；

(4）符合国务院证券监督管理机构规定的其他条件。公司发行新股募足股款后，必须向公司登记机关办理变更登记并公告。

下列关于股票发行说法不正确的是(　　)。

A. 可以低于股票票面价格发行

B. 可以高于股票票面价格发行

C. 公司发行的股票，可以为记名股票，也可以为无记名股票

D. 公司向发起人、法人发行的股票，应当为记名股票

【答案】A

3. 股份的转让

股东持有的股份可以依法转让。

1）股份转让的场所

股东转让其股份，应当在依法设立的证券交易所进行或者按照国务院规定的其他方式进行。

2）股份转让的方式

记名股票，由股东以背书方式或者法律、行政法规规定的其他方式转让；转让后由公司将受让人的姓名或者名称及住所记载于股东名册。无记名股票的转让，由股东将该股票交付给受让人后即发生转让的效力。

3）股份转让的限制

发起人持有的本公司股份，自公司成立之日起一年内不得转让。公司公开发行股份前已发行的股份，自公司股票在证券交易所上市交易之日起一年内不得转让。公司董事、监事、高级管理人员应当向公司申报所持有的本公司的股份及其变动情况，在任职期间每年转让的股份不得超过其所持有本公司股份总数的25%；所持本公司股份自公司股票上市交易之日起一年内不得转让。上述人员离职后半年内，不得转让其所持有的本公司股份。公司章程可以对公司董事、监事、高级管理人员转让其所持有的本公司股份作出其他限制性规定。

股份有限公司股份转让的下列行为中，符合《公司法》规定的是(　　)。

A. 发起人持有的公司股份在公司成立后第一年转让

B. 公司董事向公司申报所持有的本公司股份

C. 公司经理在任职期间转让所持有的本公司股份

D. 公司公开发行股份前已发行的股份，自公司股票在证券交易所上市交易之日起第一年转让

【答案】B

1.3.2　公司债券

1. 公司债券的概念

公司债券是指公司依照法定程序发行、约定在一定期限还本付息的有价证券。

根据不同的标准，可以对公司债券作出不同的分类。

（1）记名债券和无记名债券。记名债券是指在债券上记载了债权人的姓名或者名称的公司债券。无记名债券是指在公司债券上不记载债权人的姓名或者名称的公司债券。

（2）可转换公司债券和非转换公司债券。可转换公司债券是指可以转换为公司股份的公司债券。非转换公司债券是指不能够转换为公司股份的公司债券。只有上市公司才可以发行可转换公司债券，公司应当按照其转换办法向债券持有人换发股票，但债券持有人对转换股票或者不转换股票有选择权。

2. 公司债券的发行

股份有限公司、国有独资公司和两个以上的国有企业或者其他两个以上的国有投资主体投资设立的有限责任公司，为筹集生产经营资金，可以依照本法发行公司债券。发行公司债券应具备一定的条件，具体有：

（1）股份有限公司的净资产不低于人民币3 000万元，有限责任公司的净资产不低于人民币6 000万元；

（2）累计债券余额不超过公司净资产的40%；

（3）最近3年平均可分配利润足以支付公司债券1年的利息；

（4）筹集的资金投向符合国家产业政策；

（5）债券的利率不超过国务院限定的利率水平；

（6）国务院规定的其他条件。

公开发行公司债券筹集的资金，必须用于核准的用途，不得用于弥补亏损和非生产性支出。

按照我国《公司法》的规定，公司发行债券所筹资金的用途，应当用于(　　)。

A. 弥补公司亏损　　B. 董事会决定的用途

C. 监事会同意的用途　　D. 审批机关批准的用途

【答案】D

3. 公司债券的转让

公司债券可以转让，转让价格由转让人与受让人约定。

公司债券在证券交易所上市交易的，按照证券交易所的交易规则转让。

记名公司债券，由债券持有人以背书方式或者法律、行政法规规定的其他方式转让；转让后由公司将受让人的姓名或者名称及住所记载于公司债券存根簿。

无记名公司债券的转让，由债券持有人将该债券交付给受让人后即发生转让的效力。

上市公司经股东大会决议可以发行可转换为股票的公司债券，并在公司债券募集办法中规定具体的转换办法。

公司债券的转让价格依法应当由(　　)。

A. 发行公司决定　　B. 证监会决定

C. 证券交易所决定　　D. 转让人和受让人约定

【答案】D

课后练习

一、选择题

1. 根据我国《公司法》的规定，股份有限公司发起人持有的本公司股份，自公司成立之日起(　　)内不得转让。

A. 1年　　B. 2年

C. 3年　　D. 5年

2. 按照我国《公司法》的规定，公司发行债券所筹资金的用途，不得用于(　　)。

A. 弥补公司亏损　　B. 核准生产性支出

C. 核准购买设备　　D. 审批机关批准的其他用途

3. 关于股份、股票的发行，下列说法中正确的是(　　)。

A. 股份公司发行股份时，必须向不特定的社会公众公开发售

B. 股份公司同次发行的股票，每股的发行条件和价格可以相同，也可以不相同

C. 股票发行价格可以按票面金额，也可以超过票面金额，但不得低于票面金额

D. 经中国证监会核准，股票发行价格可以低于票面金额

4. 甲、乙两公司拟募集设立一股份有限公司，下列是他们在获准向社会募股后实施的行为，其中违法的行为有(　　)。

A. 其认股书上记载：认股人一旦认购股份就不得撤回

B. 与某银行签订承销股份和代收股款协议，由该银行代售股份和代收股款

C. 在招股说明书上告知：公司章程由认股人在创立大会上共同制订

D. 在招股说明书上告知：股款募足后将在30日内召开创立大会

5. 依我国《公司法》规定，股份有限公司以超过股票票面金额的价格发行股票，所得的溢价款收入，应当列入(　　)。

A. 注册资本　　B. 利润

C. 盈余公积金　　D. 资本公积金

二、简答题

1. 我国《公司法》规定新股发行应具备哪些法定条件?

2. 我国《公司法》规定发行公司债券应具备哪些法定条件?

3. 我国《公司法》对股份的转让规定了哪些限制性条件?

1.4 公司董事、监事、高级管理人员的资格和义务

案例导入

鑫源有限责任公司章程规定：董事长未经股东会授权，不得处置公司资产，也不得以公司名义签订非经营性合同。一日，董事长任某见王某开一辆新款宝马车，遂决定以自己乘坐的公司旧奔驰车与王某调换，并办理了车辆过户手续。

请问：对任某的换车行为，应如何评价?

案例评析：任某的行为无论是否违反公司章程，只要王某无恶意，该行为有效。根据公司法规定，董事、经理和高级管理人员不得违反公司章程的规定，未经股东会、股东大会或者董事会同意，将公司资金借贷给他人或者以公司财产为他人提供担保。本案例中，董事长任某从事的是公司资产转让行为。根据我国合同法规定，法人或者其他组织的法定代表人、负责人超越权限订立的合同，除相对人知道或者应当知道其超越权限的以外，该代表行为有效。本案例中，相对人不知道董事长任某超越权限订立合同，故该合同有效。

任务驱动

任务内容：分析解决有关高级管理人员任职资格案例。

任务布置：将学生分成若干小组，教师分发案例材料，各小组学习讨论，参考本节知识分析解决案例任务，完成任务后在班级公开展示，选出优胜小组，教师应给予专业指导。

知识链接

1.4.1 公司董事、监事、高级管理人员的任职资格

公司的董事、监事和高级管理人员的品质和能力与其能否依法行使职权、履行义务有

着密切的关系，直接影响到公司、股东、他人的利益，甚至还会影响社会经济秩序。因此，有必要对董事、监事和高级管理人员的任职资格予以一定的限制。

有下列情形之一的，不得担任公司的董事、监事、高级管理人员：

（1）无民事行为能力或者限制民事行为能力；

（2）因贪污、贿赂、侵占财产、挪用财产或者破坏社会主义市场经济秩序罪，被判处刑罚，执行期满未逾5年，或者因犯罪被剥夺政治权利，执行期满未逾5年；

（3）担任破产清算的公司、企业的董事或者厂长、经理，对该公司、企业的破产负有个人责任的，自该公司、企业破产清算完结之日起未逾3年；

（4）担任因违法被吊销营业执照、责令关闭的公司、企业的法定代表人，并负有个人责任的，自该公司、企业被吊销营业执照之日起未逾3年；

（5）个人所负数额较大的债务到期未清偿。

公司违反上述规定选举、委派董事、监事，或者聘任高级管理人员的，该选举、委派或者聘任无效。董事、监事、高级管理人员在任职期间出现上述情形的，公司应当解除其职务。

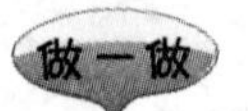

根据我国《公司法》规定，下列不得担任公司董事、监事和高级管理人员的有(　　)。

A. 限制行为能力的人

B. 因盗窃被判处刑罚，执行期满未逾5年

C. 个人所负数额较大的债务到期未清偿

D. 因贪污被判处刑罚，执行期满未逾5年

【答案】ACD

1.4.2　公司董事、监事、高级管理人员的义务

公司的董事、高级管理人员，自营或者为他人经营与所任职公司同类的业务是否符合竞业禁止的要求？

董事、监事、高级管理人员应当遵守法律、行政法规和公司章程，对公司负有忠实义务和勤勉义务。

董事、监事、高级管理人员不得利用职权收受贿赂或者其他非法收入，不得侵占公司的财产。董事、高级管理人员不得有下列行为：

（1）挪用公司资金；

（2）将公司资金以其个人名义或者以其他个人名义开立账户存储；

（3）违反公司章程的规定，未经股东会、股东大会或者董事会同意，将公司资金借贷给他人或者以公司财产为他人提供担保；

（4）违反公司章程的规定或者未经股东会、股东大会同意，与本公司订立合同或者进行交易；

（5）未经股东会或者股东大会同意，利用职务便利为自己或者他人谋取属于公司的商业机会，自营或者为他人经营与所任职公司同类的业务；

(6) 接受他人与公司交易的佣金归为己有；

(7) 擅自披露公司秘密；

(8) 违反对公司忠实义务的其他行为。

某股份有限公司监事余某拥有一幢私人别墅，因要出国定居而欲出售，但始终找不到适合的买主，余某便想将别墅卖给自己担任监事的某股份有限公司。这笔交易(　　)。

A. 如果股东大会同意也可进行这项交易

B. 只要与公司达成协议并办理了相关手续，这笔交易应视为合法

C. 必须符合公司章程的规定，否则应当禁止

D. 一律禁止

【答案】AC

董事、高级管理人员违反上述规定所得的收入应当归公司所有。

董事、监事、高级管理人员执行公司职务时违反法律、行政法规或者公司章程的规定，给公司造成损失的，应当承担赔偿责任。

股东会或者股东大会要求董事、监事、高级管理人员列席会议的，董事、监事、高级管理人员应当列席并接受股东的质询。

董事、高级管理人员应当如实向监事会或者不设监事会的有限责任公司的监事提供有关情况和资料，不得妨碍监事会或者监事行使职权。

公司董事、高级管理人员下列行为，法律不禁止的是(　　)。

A. 挪用公司资金

B. 按照公司章程的规定，或者经股东会、股东大会或者董事会同意，将公司资金借贷给他人或者以公司财产为他人提供担保

C. 将公司资金以其个人名义或者其他个人名义开立账户存储

D. 擅自披露公司秘密

【答案】B

课后练习

一、选择题

1. 下列人员中不适合担任有限责任公司高级管理人员的有(　　)。

A. 甲因犯贪污罪被判处有期徒刑3年，执行期满3年半

B. 乙2年前被任命为一家长期经营不善、负债累累的国有企业的厂长，上任仅仅3个月，该企业即被宣告破产

C. 丙60岁，曾任当地基层法院法官，现已退休

D. 丁因给父亲治病，欠债10万元到期尚未清偿

2. 李某是某股份有限公司的董事，其在执行公司职务时利用职务之便，多次以公司财产为朋友提供担保并获取好处费，则公司可以采取(　　)措施维护自身利益。

A. 将李某违法所得收归公司所有

B. 持有公司1%股份的股东可以要求监事会提起诉讼

C. 如果监事会拒绝起诉而情况紧急，持有1%股份的股东可以自行起诉

D. 持股5%的股东可以要求召开临时股东会解聘李某

3. 某公司因为违法经营被吊销执照，下列负有个人责任的人不得在3年内到其他公司担任高级职务的有(　　)。

A. 董事张某　　　　B. 监事王某

C. 法定代表人李某　　　　D. 财务经理赵某

二、简答题

1. 我国《公司法》对董事、经理和高级管理人员的任职资格是如何规定的?

2. 我国《公司法》对董事、经理和高级管理人员的任职义务是如何规定的?

1.5 公司的财务、会计

案例导入

森强有限责任公司是一家对财务会计制度比较重视的公司，注册资本是3 000万元人民币。请根据上述情况和下列各问题中设定的条件回答：

(1) 关于公司的财务会计报告问题，公司的工作人员有如下的认识：公司的财务会计报告很重要，因此由股东会负责制作。你认为他们的说法正确吗?

(2) 关于公积金，公司的工作人员有如下认识：公司的公积金的用途主要是增加公司资本，弥补公司亏损；法定公积金只包括盈余公积金，不包括资本公积金。你认为他们的说法正确吗?

案例评析：(1) 他们的说法不正确。根据《公司法》的规定，公司应当在每一会计年度终了时编制财务会计报告，并依法经会计师事务所审计。财务会计报告应当依照法律、行政法规和国务院财政部门的规定制作。编制财务会计报告应由公司专门的财务会计人员编制。

(2) 他们的说法不正确。根据《公司法》的规定，公司的公积金用于弥补公司的亏损、扩大公司生产经营或者转为增加公司资本。但是，资本公积金不得用于弥补公司的亏损。法定公积金不仅包括资本公积金，也包括盈余公积金。

任务驱动

任务内容：模拟公司的财务会计人员进行一次股份有限公司年终利润的分配。

任务布置：将学生分为若干小组，每个小组代表一家公司，将各公司的财务会计状况分发到各小组，结合所学知识，进行公司利润分配，并将分配情况在课堂展示，由学生和老师共同评价分析。

知识链接

1.5.1 公司的财务会计制度

公司应当依照法律、行政法规和国务院财政部门的规定建立本公司的财务、会计制度。

公司应当在每一年度终了时编制财务会计报告，并依法经会计师事务所审计。财务会计报告应当依照法律、行政法规和国务院财政部门的规定制作。

有限责任公司应当依照公司章程规定的期限将财务会计报告送交各股东。股份有限公司的财务会计报告应当在召开股东大会年会的 20 日前置备于本公司，供股东查阅；公开发行股票的股份有限公司必须公告其财务会计报告。

公司除法定的会计账簿外，不得另立会计账簿。对公司资产，不得以任何个人名义开立账户存储。

1.5.2　公司的公积金

公积金是公司为预防亏损和增加财力、扩大营业规模，依照法律和公司章程的规定或股东大会决议，从公司盈余或公司资本收益中提取的一种储备金。公积金分为资本公积金和盈余公积金。

资本公积金是直接由资本原因形成的公积金，如超过票面金额发行股份所得的溢价款、法定财产重估增值、接受捐赠的资产价值等。

依我国《公司法》规定，股份有限公司以超过股票票面金额的价格发行股票，所得的溢价款收入，应当列入(　　)。

A. 注册资本　　B. 利润

C. 盈余公积金　　D. 资本公积金

【答案】D

盈余公积金是从公司盈余中提取的公积金，分为法定盈余公积金和任意盈余公积金。法定盈余公积金按照税后利润的 10% 提取，当公司公积金累计金额已达到注册资本 50% 以上时，可不再提取。任意盈余公积金按照公司章程规定或者股东会决议提取。

公司的公积金用于弥补公司的亏损、扩大公司生产经营或者转为增加公司资本。但是，资本公积金不得用于弥补公司的亏损。法定公积金转为资本时，所留存的该项公积金不得少于转增前公司注册资本的 25%。

依照我国《公司法》规定，不得用于弥补亏损的公积金是(　　)。

A. 法定公积金　　B. 盈余公积金

C. 任意公积金　　D. 资本公积金

【答案】D

1.5.3　公司的利润分配制度

公司应当按照以下顺序进行利润分配：

(1) 公司的法定公积金不足以弥补以前年度亏损的，应当先用当年利润弥补亏损。

(2) 依法提取法定公积金。公司分配当年利润应当提取利润的 10% 列入公司法定公积金。公司法定公积金累计额为公司注册资本的 50% 以上的，可以不再提取。

(3) 提取任意公积金。公司在从税后利润中提取法定公积金后，经股东大会决议，可以提取任意公积金。

(4) 向股东分配利润。有限责任公司依照股东出资比例进行分配，股份有限公司依照股东持有的股份比例进行分配。

股东会、股东大会或者董事会违反前款规定，在公司弥补亏损和提取法定公积金之前向股东分配利润的，股东必须将违反规定分配的利润退还公司。

公司持有的本公司的股份不得分配利润。

关于公司利润分配，下列表述正确的有(　　)。

A. 除全体股东另有约定的外，有限责任公司按照股东认缴的出资比例分取红利

B. 除全体股东另有约定的外，有限责任公司按照股东实缴的出资比例分取红利

C. 除章程另有规定外，股份有限公司按照股东持有的股份比例分配红利

D. 公司只有在弥补亏损和提取法定公积金后才能向股东分配利润

【答案】BCD

课后练习

一、选择题

1. 公司分配当年税后利润时，应当提取利润的10%列入公司(　　)。

A. 法定公积金　　　　B. 任意公积金

C. 法定公益金　　　　D. 资本公积金

2. 公司从税后利润中提取法定公积金后，(　　)，还可以从税后利润中提取任意公积金。

A. 经董事会决议　　　　B. 根据法律规定

C. 经股东会或者股东大会决议　　　　D. 根据公司章程规定

3. 关于公司财务的表述，正确的有(　　)。

A. 公司的公积金一般有三种用途

B. 资本公积金只有两种用途

C. 债券所募集的资金和资本公积金具有同样的用途限制

D. 从税后利润中提取的公积金可以用于弥补亏损

4. 某股份有限公司注册资本为4 800万元。公司现有法定公积金1 200万元，任意公积金800万元。公司拟转增注册资本，进行增资派股。以下所提出的几条方案中，符合公司法规定的是(　　)。

A. 将法定公积金1 200万元、任意公积金300万元转为公司资本

B. 将法定公积金600万元、任意公积金800万元转为公司资本

C. 将法定公积金600万元、任意公积金400万元转为公司资本

D. 任意公积金400万元转为公司资本

二、简答题

根据我国《公司法》的规定，公司应当按何种顺序安排利润分配？

三、案例分析

华升股份有限公司属于募集设立的股份有限公司，注册资本为人民币5 000万元。在公司设立过程中，经有关部门批准，以超过股票票面金额1.2倍的发行价格发行，实际所得人民币6 000万元，溢价款1 000万元当年被股东作为股利分配。两年后，由于市场行

情变化，华升公司开始亏损，连续亏损两年，共计亏损人民币 1 200 万元。股东大会罢免了原董事长，重新选举新的董事长。经过一年的改革，公司开始盈利人民币 600 万元，公司考虑到各股东多年来经济利益一直受损，故决定将该利润分配给股东。自此以后，公司业务蒸蒸日上，不仅弥补了公司多年的亏损，而且发展越来越快。2012 年，公司财务状况良好，提取的法定公积金已占公司注册资本的 55%，法定公益金占公司注册资本的 45%。公司决定，鉴于公司良好的财务状况，法定公积金可以不再提取了，法定公益金也无需再提取。为了扩大企业规模，公司股东大会决定把全部法定公积金转为公司资本。请问：

（1）华升公司将股票溢价发行款作为股利分配正确与否，请说明理由。

（2）华升公司在刚开始盈利时将盈利分配给各股东的做法是否正确，正确的做法是什么？

（3）2012 年华升公司决定不再提取法定公积金与法定公益金的理由是否合法，为什么？

（4）华升公司股东大会决定将公司的法定公积金全部转为公司资本是否合法，为什么？

1.6 法律责任

案例导入

甲公司于 2001 年 1 月 1 日由乙企业、丙企业等 6 家企业作为发起人共同以发起设立方式成立，成立时的股本总额为 8 000 万股（每股面值为人民币 1 元，下同）。2005 年 3 月，甲公司获准首次发行 4 000 万股社会公众股，此次发行完毕后，甲公司的股本总额达到 12 000 万股。2006 年 5 月，中国证监会在对甲上市公司（以下简称“甲公司”）进行例行检查中，发现以下事实：甲公司的主要发起人乙企业将已经作为出资应当交付给甲公司的机器设备（折合人民币 2 000 万元）作为自己的资产使用，至今尚未交付甲公司。

请问：乙企业的行为属于何种性质的违法行为？乙企业应当承担何种法律责任？

案例评析：乙企业的行为属于虚假出资。根据《公司法》的规定，发起人、股东虚假出资，未交付或者未按期交付作为出资的货币或者非货币财产的，由公司登记机关责令改正，处以虚假出资金额 5% ~15% 的罚款。构成犯罪的，依法追究刑事责任：处 5 年以下有期徒刑或者拘役，并处或者单处虚假出资金额 2% ~10% 的罚金。

知识链接

1.6.1 公司发起人、股东的法律责任

公司的发起人、股东虚假出资，未交付或者未按期交付作为出资的货币或者非货币财产的，由公司登记机关责令改正，处以虚假出资金额 5% 以上 15% 以下的罚款。构成犯罪的，依法追究刑事责任。

公司的发起人、股东在公司成立后，抽逃其出资的，由公司登记机关责令改正，处以所抽逃出资额 5% 以上 15% 以下的罚款。构成犯罪的，依法追究刑事责任。

1.6.2 公司的法律责任

1. 公司登记违法

公司违反公司法规定，虚报注册资本、提交虚假材料或者采取其他欺诈手段隐瞒重要事实取得公司登记的，由公司登记机关责令改正，对虚报注册资本的公司，处以虚报注册资本金额 5% 以上 15% 以下的罚款；对提交虚假材料或者采取其他欺诈手段隐瞒重要事实的公

司，处以5万元以上50万元以下的罚款；情节严重的，撤销公司登记或者吊销营业执照。

2. 另立会计账簿

公司违反公司法的规定，在法定的会计账簿以外另立会计账簿的，由县级以上人民政府财政部门责令改正，处以5万元以上50万元以下的罚款。

3. 违法提取法定公积金

公司不依照公司法规定提取法定公积金的，由县级以上人民政府财政部门责令如数补足应当提取的金额，可以对公司处以20万元以下的罚款。

4. 不当停业

公司成立后无正当理由超过6个月未开业的，或者开业后自行停业连续6个月以上的，可以由公司登记机关吊销营业执照。

5. 不依法办理变更登记

公司登记事项发生变更时，未依照公司法规定办理有关变更登记的，由公司登记机关责令限期登记；逾期不登记的，处以1万元以上10万元以下的罚款。

公司违反公司法规定，应当承担民事赔偿责任和缴纳罚款、罚金的，其财产不足以支付的，先承担民事赔偿责任。

根据我国《公司法》的规定，对虚报注册资本的公司，应处以虚报注册资本金额一定比例的罚款。该比例的罚款为(　　)。

A. 1%以上5%以下　　B. 2%以上5%以下

C. 2%以上10%以下　　D. 5%以上15%以下

【答案】D

1.6.3 其他法律责任

1. 提交财务会计报告违法

公司在依法向有关主管部门提供的财务会计报告等材料上作虚假记载或者隐瞒重要事实的，由有关主管部门对直接负责的主管人员和其他直接责任人员处以3万元以上30万元以下的罚款。

2. 资产评估、验资或验证机构违法

承担资产评估、验资或者验证的机构提供虚假材料的，由公司登记机关没收违法所得，处以违法所得1倍以上5倍以下罚款，并可以由有关主管部门依法责令该机构停业、吊销直接责任人员的资格证书，吊销营业执照。

承担资产评估、验资或者验证的机构因过失提供有重大遗漏的报告的，由公司登记机关责令改正，情节严重的，处以所得收入1倍以上5倍以下的罚款，并可以由有关主管部门依法责令该机构停业、吊销直接责任人员的资格证书，吊销营业执照。

承担资产评估、验资或者验证的机构因其出具的评估结果、验资或者验证证明不实，给公司债权人造成损失的，除能够证明自己没有过错的外，在评估或者证明不实的金额范围内承担赔偿责任。

3. 登记机关违法行为

公司登记机关对不符合公司法规定条件的登记申请予以登记，或者对符合公司法规定条件的登记申请不予登记的，对直接负责的主管人员和其他直接责任人员，依法给予行政处分。

4. 假冒公司的违法行为

未依法登记为有限责任公司或者股份有限公司，而冒用有限责任公司或者股份有限公司名义的，或者未依法登记为有限责任公司或者股份有限公司的分公司，而冒用有限责任公司或者股份有限公司的分公司名义的，由公司登记机关责令改正或者予以取缔，可以并处10万元以下罚款。

做一做

根据我国《公司法》的规定，承担资产评估、验资或者验证的机构提供虚假证明文件的，应当承担的法律责任包括(　　)。

A. 没收违法所得

B. 处以违法所得1倍以上5倍以下的罚款

C. 责令该机构停业

D. 吊销直接责任人员的资格证书

【答案】ABCD

拓展阅读

黄光裕案

2008年11月19日，黄光裕以操纵股价罪被调查。2010年5月18日，北京市第二中级人民法院作出一审判决，以非法经营罪，内幕交易、泄露内幕信息罪和单位行贿罪判处黄光裕有期徒刑14年，罚金6亿元，没收财产2亿元。北京市高级人民法院8月30日对黄光裕非法经营罪、内幕交易罪和单位行贿罪案终审宣判，维持一审判决。

部分犯罪事实如下：黄光裕于2007年7、8月至2008年5月7日间，在拟以中关村上市公司收购北京鹏润地产控股有限公司全部股权进行重组事项中，决定并指令他人于2007年8月13日至9月28日间，使用其实际控制交易的曹楚娟、林家锋等79人的股票账户，累计购入“中关村”股票1.04亿余股，成交额共计人民币13.22亿余元，至2008年5月7日公告日时，79个股票账户的账面收益额为人民币3.06亿余元。

许钟民于2007年7月至2008年5月7日间，接受黄光裕的指令调拨资金，并指使许伟铭在广东地区借用他人身份证开立股票账户或直接借用他人股票账户共计30个。上述股票账户于2007年8月13日至9月28日间，累计购入“中关村”股票3 166万余股，成交额共计人民币4.14亿余元，至2008年5月7日公告日时，30个股票账户的账面收益额为人民币9 021万余元。其间，被告人许钟民将中关村上市公司拟重组的内幕信息故意泄露给原公安部经济犯罪侦查局副局长兼北京直属总队总队长的相怀珠及其妻子李善娟等人，同年9月21日至25日，李善娟使用其个人股票账户分7笔买入“中关村”股票12万余股，成交额共计人民币181万余元。

课后练习

一、简答题

1. 我国《公司法》对股东、发起人规定了怎样的法律责任？

2. 我国《公司法》规定了公司的哪些法律责任？

二、案例分析

2012 年 9 月，张某欲成立一家公司，但手头只有 50 万元现金，遂找到在某机电公司任会计的朋友刘某，以开公司无注册资金为由，提出向其公司借款 200 万元，并承诺半月后即还。刘某称机电公司资金紧张、账上无钱且担心挪用公款出事，答应张某从其他单位借款给其使用。后张某实际从刘某处借款 150 万元，连同自己的 50 万元作为注册资金，于 9 月 22 日在工商行政管理部门办理了某实业有限公司《企业法人营业执照》。公司登记中，张某、胡某（张某的表哥，实际未出资）、陈某（刘某的化名）为发起人，张某任公司董事长，胡某任公司法定代表人，陈某（刘某）任公司监事，其中张某、胡某、陈某（刘某）占有公司股份的比例分别为 70%、20% 和 10%。9 月 25、26、27 日，张某分三次通过签发银行汇票的办法，将 150 万元归还给陈某（刘某）。请问：张某的行为应如何认定？

模块二

合伙企业法

学习目标

知识目标

1. 掌握合伙企业的设立条件、特征、企业事务的执行。
2. 掌握合伙企业的财产、管理、入伙和退伙、解散与清算等法律规定。
3. 认知合伙人的权利和义务。

技能目标

1. 能正确识别合伙企业的类型。
2. 具备分析、解决合伙企业案例的能力，能够依法处理合伙企业运行过程中的主要法律问题。
3. 能够起草合伙企业协议。

案例导入

周某、王某、李某、张某四人决定投资设立一普通合伙企业，并签订了书面合伙协议。合伙协议的内容如下：(1) 周某以专利权作价10万元，以劳务作价5万元，共出资15万元；王某以机器设备作价出资10万元；李某以商标权作价出资5万元；张某以货币出资5万元。(2) 四人按3 : 2 : 1 : 1的比例分配利润和承担风险。(3) 由周某执行合伙企业事务，对外代表合伙企业，但签订10万元以上的合同应经其他合伙人同意。合伙协议未规定合伙企业的经营期限。合伙企业设立过程中，王某向朋友借款1万元，购买企业的办公用品。后王某提出，这1万元债务应按照约定的比例承担。但其他人都不同意。

合伙企业经营期间先后发生了下列事件：①周某为了改善企业经营管理，独自聘用合伙人以外的甲担任该合伙企业的经理。②周某以合伙企业的名义与乙公司签订了总额为20万元的购销合同。③李某私自以其出资的商标权出质向丙借款。④张某经合伙人一致同意退伙，退伙时企业有一笔20万元的银行贷款尚未到期而未结算。⑤合伙企业吸收了赵某入伙，赵某出资3万元。⑥王某因故死亡，其儿子年仅13岁，是唯一继承人。⑦周某未经其他合伙人的同意，将自有房屋以1万元的价格租给合伙企业。⑧李某设立一个人独资企业，经营与合伙企业相同的业务。⑨赵某因自身原因对外负债10万元，到期后却无力用个人财产偿还。⑩最后合伙企业因经营亏损，合伙人纷纷退伙，合伙企业只剩下周某一个人，于是周某解散了企业。各合伙人退伙时，上述20万元欠款尚未结算。企业解散后，银行要求周某清偿20万元债务并支付利息，周某主张按合伙协议约定的亏损比例承担责任。

请问：(1) 合伙协议约定的内容是否合法？

(2) 王某向朋友借款1万元的债务应由谁来承担？

(3) 合伙企业经营期间所发生的上述①②③⑦⑧项行为是否合法？

(4) 张某退伙和赵某入伙后对合伙企业债务应承担怎样的责任？

(5) 王某死亡和赵某丧失偿债能力后其合伙人资格的正确处理方法是什么？

(6) 清偿20万元债务的具体责任人及其责任承担的方式是什么？

案例评析：(1) 合伙协议内容合法。

(2) 应由王某自己负责，因为他不是合伙企业事务执行人，无权执行合伙企业事务。

(3) 第①项周某独自聘用合伙人以外的甲担任该合伙企业的经理不合法；第②项周某签订20万元金额的合同超出合伙协议约定的限额不合法；第③项李某作为合伙人以其出资的商标权私自出质不合法；第⑦项周某未经其他合伙人同意与合伙企业进行交易不合法；第⑧项李某从事与合伙企业相竞争的业务不合法。

(4) 张某和赵某都应对合伙企业承担无限连带责任。

(5) 王某的儿子，经全体合伙人一致同意后，可以成为合伙企业有限合伙人，普通合伙企业转为有限合伙企业；全体合伙人未能一致同意，合伙企业应当将王某的财产份额退还其儿子。赵某丧失偿债能力，按法律规定应当退伙。

(6) 应由周某负责，并承担无限连带责任。

知识链接

合伙企业是指自然人、法人和其他组织依照《中华人民共和国合伙企业法》（以下简称《合伙企业法》）在中国境内设立的，由两个以上的合伙人订立合伙协议，为经营共同事业，共同出资、合伙经营、共享收益、共担风险的营利性组织。合伙企业属于非法人企业，包括普通合伙企业和有限合伙企业。

合伙企业与公司的主要区别有：

（1）法律地位不同。合伙企业是非法人型企业，而公司是法人型企业。

（2）出资人不同。合伙企业的出资人为2人以上，可以是自然人、法人和其他组织；合伙人之间必须具有良好的信用基础。其中，作为普通合伙人的自然人应当具有完全民事行为能力。公司的出资人为1人以上，可以是自然人、法人和其他组织，出资人为自然人的，也应当具有完全民事行为能力。其中，有限责任公司的出资人之间也有信用基础的要求，但没有合伙企业出资人之间的信用要求那么高。

（3）设立的条件、程序和费用不同。合伙企业的设立条件较为宽松，设立程序较为简单，费用低廉，非现金出资可以不需评估机构进行评估作价。而公司是现代企业，设立门槛较高，尤其是设立股份有限公司，条件严格、程序复杂且费用较高。

（4）出资人享有的财产权利不同。合伙企业的出资人对其出资的财产共同享有所有权，共同管理和使用。公司的出资人出资后成为股东，其出资的财产属公司所有，出资者不能直接占有和控制。

（5）管理模式不同。合伙企业的合伙人依照《合伙企业法》的规定和合伙协议的约定管理合伙企业事务，普通合伙人对执行合伙企业事务享有同等的权利，可以由全体合伙人共同执行，也可以委托其中一名或者数名合伙人执行。公司则由依照《公司法》设立的股东会、董事会、监事会依照法定职权和公司章程的规定管理公司事务。

（6）责任形式不同。合伙企业的债务由有限合伙人以其出资额为限承担有限责任，普通合伙人以其个人财产承担无限责任或无限连带责任。公司是企业法人，有独立的法人财产，公司以其全部财产对公司的债务承担责任；有限责任公司的股东以其认缴的出资额为限对公司承担责任；股份有限公司的股东以其认购的股份为限对公司的债务承担责任。

当然，企业形式并非一成不变。一般而言，合伙企业、甚至大多数有限责任公司都是中小企业，随着经营效益的不断提高，为扩大经营规模，合伙企业可以转型升级为有限责任公司；有限责任公司可以通过增加注册资本，兼并其他公司、企业等方式变更为股份有限公司。

2.1 普通合伙企业

案例导入

王某、赵某、周某三人拟共同出资设立一普通合伙企业，经协商以口头形式订立了合伙协议。协议约定：王某、周某各出资5万元，对合伙企业债务承担无限责任；赵某出资8万元，仅以出资额为限对企业债务承担责任，其余债务由王某、周某清偿；该合伙企业的名称为“佳怡电器有限责任公司”。

请问：上述约定中，有哪些不符合《合伙企业法》的规定？为什么？

案例评析：《合伙企业法》规定，设立合伙企业应有书面合伙协议，而不能采用口头合伙协议的形式；普通合伙企业的合伙人对合伙企业债务承担无限连带责任，而非有限责任，所以赵某的做法是错误的；普通合伙企业名称中应当标明“普通合伙”字样，而不能出现“有限”或“有限责任”字样。

任务驱动

任务内容：起草一份普通合伙企业合伙协议。

任务布置：将班级学生分成若干小组，各小组学生模拟普通合伙企业的合伙人，起草拟设立的普通合伙企业的合伙协议。完成任务后进行成果展示，请其他小组对展示成果进行评价，选出优胜小组后给予奖励。教师对此应给予专业指导。

知识链接

普通合伙企业是指由普通合伙人组成，合伙人对合伙企业债务依照《合伙企业法》规定承担无限连带责任的一种合伙企业。由此可以看出，普通合伙企业具有以下特征：

（1）由普通合伙人组成。合伙人由自然人、法人和其他组织所组成。

（2）合伙人承担无限连带责任。除法律另有规定之外，当普通合伙企业的财产不足以清偿债务时，合伙人应当以自己的个人财产承担无限连带责任。

2.1.1 普通合伙企业的设立条件

下列选项中，(　　)不得成为普通合伙人。

A. 国有独资公司　　B. 国有企业

C. 上市公司　　D. 公益性的事业单位、社会团体

【答案】ABCD

设立普通合伙企业应具备的法定条件是：

1. 有2个以上的合伙人

合伙人为自然人的，应当具有完全民事行为能力，这是《合伙企业法》对合伙人资格的规定。合伙企业必须要有2个以上的合伙人共同投资，少于2个不得设立合伙企业。

合伙人也可以是法人或者其他组织，但国有独资公司、国有企业、上市公司以及公益性的事业单位、社会团体不得成为普通合伙人。

2. 有书面的合伙协议

合伙协议是各合伙人通过协商达成的、确定相互间的权利义务关系的、具有法律约束力的协议。合伙协议应当载明下列事项：合伙企业的名称和主要经营场所的地点；合伙目的和合伙企业的经营范围；合伙人的姓名及其住所；合伙人出资的方式、数额和缴付出资的期限；利润分配和亏损分担的办法；合伙企业事务的执行；入伙与退伙；合伙企业的解散与清算；违约责任。

合伙协议可以载明合伙企业的经营期限和合伙人争议的解决方式。合伙协议经全体合伙人签名、盖章后生效。合伙人依照合伙协议享有权利，承担责任。经全体合伙人协商一

致，可以修改或者补充合伙协议。

3. 有各合伙人认缴或实际缴付的出资

合伙人可以用货币、实物、知识产权、土地使用权或者其他财产权利出资，也可以用劳务出资。合伙人以实物、知识产权、土地使用权或者其他财产权利出资，需要评估作价的，可以由全体合伙人协商确定，也可以由全体合伙人委托法定评估机构评估。合伙人以劳务出资的，其评估办法由全体合伙人协商确定，并在合伙协议中载明。

合伙人按照合伙协议的约定或者经全体合伙人决定，可以增加或者减少对合伙企业的出资。合伙人应当按照合伙协议约定的出资方式、数额和缴付期限，履行出资义务。以非货币财产出资的，依照法律、行政法规的规定，需要办理财产权转移手续的，应当依法办理。

《合伙企业法》并未规定合伙企业的最低注册资本额，只要求各合伙人认缴或实际缴付的出资能够使其正常营业。

4. 有合伙企业的名称和生产经营场所

普通合伙企业应当在其名称中标明“普通合伙”字样，其中，采取“有限责任”合伙形式的普通合伙企业，应当在其名称中标明“特殊普通合伙”字样。

5. 法律、行政法规规定的其他条件

法律、行政法规有其他条件要求的，还必须同时遵守其他法律、行政法规的要求。

2.1.2　普通合伙企业的财产

合伙人转让其在合伙企业的财产份额，必须经其他合伙人一致同意。该观点正确吗？

1. 普通合伙企业的财产构成

普通合伙企业的财产由以下三部分组成：

1）原始财产

合伙人在企业设立之初以及在合伙企业存续期间，新入伙的合伙人按照协议认缴和实缴的出资，称为原始财产。

2）以合伙企业名义取得的收益

它是指在合伙企业存续期间，全体合伙人共同经营合伙企业所创造的新价值，包括合伙企业经营取得的利润，合伙企业的债权，合伙企业以自己的名义取得的专利、商标以及合伙企业的非专利技术、服务标记、企业字号、企业商誉等无形财产。

3）依法取得的其他财产

它是指在合伙企业存续期间，依法受赠、受奖、受让的利益。

2. 合伙企业财产的转让和出质

1）外部转让

除合伙协议另有约定外，合伙人向合伙人以外的人转让其在合伙企业中的全部或者部分财产份额时，须经其他合伙人一致同意。合伙人向合伙人以外的人转让其在合伙企业中的财产份额的，在同等条件下，其他合伙人有优先购买权；但是，合伙协议另有约定的除外。

合伙人以外的人依法受让合伙人在合伙企业中的财产份额的，经修改合伙协议即成为合伙企业的合伙人，依照《合伙企业法》和修改后的合伙协议享有权利，履行义务。

2）内部转让

合伙人之间转让在合伙企业中的全部或者部分财产份额时，应当通知其他合伙人。

3）财产出质

合伙人以其在合伙企业中的财产份额出质的，须经其他合伙人一致同意；未经其他合伙人一致同意，其行为无效，由此给善意第三人造成损失的，由行为人依法承担赔偿责任。

想一想

某合伙企业中的合伙人未经其他合伙人一致同意而以其在合伙企业中的财产份额出质的，是否适用善意取得制度？

问题评析：出质是质押担保的一种行为。合伙人以其在合伙企业中的财产份额出质，是指合伙人以自己投入合伙企业的财产所获的财产份额及其收益为自身债务或者其他债务进行质押担保的行为。如不能实际履行债务，债权人就要依法执行合伙企业的有关财产份额予以优先受偿，从而导致合伙人的变更。所以，《合伙企业法》规定，如果合伙人未经其他合伙人一致同意，私自以自己的财产份额出质的，无论第三人是否善意，该出质行为均属无效，不适用善意取得制度。

2.1.3 普通合伙企业事务执行

合伙企业事务的执行是指为实现合伙目的而进行的各项业务活动，包括处理合伙企业的内部关系，如入伙、退伙、处分财产、解散、清算等，也包括处理合伙企业的外部关系，如对外代表企业进行日常的业务经营活动，与第三人签订合同等。

1. 合伙企业事务的执行方式

按照《合伙企业法》的规定，各合伙人对执行合伙企业事务享有同等的权利，合伙事务执行的方式主要包括：

1）共同执行

它是指由全体合伙人共同执行合伙企业事务。各合伙人均有权执行合伙企业的事务，对外代表合伙企业。这是合伙企业事务执行的常用形式，尤其适合合伙人数较少的企业。

2）委托执行

它是指由合伙协议约定或者全体合伙人共同决定，委托一名或数名合伙人执行。执行合伙企业事务的合伙人，对外代表合伙企业。作为合伙人的法人、其他组织执行合伙事务时，由其委派的代表执行。

3）聘用执行

它是指聘用合伙人之外的经营管理人员执行合伙事务。被聘任的合伙企业的经营管理人员应当在合伙企业授权范围内履行职务。超越合伙企业授权范围履行职务，或者在履行职务过程中因故意或重大过失给合伙企业造成损失的，依法承担赔偿责任。

2012 年 5 月，唐某、杨某、孟某、常某共同出资设立了一个合伙企业。为提高企业运作效率，全体合伙人商议决定，委托唐某单独执行合伙企业事务，杨某、孟某和常某都

不参与执行合伙企业事务。2012 年 10 月，杨某与孟某达成协议，将其在合伙企业中的全部财产份额转让给孟某。随后，杨某将此事通知了唐某和常某，常某表示不同意。

根据上述情况和《合伙企业法》的有关规定，回答下列问题：

(1) 由唐某单独执行合伙企业事务是否符合法律规定？为什么？

(2) 杨某与孟某之间转让财产份额的行为是否符合法律规定？为什么？

案例评析：(1) 由唐某单独执行合伙企业事务合法。根据《合伙企业法》的规定，合伙企业可以由全体合伙人决定或者按照合伙协议的约定，委托一个或者数个合伙人执行合伙企业的事务。

(2) 杨某与孟某之间转让财产份额的行为合法。根据《合伙企业法》的规定，合伙人之间转让在合伙企业中的全部或者部分财产份额时，不以其他合伙人同意为条件，只需通知其他合伙人即可。

2. 合伙企业事务的决策

合伙企业事务的决策方式，由合伙人在合伙协议中约定。合伙协议中没有约定的或者约定不明确的，实行一人一票并经全体合伙人过半数通过的表决办法。

除合伙协议另有约定外，下列事务必须经全体合伙人一致同意：改变合伙企业的名称；改变合伙企业的经营范围、主要经营场所的地点；处分合伙企业的不动产；转让或者处分合伙企业的知识产权和其他财产权利；以合伙企业名义为他人提供担保；聘任合伙人以外的人担任合伙企业的经营管理人员。

若个别合伙人违背全体合伙人一致同意规则，给合伙企业或其他合伙人带来损失的，则应承担赔偿责任。

合伙企业对合伙人执行合伙事务以及对外代表合伙企业权利的限制，不得对抗不知情的善意第三人。合伙人执行合伙事务的权利和对外代表合伙企业的权利，会受到一定的内部限制。善意第三人是指与合伙企业善意进行民事行为的人，包括善意取得合伙企业财产和善意与合伙企业设定其他法律关系的人。如果这种内部限制对第三人发生效力，必须以第三人知道这一情况为条件，否则，该内部限制不对第三人发生效力。

想一想

某合伙企业合伙协议约定，由李某执行合伙事务，其余合伙人都无权执行合伙事务。现合伙人张某对外代表合伙企业与丁某签订了一份合同，而丁某并不知道张某无权执行合伙事务。

请问：该合同是否有效？

案例评析：合伙企业对合伙人执行合伙事务与对外代表合伙企业往往会作出一些限制，而这样的限制通常并不为外部的第三人所知。如果合伙事务执行人越权行使职权，与第三人进行交易，认定其与不知情的第三人签订的合同无效，对第三人是不公平的。因此，《合伙企业法》规定，合伙企业对合伙人执行合伙事务以及对外代表合伙企业权利的限制，不得对抗善意第三人。本案中的合同有效。

3. 合伙人的权利

(1) 合伙人对执行合伙事务享有同等的权利；

（2）执行合伙事务的合伙人对外代表合伙企业；

（3）不执行合伙事务的合伙人有权监督执行事务合伙人执行合伙事务的情况；

（4）合伙人有权查阅合伙企业会计账簿等财务资料；

（5）合伙人有提出异议的权利和撤销委托的权利；

（6）受委托执行合伙事务的合伙人不按照合伙协议或者全体合伙人的决定执行事务的，其他合伙人可以决定撤销该委托。

4. 合伙人的义务

（1）合伙事务执行人向不执行事务的合伙人报告企业经营状况和财务状况；

（2）合伙人不得自营或者同他人合作经营与本合伙企业相竞争的业务；

（3）除合伙协议另有约定或者经全体合伙人一致同意外，合伙人不得同本合伙企业进行交易；

（4）合伙人不得从事损害本合伙企业利益的活动。

若合伙人违反上述义务，由此获得的收益归合伙企业所有，给合伙企业或其他合伙人造成损失的，则应承担赔偿责任。

甲与乙、丙成立了一家经营电器的普通合伙企业，甲被推举为合伙事务执行人，乙、丙授权甲在5万元以内的开支及40万元以内的业务可以自行决定。甲在任职期间内实施的下列行为中，属于法律禁止或无效的是（　　）。

A. 自行决定向善意的A公司支付广告费8万元

B. 未经乙、丙同意，与善意的B公司签订50万元的合同

C. 未经乙、丙同意，将自有汽车以每年3万元租给合伙企业使用

D. 与其弟第一道又经营了一家电器业务公司

【答案】AB

2.1.4 普通合伙企业的损益分配与债务清偿

1. 普通合伙企业的损益分配

普通合伙企业的利润分配、亏损分担，按照合伙协议的约定办理；合伙协议未约定或者约定不明确的，由合伙人协商决定；协商不成的，由合伙人按照实缴出资比例分配、分担；无法确定出资比例的，由合伙人平均分配、分担。

合伙协议不得约定将全部利润分配给部分合伙人或者由部分合伙人承担全部亏损。

2. 合伙企业债务的清偿

合伙企业对其债务，应先以其全部财产进行清偿。合伙企业不能清偿到期债务的，合伙人承担无限连带责任。合伙企业财产清偿合伙企业债务时，其不足的部分，由各合伙人用其在合伙企业出资以外的财产承担清偿责任。合伙人由于承担连带责任，所清偿数额超过其应当承担的数额时，有权向其他合伙人追偿。

甲、乙、丙合伙经营一家运输企业，甲为合伙企业负责人。甲、乙、丙约定的出资比例和分成比例均为4∶3∶3。现合伙企业欠某汽车销售公司50万元债务，另欠王某、李某各3万元债务，而合伙企业的财产仅为50万元。

请问：(1) 如果汽车销售公司、王某和李某同时要求该运输企业偿还其各自的到期债务，该合伙企业应如何清偿？

(2) 假如汽车销售公司、王某和李某向法院起诉后，其债权未得到全部清偿，能否要求丙以个人财产偿还？

案例评析：(1) 根据《合伙企业法》的规定，合伙企业对其债务，应先以其全部财产进行清偿。合伙企业不能清偿到期债务的，合伙人承担无限连带责任。合伙人由于承担无限连带责任，清偿数额超过其亏损分担比例的，有权向其他合伙人追偿。因此，合伙企业的债务应先以合伙企业的财产偿还。不能清偿的部分，由各合伙人承担无限连带责任。

(2) 合伙企业不能清偿到期债务的，合伙人承担无限连带责任。本案例中当事人可以要求丙以个人财产偿还。丙清偿后，可向甲、乙追偿他们应当承担的份额。

合伙企业存续期间，合伙人发生与合伙企业无关的债务，相关债权人不得以其债权抵销其对合伙企业的债务。合伙人的债权人要求合伙人偿还债务，只能通过与合伙人签订合同或通过诉讼，获得对合伙人在合伙企业中收益分配的请求权或者分割其在合伙企业中的财产份额以实现债权，而对合伙人的其他权利如合伙事务执行权、重大事务表决权、对企业的监督权等均没有请求权，不得代位行使合伙人在合伙企业中的权利。

丁某是一家合伙企业的合伙事务执行人，欠赵某个人债务8万元，赵某在交易中又欠该合伙企业8万元。后合伙企业解散。清算中，赵某要求以其对江某的债权抵销其所欠合伙企业的债务，各合伙人对赵某的这一要求产生了分歧。下列看法正确的是(　　)。

A. 丁某的债务如同合伙企业债务，赵某可以抵销其对合伙企业的债务

B. 丁某所负债务为个人债务，赵某不得以个人债权抵销其对合伙企业债务

C. 若丁某可从合伙企业分得8万元以上的财产，则赵某可以抵销其对合伙企业的债务

D. 赵某可以抵销其债务，但丁某应分得的财产不足8万元时，应就差额部分对其他合伙人承担赔偿责任

【答案】B

2.1.5　入伙与退伙

1. 入伙

入伙是指在合伙企业存续期间，合伙人以外的第三人加入合伙企业并取得合伙人资格的行为。

新合伙人入伙时，应当经全体合伙人同意，并依法订立书面入伙协议。订立入伙协议时，原合伙人应当向新合伙人告知原合伙企业的经营状况和财务状况。

入伙的新合伙人与原合伙人享有同等权利，承担同等责任。入伙协议另有约定的，从其约定。新合伙人对入伙前合伙企业的债务承担无限连带责任。

某合伙企业成立两年，已欠外债20万元。现在李某加入了该企业。

请问：李某入伙后，对该20万元外债是否承担连带责任？

案例评析：除入伙协议另有约定外，入伙的新合伙人与原合伙人享有同等权利，承担

同等责任。新合伙人对入伙前合伙企业的债务承担无限连带责任。李某应当对该20万元债务承担责任。

2. 退伙

退伙是指在合伙企业存续期间，合伙人退出合伙企业，从而丧失合伙人资格的行为。退伙主要有自愿退伙和法定退伙两种情形。

想一想

合伙协议未约定合伙期限的，合伙人可以在任何时间、任何情况下要求退伙。该观点正确吗?

1）自愿退伙

自愿退伙是指合伙人基于自愿表示退伙。自愿退伙可分为协议退伙和通知退伙。

（1）协议退伙。协议退伙是指退伙人和其他合伙人通过协商达成一致的意思表示，从而使退伙人资格归于消灭。

合伙协议约定了合伙企业的合伙期限的，在合伙企业存续期间，有下列情形之一的，合伙人可以退伙：合伙协议约定的退伙事由出现；经全体合伙人同意退伙；发生合伙人难以继续参加合伙企业的事由；其他合伙人严重违反合伙协议约定的义务。

（2）通知退伙。通知退伙是指根据退伙人单方的意思表示终止与其他合伙人之间的合伙关系，使合伙人资格消灭。

合伙协议未约定合伙期限的，合伙人在不给合伙企业事务执行造成不利影响的情况下，可以退伙，但应当提前30日通知其他合伙人。擅自退伙的，应当赔偿由此给其他合伙人造成的损失。

2）法定退伙

法定退伙指直接根据法律规定而退伙。法定退伙可分为当然退伙和除名退伙。

（1）当然退伙。当然退伙是指发生了某种客观情况而导致的退伙。

根据《合伙企业法》的规定，合伙人有下列情形之一的，当然退伙：作为合伙人的自然人死亡或者被依法宣告死亡；个人丧失偿债能力；作为合伙人的法人或者其他组织依法被吊销营业执照、责令关闭、撤销，或者被宣告破产；法律规定或者合伙协议约定合伙人必须具有相关资格而丧失该资格；合伙人在合伙企业中的全部财产份额被人民法院强制执行。

合伙人被依法认定为无民事行为能力人或者限制民事行为能力人的，经其他合伙人一致同意，可以依法转为有限合伙人，普通合伙企业依法转为有限合伙企业。其他合伙人未能一致同意的，该无民事行为能力或者限制民事行为能力的合伙人退伙。退伙事由实际发生之日为退伙生效日。

（2）除名退伙。除名退伙是指因为合伙人出现特定的事由，由合伙企业将其开除而引发的退伙。

合伙人有下列情形之一的，经其他合伙人一致同意，可以决议将其除名：未履行出资义务；因故意或者重大过失给合伙企业造成损失；执行合伙事务时有不正当行为；发生合伙协议约定的事由。

对合伙人的除名决议应当书面通知被除名人。被除名人接到除名通知之日，除名生效，被除名人退伙。被除名人对除名决议有异议的，可以自接到除名通知之日起30日内，向人民法院起诉。

3. 退伙后的财产处理

1）合伙财产结算

合伙人退伙，其他合伙人应当与该退伙人按照退伙时的合伙企业财产状况进行结算，退还退伙人的财产份额。退伙人对给合伙企业造成的损失负有赔偿责任的，相应扣减其应当赔偿的数额。退伙时有未了结的合伙企业事务的，待该事务了结后进行结算。退伙人在合伙企业中财产份额的退还办法，由合伙协议约定或者由全体合伙人决定，可以退还货币，也可以退还实物。

2）合伙企业责任的承担

退伙人对基于其退伙前的原因发生的合伙企业债务，承担无限连带责任。合伙人退伙时，合伙企业财产少于合伙企业债务的，退伙人应当依照《合伙企业法》的规定分担亏损。

下列各项中，应对合伙企业债务承担连带责任的有(　　)。

A. 合伙企业债务发生前办理入伙的新合伙人

B. 合伙企业债务发生前办理退伙的退伙人

C. 被聘任的合伙企业的经营管理人员

D. 合伙企业的全体合伙人

【答案】AD

3）退伙财产的继承

合伙人死亡或者被依法宣告死亡的，对该合伙人在合伙企业中的财产份额享有合法继承权的继承人，按照合伙协议的约定或者经全体合伙人一致同意，从继承开始之日起，取得该合伙企业的合伙人资格。

有下列情形之一的，合伙企业应当向合伙人的继承人退还被继承合伙人的财产份额：继承人不愿意成为合伙人；法律规定或者合伙协议约定合伙人必须具有相关资格，而该继承人未取得该资格；合伙协议约定不能成为合伙人的其他情形。

合伙人的继承人为无民事行为能力人或者限制民事行为能力人的，经全体合伙人一致同意，可以依法成为有限合伙人，普通合伙企业依法转为有限合伙企业。全体合伙人未能一致同意的，合伙企业应当将被继承合伙人的财产份额退还该继承人。

想一想

2011年1月，刘某、王某、陈某设立了一家普通合伙企业。2012年3月，刘某与于某结婚。2012年8月，刘某因病去世。刘某除于某外没有其他亲人，合伙协议对合伙人资格取得或丧失未作约定。下列选项正确的是(　　)。

A. 合伙企业中刘某的财产份额属于夫妻共同财产

B. 于某依法自动取得合伙人地位

C. 经王某、陈某一致同意，于某取得合伙人资格

D. 只能由合伙企业向于某退还刘某在合伙企业中的财产份额

【答案】AC

拓展阅读

特殊的普通合伙企业

在普通的合伙企业中，有一种特殊形式的合伙企业即特殊的普通合伙企业，律师事务所、会计师事务所、资产评估师事务所就属于这类特殊的普通合伙企业。

特殊的普通合伙企业是指以专业知识和专门技能为客户提供有偿服务的专业服务机构。一个合伙人或数个合伙人在执业活动中因故意或重大过失造成合伙企业债务的，应当承担无限责任或无限连带责任，其他合伙人以其在合伙企业中的财产份额为限承担责任。

特殊的普通合伙企业名称中应当标明“特殊普通合伙”字样。

合伙人执业活动中因故意或重大过失造成的合伙企业债务，以合伙企业财产对外承担责任后，该合伙人应当按照合伙协议的约定对给合伙企业造成的损失承担赔偿责任。合伙人在执业活动中非因故意或重大过失造成的合伙企业债务及合伙企业的其他债务，由全体合伙人承担无限连带责任。

特殊的普通合伙企业应该建立执业风险基金、办理职业保险。执业风险基金应该单独立户管理用于偿付合伙人执业活动造成的债务。

课后练习

一、选择题

1. 下列选项中，不属于设立普通合伙企业应当具备的条件是(　　)。

A. 有2～50个合伙人

B. 有书面合伙协议

C. 有合伙人认缴或者实际缴付的出资

D. 有合伙企业的名称

2. 除合伙协议另有约定外，下列事项中可以不必经合伙企业全体合伙人一致同意的是(　　)。

A. 向企业登记机关申请办理变更合伙企业的经营范围

B. 以合伙企业名义为他人提供担保

C. 普通合伙人向合伙企业以外的人转让合伙企业中的财产份额

D. 合伙人以房屋等不动产进行出资

3. 合伙人不可以是(　　)。

A. 法人　　　　B. 自然人

C. 其他组织　　　　D. 国有企业

4. 普通合伙企业合伙人有(　　)的权利。

A. 与本合伙企业进行交易

B. 可以自营或与他人合作经营与本合伙企业相竞争的业务

C. 查阅合伙企业账簿等财务资料

D. 不经其他合伙人同意即可以以其在合伙企业中的财产份额出质

5. 普通合伙企业须经全体合伙人一致同意的事务有(　　)。

A. 改变合伙企业名称

B. 转让或处分合伙企业的知识产权或其他财产权

C. 处分合伙企业的不动产

D. 以合伙企业的名义为他人提供担保

6. 合伙企业对合伙人执行合伙企业事务以及对外代表合伙企业权利的限制(　　)。

A. 不受内部限制　　B. 受到一定的内部限制

C. 不得对抗不知情的善意第三人　　D. 可以对抗知情的第三人

7. 普通合伙企业合伙人以合伙企业外的个人财产为某企业提供担保，(　　)。

A. 必须经合伙企业合伙人同意　　B. 不用经合伙企业合伙人同意

C. 经合伙企业多数合伙人同意　　D. 合伙企业无权干涉

8. 合伙人退伙的情形有(　　)。

A. 经全体合伙人同意　　B. 个人丧失偿债能力

C. 未履行出资义务　　D. 执行合伙事务时有不正当行为

二、简答题

1. 普通合伙企业合伙人的出资方式及要求有哪些?

2. 合伙企业与第三人的关系是怎样的?

三、案例分析

甲、乙、丙三人共同出资设立了一家普通合伙企业。其中，甲出资 10 万元，乙出资 5 万元，丙出资 4 万元，合伙协议未约定合伙事项的表决办法和利润分配和亏损分担方法。合伙期间，为扩大生产规模，合伙人对企业贷款事项进行了表决，甲同意，乙、丙不同意。甲认为，由于其出资额过半，因此该表决已经通过。此外，企业有可分配利润 8 万元，合伙人还对分配事项进行了协商，但未达成协议，于是决定平均分配。请问:

(1) 该贷款事项通过了吗? 为什么?

(2) 利润分配事项正确吗? 为什么?

2.2 有限合伙企业

案例导入

甲、乙、丙三人欲设立一家有限合伙企业，经三人一致同意，拟定的合伙协议内容有: (1) 甲为有限合伙人，以现金出资 40 万元; 乙为普通合伙人，以知识产权出资，作价 20 万元; 丙为有限合伙人，以自有房屋出资，作价 50 万元。(2) 将企业第一年全部利润分配给甲乙二人。(3) 合伙企业的名称为“红叶纸品合伙企业”。

请问: 该合伙协议的内容正确吗?

案例评析: (1) 合伙协议第一项内容正确。《合伙企业法》规定有限合伙人可以用货币、实物、知识产权、土地使用权或者其他财产权利作价出资。(2) 合伙协议第二项内容正确。《合伙企业法》规定有限合伙企业不得将全部利润分配给部分合伙人，但是，合伙协议另有约定的除外。(3) 合伙协议第三项内容不正确。《合伙企业法》规定有限合伙企业的名称应当标明“有限合伙”字样。

任务驱动

任务内容：分析解决有限合伙企业纠纷。

任务布置：将班级学生分成若干小组，参照本节知识分析讨论教师提供的有限合伙企业案例纠纷；各小组将讨论结果公开展示，其他小组和教师进行分析评价，选出优胜小组；教师应给予专业指导。

知识链接

有限合伙企业是指由有限合伙人和普通合伙人共同组成的，普通合伙人对合伙企业债务承担无限连带责任，有限合伙人以其认缴的出资额为限对合伙企业债务承担责任的合伙企业。

2.2.1 有限合伙企业的设立条件

想一想

郑某等人欲设立一家有限合伙企业，根据法律规定，他们在合伙人人数和企业名称方面需要注意什么？

1. 有限合伙企业的主体要求

有限合伙企业由2个以上50个以下合伙人设立；但是，法律另有规定的除外。有限合伙企业至少应当有1个普通合伙人。国有独资公司、国有企业、上市公司以及公益性的事业单位、社会团体不得成为普通合伙人，但可以成为有限合伙人。有限合伙企业仅剩有限合伙人的，应当解散；有限合伙企业仅剩普通合伙人的，应当转为普通合伙企业。

2. 企业名称

有限合伙企业的名称应当标明“有限合伙”字样，不能标明“普通合伙”、“特殊普通合伙”、“有限公司”、“有限责任公司”等字样。如果有限合伙企业未在其名称中标明“有限合伙”字样，由企业登记管理机关责令限期改正，并处以2 000元以上10 000元以下的罚款。

3. 出资方式

有限合伙人可以用货币、实物、知识产权、土地使用权或者其他财产权利作价出资。有限合伙人不得以劳务出资。

4. 出资义务

有限合伙人应当按照合伙协议的约定按期足额缴纳出资；未按期足额缴纳的，应当承担补缴义务，并对其他合伙人承担违约责任。

5. 合伙协议内容

有限合伙企业协议除符合普通合伙企业合伙协议的规定外，还应当载明下列事项：普通合伙人和有限合伙人的姓名或者名称、住所；执行事务合伙人应具备的条件和选择程序；执行事务合伙人权限与违约处理办法；执行事务合伙人的除名条件和更换程序；有限合伙人入伙、退伙的条件、程序以及相关责任；有限合伙人和普通合伙人相互转换程序。

6. 登记事项

有限合伙企业登记事项中应载明有限合伙人的姓名或者名称及认缴的出资数额。

想一想

陈某和鲁某欲成立一家有限合伙企业，约定陈某为普通合伙人，鲁某为有限合伙人。

请问：如果鲁某欲以劳务作为出资，是否符合法律规定？

案例评析：有限合伙人与普通合伙人在出资方面相比，最大的不同点在于有限合伙人不得以劳务出资，而普通合伙人则允许以劳务出资。究其原因，在于两者承担责任的方式不同：普通合伙人对合伙企业债务承担无限连带责任，所以，无论以何种方式出资，都不影响普通合伙人对合伙企业的连带责任。有限合伙人以其认缴的出资额为限对合伙企业债务承担责任，而劳务本身是很难估价且不可转让的，如果允许有限合伙人以劳务出资，债权人的利益将无法得到保障。作为有限合伙人，鲁某不能以劳务作为出资。

2.2.2　有限合伙企业合伙事务的执行

甲和乙欲设立一家有限合伙企业。甲为普通合伙人，乙为有限合伙人。两人在订立合伙协议时，就执行合伙企业合伙事务方面应当注意哪些事项？

1. 普通合伙人执行合伙事务

有限合伙企业由普通合伙人执行合伙事务，执行人有权代表企业对外进行经营活动，其经营活动的后果由全体合伙人承担。执行事务合伙人可以要求在合伙协议中确定执行事务的报酬及报酬提取方式。

2. 禁止有限合伙人执行合伙事务

有限合伙人不执行合伙事务，不得对外代表有限合伙企业。有限合伙人的下列行为，不视为执行合伙事务：参与决定普通合伙人入伙、退伙；对企业的经营管理提出建议；参与选择承办有限合伙企业审计业务的会计师事务所；获取经审计的有限合伙企业财务会计报告；对涉及自身利益的情况，查阅有限合伙企业财务会计账簿等财务资料；在有限合伙企业中的利益受到侵害时，向有责任的合伙人主张权利或者提起诉讼；执行事务合伙人怠于行使权利时，督促其行使权利或者为了本企业的利益以自己的名义提起诉讼；依法为企业提供担保。

另外，第三人有理由相信有限合伙人为普通合伙人并与其交易的，该有限合伙人对该笔交易承担与普通合伙人同样的责任。有限合伙人未经授权以有限合伙企业名义与他人进行交易，给有限合伙企业或者其他合伙人造成损失的，该有限合伙人应当承担赔偿责任。

3. 有限合伙人的特别权利

有限合伙人具有以下特别权利：

（1）自我交易权。有限合伙人可以同本有限合伙企业进行交易；但是，合伙协议另有约定的除外。

（2）竞业经营权。有限合伙人可以自营或者同他人合作经营与本有限合伙企业相竞争的业务；但是，合伙协议另有约定的除外。

（3）财产份额出质权。有限合伙人可以将其在有限合伙企业中的财产份额出质；但是，合伙协议另有约定的除外。

（4）财产份额转让权。有限合伙人可以按照合伙协议的约定向合伙人以外的人转让其在有限合伙企业中的财产份额，但应当提前30日通知其他合伙人。

（5）收益清偿权。有限合伙人的自有财产不足清偿其与合伙企业无关的债务的，该合伙人可以以其从有限合伙企业中分取的收益用于清偿；债权人也可以依法请求人民法院强制执行该合伙人在有限合伙企业中的财产份额用于清偿。

人民法院强制执行有限合伙人的财产份额时，应当通知全体合伙人。在同等条件下，其他合伙人有优先购买权。

（6）新合伙人有限责任。新入伙的有限合伙人对入伙前有限合伙企业的债务，以其认缴的出资额为限承担责任。

甲是某有限合伙企业的有限合伙人，持有该企业15%的份额。在合伙协议无特别约定的情况下，甲在合伙期间未经其他合伙人同意实施了下列行为，其中违反《合伙企业法》规定的是(　　)。

A. 将自购的机器设备出租给合伙企业使用

B. 以合伙企业的名义购买汽车1辆并归合伙企业使用

C. 以自己在合伙企业中的财产份额向银行提供质押担保

D. 提前1个月通知其他合伙人将其部分合伙份额转让给合伙人以外的人

【答案】B

4. 有限合伙企业的利润分配

有限合伙企业不得将全部利润分配给部分合伙人；但是，合伙协议另有约定的除外。

2.2.3　有限合伙企业的入伙与退伙

1. 入伙

与普通合伙企业新入伙的合伙人不同，新入伙的有限合伙人对入伙前有限合伙企业的债务，仅以其认缴的出资额为限承担责任。

2. 退伙

有限合伙人有下列情形之一的，当然退伙：

（1）作为合伙人的自然人死亡或者被依法宣告死亡；

（2）作为合伙人的法人或者其他组织依法被吊销营业执照、责令关闭、撤销，或者被宣告破产；

（3）法律规定或者合伙协议约定合伙人必须具有相关资格而其丧失该资格；

（4）合伙人在合伙企业中的全部财产份额被人民法院强制执行。

个人丧失偿债能力不能作为有限合伙人当然退伙的法定事由。因为在有限合伙企业中，有限合伙人承担的本来就是有限责任，个人丧失偿债能力并不影响其已对有限合伙企业的出资。

作为有限合伙人的自然人在有限合伙企业存续期间丧失民事行为能力的，其他合伙人不得因此要求其退伙。作为有限合伙人的自然人死亡、被依法宣告死亡或者作为有限合伙人的法人及其他组织终止时，其继承人或者权利承受人可以依法取得该有限合伙人在有限合伙企业中的资格。

有限合伙人退伙后，对基于其退伙前的原因发生的有限合伙企业债务，以其退伙时从有限合伙企业中取回的财产承担责任。

2.2.4　普通合伙人与有限合伙人之间的转换

合伙人性质转换的条件和承担的责任有：

（1）除合伙协议另有约定外，普通合伙人转变为有限合伙人，或者有限合伙人转变为普通合伙人，应当经全体合伙人一致同意。

（2）有限合伙人转变为普通合伙人的，对其作为有限合伙人期间有限合伙企业发生的债务承担无限连带责任；普通合伙人转变为有限合伙人的，对其作为普通合伙人期间合伙企业发生的债务承担无限连带责任。

（3）有限合伙企业仅剩有限合伙人的，应当解散；有限合伙企业仅剩普通合伙人的，转为普通合伙企业。

想一想

在有限合伙企业中，合伙人身份转变，其承担债务的责任有何不同？

问题评析：有限合伙人转变为普通合伙人，实际上相当于新普通合伙人入伙，依照法律规定，新入伙的普通合伙人应该对入伙前的合伙企业债务承担无限连带责任。

有限合伙人了解原有限合伙企业的经营状况和财务状况，法律规定其对身份转变前的合伙企业债务承担无限连带责任，并不会增加其风险。所以，有限合伙人转变为普通合伙人后，实际上就应对合伙企业的所有债务承担无限连带责任。

普通合伙人转变为有限合伙人时，对于其身份转变前合伙企业发生的债务仍然承担无限连带责任，而非有限责任。如果允许普通合伙人转变为有限合伙人后，对身份转变前的合伙企业债务只承担有限责任，可能会产生一定的道德风险，诱使普通合伙人利用身份转变逃避合伙企业债务，减轻自己的责任负担，从而损害债权人利益。

课后练习

一、选择题

1. 有限合伙企业名称中应当标明(　　)字样。

A. “普通合伙”　　B. “特殊普通合伙”

C. “有限公司”　　D. “有限合伙”

2. 有限合伙人可以将其在合伙企业中的财产份额(　　)。

A. 出质　　B. 送人

C. 变卖　　D. 撤回

3. 有限合伙人转变为普通合伙人的，对其作为有限合伙人期间有限合伙企业发生的债务承担(　　)。

A. 无限责任　　B. 有限责任

C. 无限连带责任　　D. 有限连带责任

4. 有限合伙人可以按照合伙协议的约定向合伙人以外的人转让其在有限合伙企业中的财产份额，但应当提前(　　)。

A. 10 天　　B. 20 天

C. 30 天　　D. 40 天

5. 有限合伙企业事务执行的特殊规定有(　　)。

A. 有限合伙企业由普通合伙人执行合伙企业事务

B. 禁止有限合伙人执行合伙企业事务

C. 不得将全部利润分配给部分合伙人

D. 有限合伙人可以适当执行合伙企业事务

6. 有限合伙人有(　　)情形的，属于当然退伙。

A. 作为合伙人的自然人死亡或被依法宣告死亡

B. 作为合伙人的法人或其他组织被吊销营业执照

C. 个人欠外债无法按期还清

D. 合伙人在合伙企业中的全部份额被人民法院强制执行

7. 有限合伙企业下列表述正确的是(　　)。

A. 由1~50人设立　　B. 由2~50人设立

C. 至少有一个普通合伙人　　D. 国有企业可以成为有限合伙人

二、简答题

1. 有限合伙企业合伙协议应载明哪些内容?

2. 有限合伙人有哪些特殊权利?

三、案例分析

李某是甲有限合伙企业的有限合伙人。一次，他在出差的城市中发现乙公司生产的一种机器非常适合本企业，随即以本合伙企业的名义与乙公司签订了一份购销合同。当乙公司按合同约定送到货后，却发现与本企业设备不配套，无法使用，因此给企业造成了损失50万元。

请问：李某对这笔损失应承担什么责任？为什么?

2.3 合伙企业的解散、清算

案例导入

某普通合伙企业成立两年，因企业的违法行为，被依法吊销营业执照。现企业有资产30万元，欠职工工资10万元，欠税12万元，欠银行到期贷款及利息33万元。

请问：对该企业应怎样处理?

案例评析：因该企业被依法吊销营业执照，按《合伙企业法》规定应当解散并进行清算程序，指定清算人。将企业现有资产30万元支付完清算费后，再支付职工工资、所欠税款、银行欠款。银行欠款不够的部分，该企业合伙人承担无限连带责任。

任务驱动

任务内容：设定合伙企业解散情境，模拟合伙企业解散的处理。

任务布置：将班级学生分为若干小组，每组模拟参与合伙企业解散的角色，参考本节知识完成对合伙企业解散的清算；根据小组表现评选优胜小组；教师应给予专业指导。

知识链接

2.3.1 合伙企业的解散

合伙企业有下列情形之一的，应当解散：

（1）合伙协议约定的经营期限届满，合伙人不愿继续经营。合伙人在订立合伙协议时约定了经营期限，且该期限已经届满时，合伙人有权决定是否继续经营。如合伙人决定不再继续经营，则应当按合伙人的意愿解散。

（2）合伙协议约定的解散事由出现。按照意思自治原则，只要不违反法律规定，合伙人有权在合伙协议中自由约定合伙企业的解散事由。当合伙协议约定的解散事由出现时，合伙企业应当解散。

（3）全体合伙人决定解散。全体合伙人可以基于合意成立合伙企业，自然也就可以基于合意解散合伙企业。

（4）合伙企业已不具备法定人数满 30 天。合伙企业存续期间，因合伙人退伙等原因导致合伙人的人数不再符合上述要求的，剩余的合伙人应当在 30 天内寻找新的合伙人入伙或者变更合伙形式，否则，合伙企业应当解散。

（5）合伙协议约定的合伙目的已经实现或者无法实现。合伙企业是合伙人实现某种目的的手段。当合伙的目的已经实现或已经确定无法实现时，合伙企业就没有必要继续存在。

（6）被依法吊销营业执照。合伙企业的民事主体资格丧失，合伙企业应当解散。

（7）出现法律、行政法规规定的合伙企业解散的其他原因。

出现下列（　　）情形的，合伙企业应当解散。

A. 半数以上合伙人决定解散合伙企业

B. 合伙企业只剩 1 名合伙人，且持续时间超过 1 个月

C. 合伙企业依法被处以行政罚款

D. 合伙协议约定的解散事由出现

【答案】BD

2.3.2　合伙企业的清算

1. 清算人的确定

合伙企业解散，应当由清算人进行清算。清算人由全体合伙人担任；经全体合伙人过半数同意，可以自合伙企业解散事由出现后 15 日内指定一个或者数个合伙人，或者委托第三人，担任清算人。自合伙企业解散事由出现之日起 15 日内未确定清算人的，合伙人或者其他利害关系人可以申请人民法院指定清算人。

2. 清算人的职责

清算人在清算期间执行下列事务：清理合伙企业财产，分别编制资产负债表和财产清单；处理与清算有关的合伙企业未了结事务；清缴所欠税款；清理债权、债务；处理合伙企业清偿债务后的剩余财产；代表合伙企业参加诉讼或仲裁。

清算人违反以上职责，给合伙企业、其他合伙人或企业债权人造成损失的，依法承担赔偿责任。

3. 清算程序

债权人应当在接到通知之日起 30 日内，未接到通知的自公告之日起 45 日内，向清算人申报债权。债权人申报债权，应当说明债权的有关事项，并提供证明材料。清算人应当对债权进行登记。清算期间，合伙企业存续，但不得开展与清算无关的经营活动。

4. 清偿的顺序

合伙企业财产在支付清算费用和职工工资、社会保险费用、法定补偿金以及缴纳所欠税款、清偿债务后的剩余财产，可以按照合伙协议的约定进行分配。合伙协议未约定或者约定不明确的，由合伙人协商决定；协商不成的，由合伙人按照实缴出资比例分配、分担；无法确定出资比例的，由合伙人平均分配、分担。

5. 注销登记

清算结束后，清算人应编制清算报告，经全体合伙人签字盖章后，在15日内向企业登记机关报送该报告，申请注销登记。经企业登记机关注销登记，合伙企业终止，原普通合伙人对合伙企业存续期间的债务仍承担无限连带责任。

6. 合伙企业的破产与债务清偿

合伙企业到期不能清偿债务的，债权人可以依法向人民法院提起破产清算申请，也可直接要求合伙企业清偿。合伙企业被宣告破产的，普通合伙人对合伙企业债务仍承担无限连带责任。

某合伙企业有合伙人张某、卫某、梁某三人。后因经营不善，欠刘某债务30万元，所以决定解散合伙企业。合伙企业注销后，刘某要求张某对合伙企业债务承担连带责任，而张某以合伙企业注销而不复存在为由，拒绝承担连带责任。

请问：张某是否应当承担责任?

案例评析：合伙企业注销后，原普通合伙人对合伙企业存续期间的债务仍应承担无限连带责任，该责任不因合伙企业注销而免除。有限合伙人以其认缴的出资额为限对合伙企业存续期间的债务承担责任，同样不因合伙企业的注销而免除。因此，张某应当对合伙企业存续期间产生的债务承担无限连带责任。

拓展阅读

表见合伙

《合伙企业法》规定：第三人有理由相信有限合伙人为普通合伙人并与其交易的，该有限合伙人对该笔交易承担与普通合伙人同样的责任。

有限合伙人未经授权以有限合伙企业名义与他人进行交易，给有限合伙企业或者其他合伙人造成损失的，该有限合伙人应当承担赔偿责任。

这是对有限合伙人在特定情况下对合伙企业债务承担无限连带责任的特别规定。

其一，规定了有限合伙人的表见合伙的对外责任，在此情况下，该有限合伙人与普通合伙人一样对该笔交易承担无限责任。

其二，规定了表见合伙后的内部责任，即有限合伙人对合伙企业造成损失的，承担赔偿责任。

对于表见合伙，应当注意以下两个方面：

第一，由第三人举证有限合伙人对合伙企业债务承担无限连带责任，即第三人应当证明：有理由相信有限合伙人为普通合伙人；相信该有限合伙人是在代表合伙企业同自己进行交易；基于这一判断同执行合伙事务的有限合伙人发生了交易。

第二，该有限合伙人对因表见合伙而发生的交易承担无限连带责任。对于有限合伙企业的其他债务，有限合伙人仍然以其认缴的出资额为限承担有限责任。

课后练习

一、选择题

1. 合伙企业解散的情形有(　　)。

A. 约定的合伙期限已到，合伙人决定不再经营

B. 合伙人过半数决定不再经营

C. 全体合伙人一致决定解散

D. 只剩一个合伙人

2. 合伙企业财产清偿顺序是(　　)。

A. 社会保险费用　　B. 职工工资

C. 清算费用　　D. 缴纳所欠税款

3. 合伙企业不能清偿到期债务的处理方式有(　　)。

A. 只让有限合伙人承担责任

B. 债权人可以向人民法院提出破产清算申请

C. 可以直接要求合伙企业清偿

D. 普通合伙人承担有限责任

二、简答题

1. 合伙企业解散的情形有哪些？

2. 合伙企业解散清偿顺序与财产分配是怎样规定的？

模块三

合同法

学习目标

知识目标

1. 认知合同订立的形式；熟知合同主要条款；掌握合同订立的程序。
2. 认知无效合同与可撤销合同的种类；掌握合同无效和被撤销的法律后果。
3. 认知合同履行的原则；掌握合同履行的规则。
4. 认知合同担保的方式；理解抵押与质押的区别；掌握定金的效力。
5. 认知合同的变更、转让、解除与终止的具体情况；熟知合同解除的法定条件与程序。
6. 认知违反合同责任和违约免责的条件；掌握承担违约责任的主要形式。

技能目标

1. 具有订立简单的经济合同的能力。
2. 具有审查合同是否合法有效的能力。
3. 具备为当事人正确履行合同提供咨询的能力。
4. 具备分析解决违约纠纷的能力。

3.1 合同的订立

案例导入

某建筑公司因施工急需100吨水泥，该建筑公司同时向某市新武水泥厂和某县白云水泥厂发函，函件中称："如贵厂有300号矿渣水泥现货（袋装），吨价不超过150元，请于接到信10天内发货100吨。货到付款，运费由供方承担。"新武水泥厂接函后，即回电建筑公司有货供应，并在接信后第5天运去水泥100吨。白云水泥厂接函后，第8天直接将100吨水泥运至建筑公司，建筑公司拒收，并称：我们确实需要100吨水泥，已与新武水泥厂建立了合同关系，给白云水泥厂发函，只是协商，不具有法律约束力。白云水泥厂不服，向人民法院提起诉讼，要求依法处理。

请问：(1) 建筑公司认为"给白云水泥厂发函，只是协商，不具有法律约束力"是否符合法律规定？为什么？

(2) 建筑公司拒收白云水泥厂水泥是否有合法依据？为什么？

案例评析：(1) 建筑公司的观点不符合法律规定。根据法律规定，要约一旦到达受要约人，即对要约人产生约束力。本案中，建筑公司向白云水泥厂发的函件中，包含着合同成立的主要条款，是要约，建筑公司应受其要约的约束。

(2) 建筑公司拒收白云水泥厂水泥没有合法依据。白云水泥厂在要约有效期内以实际履行作为对要约的承诺，合同已成立。当事人应按约定履行，建筑公司拒收白云水泥厂水泥属于违约行为。

任务驱动

任务内容：模拟订立一份苹果购销合同。

任务布置：将班级学生分成若干小组，指定各小组学生模拟合同的甲方、乙方订立合同；完成任务后进行成果展示，请其他小组对展示成果进行评价，根据成果选出优胜小组给予奖励；教师应给予专业指导。

知识链接

《中华人民共和国合同法》（以下简称《合同法》）所称的合同是指平等主体的自然人、法人、其他组织之间设立、变更、终止民事权利义务关系的协议。不包括婚姻、收养、监护等有关身份关系的协议。

做一做

根据《合同法》的规定，下列各项中，属于其调整范围的是(　　)。

A. 法人之间的买卖合同　　B. 有关收养关系的合同

C. 有关婚姻关系的合同　　D. 有关监护关系的合同

【答案】A

3.1.1　合同的条款

合同条款分为主要条款和一般条款。

1. 合同的主要条款

合同的主要条款包括当事人的名称或者姓名和住所；标的；数量；质量；价款或者报酬；履行期限、地点和方式；违约责任；解决争议的方法。这是合同成立必须具备的条款，是当事人履行合同与承担责任的基本依据，是合同的核心部分。

2. 合同的一般条款

合同的一般条款是指合同主要条款以外的不影响合同成立的条款。如当事人在买卖合同中约定的验收条款，在租赁合同中约定的出租物维修、保养、转租、收回条款等。一般条款虽然不影响合同的成立，但是它对当事人权利义务的确定也具有重要意义。

合同的主要条款有哪些?

3.1.2 合同的订立

1. 订立合同的当事人资格

当事人订立合同，应当具有相应的民事权利能力和民事行为能力。权利能力是法律赋予当事人享有权利、承担义务的资格；行为能力是当事人以自己的行为取得享有的权利、承担的义务的资格。当事人依法可以委托代理人订立合同。凡不具备法律资格的人与相对人订立的合同，不具有法律效力。

2. 合同订立的原则

1）平等、自愿原则

平等是指当事人的法律地位平等，当事人都以平等的身份订立合同，任何一方不得将自己的意志强加给对方；自愿是指当事人依法按照自己的意志订立合同，当事人在法律允许的范围内享有订立合同的自由权，任何机关、组织和个人不得非法干预。

2）公平、诚实信用原则

公平是指合同内容合理公道；诚实信用是指合同当事人必须具有签订合同和履行合同的诚意，重合同、讲信誉，以正当的经济活动切实履行合同义务以谋求利益，不能订立假合同，或者利用合同欺诈、坑害对方，损害国家和社会公共利益。平等、自愿、公平、诚实信用是市场经济的客观要求在法律上的反映。

3）合法原则

合法原则是指当事人订立合同，应当遵守法律、行政法规，尊重社会公德，不得扰乱社会经济秩序，损害社会公共利益。合法原则要求合同的主体、内容、形式和手续都必须符合法律的规定。只有遵守法律和行政法规，才能得到国家的认可而具有法律效力，受到法律的保护，合同当事人才能达到预期的目的。

3. 合同订立的程序

合同订立的程序是指是当事人双方或多方就合同内容进行协商，达成意思表示一致的具体过程，这一过程主要包括要约和承诺两个阶段。

要约是希望和他人订立合同的意思表示。发出要约的当事人称为要约人，要约所指向的对方当事人则称为受要约人。承诺是受要约人同意要约的意思表示。

1）要约

（1）要约成立的条件。要约必须是以缔结合同为目的的意思表示；要约必须是特定人的意思表示，受要约人一般也是特定的，但在特殊场合下，要约人也可以向不特定人发出要约；要约的内容必须包括足以使合同成立的主要条款，且内容具体、明确。

（2）要约的效力。要约到达受要约人时生效。要约人在要约的有效期内不能随意变更或撤销要约，否则要承担由此造成的损失的赔偿责任。

（3）要约不发生效力或效力终止的情形。①要约被撤回或被依法撤销。撤回要约的通知应在要约到达受要约人之前或者与要约同时到达受要约人。撤销要约的通知应当在受要约人发出承诺通知之前到达受要约人。②拒绝要约的通知到达要约人。③承诺期限届满，受要约人未作出承诺。④受要约人对要约的内容作出实质性变更。有关合同标的、数量、质量、价款或者报酬、履行期限、履行地点和方式、违约责任和解决争议方法等的变更，是对要约内容的实质性变更。

下列各项中，属于要约不发生效力或效力终止的情形有(　　)。

A. 要约被拒绝　　B. 要约约期届满

C. 要约被撤回　　D. 要约被依法撤销

【答案】ABCD

2）要约邀请

要约邀请是希望他人向自己发出要约的意思表示。寄送的价目表、拍卖公告、招标公告、招股说明书等为要约邀请。要约邀请与要约不同，要约邀请不具有法律效力，订立合同时要注意区分。

如果一方当事人提议的内容不包括足以使合同成立的主要条款，则该提议为(　　)。

A. 要约　　B. 要约邀请

C. 承诺　　D. 无效合同

【答案】B

3）承诺

（1）承诺成立的条件。承诺是对要约的答复；承诺是受要约人向要约人作出的意思表示；承诺应与要约的实质内容完全一致；承诺是在要约的有效期内作出的答复；承诺须具备相应的形式。除法律规定或当事人约定外，承诺应以明示的方式作出。

（2）承诺的效力。承诺通知到达要约人时生效。承诺不需要通知的，根据交易习惯或者要约的要求作出承诺的行为时生效。承诺生效时合同成立，订立合同的阶段即告结束。

（3）承诺不发生效力的情形。在下列情况下，承诺不发生效力：①承诺被撤回。撤回承诺的通知应当在承诺通知到达要约人之前或者与承诺通知同时到达要约人，承诺被撤回后，承诺不再具有法律效力。②承诺迟到。承诺迟到是指要约有效期届满后到达要约人。承诺因送达原因迟到的，除要约人及时通知受要约人因承诺超过期限不接受该承诺的以外，该承诺仍然有效。

甲厂在报纸上刊登广告称：“本厂有××型冲压设备一套，因转产闲置现欲转让，预购

者从速联系。”乙厂厂长看到广告后即去甲厂考察，认为该设备性能先进，价格合理，经与甲厂厂长协商后，填写了随身携带已加盖公章的空白合同。乙厂厂长将填写完毕的合同交给甲厂厂长，甲厂厂长加盖了公章，双方各持一份。

请问：双方订立合同经过了什么过程？

案例评析：甲厂在报纸上刊登广告的行为是要约邀请；乙厂厂长填写随身携带已加盖公章的空白合同的行为是要约；甲厂厂长加盖公章的行为是承诺。甲乙双方已订立了合同。

3.1.3 合同的形式

合同的形式是指合同当事人达成协议的表现形式，包括书面形式、口头形式和其他形式。法律、行政法规规定采用书面形式的，应当采用书面形式。当事人约定采用书面形式的，应当采用书面形式。

1. 口头形式

口头形式是指当事人双方通过对话方式进行意思表示而订立的合同，包括口头交谈和电话交谈方式。口头合同简便易行，在日常生活中广泛采用，如商店里的零售买卖等。但在发生纠纷时，由于无据可查，举证困难，对于一些数额较大的重要的合同，不宜采用口头形式。

根据法律规定，除依法和依约定必须采取书面形式的合同外，当事人可以采用口头形式订立合同。

2. 书面形式

书面形式是指合同书、信件和数据电文（包括电报、电传、传真、电子数据交换和电子邮件）等可以有形地表现所载内容的形式。书面形式包括普通书面形式和特殊书面形式。

1）普通书面形式

普通书面形式即指书面合同书，包括合同书、信件以及数据电文（电报、电传、传真、电子数据交换和电子邮件）等。当事人协商同意的有关修改合同的文书、电文和图表，也是书面合同的组成部分。书面合同应由当事人签字或盖章，法人订立书面合同的，应加盖法人公章（或合同专用章），并由法定代表人或其授权代表签名盖章。

2）特殊书面形式

特殊书面形式是指合同除文字表述内容外，还须履行某种特别程序方能成立，如履行登记、批准、公证等手续。

凡法律明文规定应当采取某种特定形式（普通书面形式和特殊书面形式）的，应采用特定形式；凡法律未规定采用某种特定形式的，便可以自行选择。如果法律、行政法规规定或者当事人约定采用书面形式订立合同，当事人未采用书面形式但一方已经履行主要义务，对方接受的，该合同成立。

合同的形式包括(　　)。

A. 普通书面形式　　　　B. 口头形式

C. 特殊书面形式　　　　D. 其他形式

【答案】ABCD

拓展阅读

技术合同的特别规定

技术合同是当事人就技术开发、转让、咨询或者服务订立的确立相互之间权利和义务的合同。技术合同的标的是人类的智力成果，是无形财产。技术合同的内容由当事人约定，一般包括以下条款：项目名称；标的的内容、范围和要求；履行的计划、进度、期限、地点、地域和方式；技术情报和资料的保密；风险责任的承担；技术成果的归属和收益的分成办法；验收标准和方法；价款、报酬或者使用费及其支付方式；违约金或者损失赔偿的计算方法；解决争议的方法；名词和术语的解释。

劳动合同的相关规定

建立劳动关系，应当订立书面劳动合同。订立劳动合同，应当遵循合法、公平、平等、自愿、协商一致、诚实信用的原则。劳动合同应当具备以下条款：用人单位的名称、住所和法定代表人或者主要负责人；劳动者的姓名、住址和居民身份证或者其他有效身份证件号码；劳动合同期限；工作内容和工作地点；工作时间和休息休假；劳动报酬；社会保险；劳动保护、劳动条件和职业危害防护；法律、法规规定应当纳入劳动合同的其他事项。劳动合同除前款规定的必备条款外，用人单位与劳动者可以约定试用期、培训、保守秘密、补充保险和福利待遇等其他事项。

要约与要约邀请

要约和要约邀请是合同法中两个性质完全不同的概念。要约和要约邀请虽然都是一方当事人的意思表示，但两者的目的、内容、效力、后果却大相径庭：

1. 两者的目的不同。要约是要约人以缔结合同为目的，希望受要约人接受自己的意思表示，作出承诺而使合同成立，因而要约一般是向特定的相对人发出，在特殊场合下，受要约人也可以是不特定人。而要约邀请的意图是要唤起他人向自己发出要约，自己再对他人的要约作出承诺方才能成立合同，因而要约邀请通常向不特定的相对人发出。

2. 两者的内容不同。作为要约的意思表示必须具备两个条件：内容具体明确，含有足以使合同成立的主要条款，以供受要约人确认要约人的意思表示，并考虑是否作出承诺；要约应表明经受要约人承诺，要约人即受该意思表示约束。而要约邀请一般比较抽象笼统，不含有合同所必须的主要条款。有的要约邀请虽然也可能做到内容具体明确，但缺少要约发出者受自己意思表示约束的内容。

3. 两者的效力不同。要约人发出要约后，受要约人只要承诺，合同即告成立。因此，要约对要约人具有一定的法律约束力。而要约邀请则不同，当事人向他人发出要约邀请后，如果他人愿意接受要约邀请，则必须按照当事人在该要约邀请中提出的要求，作出具体而明确的意思表示，这种意思表示才是要约邀请接受者向要约邀请发出者提出的正式要约，要约邀请处于合同的准备阶段，没有法律约束力。

4. 两者的后果不同。要约发出后，要约人即负有与对方订立合同的义务，受要约人即取得承诺的权利。而要约邀请只是处于订立合同的准备阶段，其本身并不发生必须与对方订立合同的效力，即使对方完全同意，对发出者也无法律上的约束力。

课后练习

一、选择题

1. 承诺的效力是(　　)。

A. 合同成立　　B. 开始订立合同

C. 合同履行完毕　　D. 要约失效

2. 下列情形中，(　　)应视为承诺仍然发生效力。

A. 撤回承诺的通知先于承诺通知到达要约人

B. 撤回承诺的通知与承诺的通知同时到达要约人

C. 因送达原因承诺迟到，要约人未将迟到的情况及时通知对方

D. 受要约人以沉默作答

3. 一般情况下，如果接到要约的一方不在规定的期限内答复，应视为对要约的(　　)。

A. 接受　　B. 拒绝　　C. 违约　　D. 反要约

4. 属于导致承诺不生效事由的是(　　)。

A. 受要约人改变了要约中的价格条款

B. 受要约人改变了要约中的质量条款

C. 承诺迟到

D. 撤回承诺的通知先于承诺到达要约人

5. 下列属于合同主要条款的是(　　)。

A. 标的　　B. 书面形式　　C. 数量和质量　　D. 价款

6. 要约成立的条件有(　　)。

A. 由不特定的当事人向特定的另一方当事人作出意思表示

B. 其内容包括足以使合同成立的主要条款

C. 任何特定的相对人必须答复

D. 该意思表示以缔结合同为目的

二、简答题

我国《合同法》对承诺成立的条件是怎样规定的?

三、案例分析

1. 甲、乙两企业拟签订“工矿产品购销合同”，双方就合同的内容协商一致并形成书面文字，但双方约定合同应在乙方所在地公证处公证。在公证前，甲方反悔，要废除合同。乙方起诉至人民法院，要求追究甲方违约责任。

请问：甲方是否负违约责任？为什么?

2. 某省兴华针织厂向人民商场推销羊毛衫，每件价格 180 元整，共 6 000 件，同年 10 月初可以交货。人民商场表示，如价格降到每件 160 元，可以进货 8 000 件。兴华针织厂觉得降价幅度太大，便提出降至每件 166 元，但必须订货 10 000 件。人民商场回函表示同意。兴华针织厂来人协商后，双方签订了上述内容的书面合同。

请问：双方订立合同经过怎样的法定程序?

3.2 合同的效力

案例导入

某县食品公司与该县某酒厂签订合同，约定食品公司向酒厂购买1万瓶劣质酒，货款15万元，交款提货，并约定酒厂须加贴名牌酒的注册商标，以便食品公司假冒出售。合同履行时，食品公司借口一时资金短缺，只付了10万元就提走了全部货物。后酒厂多次催款，食品公司拒不付款，并向酒厂提出解除合同、相互返还货物和货款的要求，酒厂不同意。双方协商不成，遂诉至法院。

请问：(1) 食品公司与酒厂订立的合同属于什么性质的合同？为什么？

(2) 如果双方同意解除合同，法院应怎么处理？

案例评析：(1) 食品公司与酒厂订立的合同是无效合同。根据法律规定，当事人恶意串通，损害国家、集体或者第三人利益的合同为无效合同。该案食品公司与酒厂恶意串通订立买卖劣酒合同，严重危害社会，损害了国家利益和社会公共利益。同时，该合同还违反了《商标法》《产品质量法》《反不正当竞争法》、《食品卫生法》的规定，因而属无效合同。

(2) 如果双方同意解除合同，在法律上也不能成立。因为法律规定，无效的合同，从订立的时候起，就没有法律约束力。根据法律规定，对当事人恶意串通，损害国家、集体或者第三人利益而取得的财产应收归国家所有或返还集体、第三人。本案中双方都是故意的，应追缴双方已经取得或者约定取得的财产。所以，当事人不能返还财产，应将15万元货款和1万瓶劣质酒收归国家所有。

任务驱动

任务内容：完成教师提供的确认合同效力的案例，并提出解决方案。

任务布置：完成对一份无效合同和一份可撤销合同认定的分析和解决。将班级学生分成若干小组，教师分发给每个小组案例材料，小组成员参考本节知识完成对案例的分析和解决；由小组推选的代表对形成的结果进行公开展示，教师和其他小组进行评价打分，以得分最多的小组为优胜小组；教师应给予必要的专业指导。

知识链接

3.2.1 合同的成立

合同成立是指通过当事人的协商，彼此之间建立了合同关系。合同成立，要约人与承诺人成为合同当事人。

1. 合同成立的条件

合同成立的条件是当事人之间协商确立一定法律关系的条件，它是合同成立所必要的事实。合同成立应具备以下条件：

(1) 合同有两个以上当事人；

(2) 合同的标的明确；

(3) 当事人的意思表示一致；

(4) 有双方或多方当事人参加的民事法律行为。

2. 合同成立的时间

(1) 承诺生效时合同成立。承诺需要通知的，承诺通知到达要约人时生效。承诺不需要通知的，根据交易习惯或者要约的要求作出承诺的行为时生效。

(2) 当事人采用合同书形式订立合同的，自双方当事人签字或者盖章时合同成立。在签字或者盖章之前，当事人一方已经履行主要义务，对方接受的，该合同成立。

(3) 当事人采用信件、数据电文等形式订立合同的，可以在合同成立之前要求签订确认书，签订确认书时合同成立。

(4) 凡我国法律、行政法规规定由国家批准的合同，获得批准后，合同才成立。

3. 合同成立的地点

合同成立的地点关系到案件的管辖，对当事人具有重要的法律意义。承诺生效的地点为合同成立的地点。承诺采取的方式不同，承诺生效的地点也就不同。

(1) 采用数字电文形式订立合同的，收件人的主营业地为合同成立的地点；没有主营业地的，其经常居住地为合同成立的地点。当事人另一方有约定的，按照其约定。

(2) 当事人采用合同书包括确认书形式订立合同的，双方当事人签字或者盖章的地点为合同成立的地点。签字或者盖章不在同一地点的，最后签字或者盖章的地点为合同成立的地点。

合同当事人应如何依法确定合同成立的时间和地点？

3.2.2 无效合同

1. 无效合同的概念

无效合同是指当事人违反法律法规的要求协商订立的，不受国家法律保护，不能对当事人产生法律约束力，也不能产生当事人所预期后果的合同。

2. 无效合同的类型

1) 以欺诈、胁迫的手段订立合同，损害国家利益

这里的欺诈是指一方当事人以使他人陷入错误并作出意思表示为目的，故意陈述虚伪事实或者隐瞒真实情况的行为。

这里的胁迫是指当事人一方向对方当事人表示施加危害，使其发生恐惧，并基于这种恐惧而作出一定意思表示的行为。

这里的国家利益主要是指国家在涉及国家主权、国家安全、国家宏观经济等方面的利益。

欺诈行为与胁迫行为的异同点。

2) 恶意串通，损害国家、集体或第三人利益

恶意串通是指合同当事人在明知或者应当知道某种行为将会损害国家、集体或者第三人利益的情况下而故意共同实施该行为。在当事人恶意串通订立的合同中，当事人存在共同的过错，而且是故意的，故此类合同因明显违法而成为无效合同，导致合同无效的当事

人应受到制裁。

这里的第三人，应当是指合同实际订立人之外的第三人，可能是合同外的第三人，也可能是被代理人等合同当事人。

恶意串通，损害国家、集体或者第三人利益的合同，是绝对无效的合同，应按照《合同法》第59条之规定，将双方当事人因该合同所取得的财产，收归国有或者返还给集体、第三人。

3）以合法形式掩盖非法目的

以合法形式掩盖非法目的是指当事人实施的行为在形式上是合法的，但在内容上和目的上是非法的，这种行为又叫做隐匿行为。如：订立赠与合同，目的在于逃避法院的强制执行，以逃避债务；订立联营合同，目的在于非法拆借资金；以合作的形式变相移转划拨土地的使用权等。因被掩盖的目的非法，在后果上损害了国家、集体或者第三人的利益，故该类合同应为无效合同。

以合法形式掩盖非法目的的合同具有以下特点：

（1）当事人在合同中表示的意思并非其真实意思，合同中的当事人故意表示出来的意思或故意实施的行为并不是其要达到的目的，而只是希望通过这种形式或行为掩盖其所要实现的非法目的。

（2）合同的双方当事人明知其表示的并非真意，而故意进行虚伪表示。

（3）被掩盖的行为在性质上是非法的。

想一想

深圳A公司拟出售26万元的黄金首饰，每克365元。B公司认为有利可图，想将这26万元的黄金首饰全部购进，但因B公司没有经营黄金首饰的权利，便想以物易物的办法购进黄金首饰，A公司同意B公司的设想。于是，B公司向A公司提供价值26万元的彩电与数码摄像机，供货后A公司称没有现金支付货款，于是双方达成协议，A公司以价值26万元的黄金首饰作为担保，如一个月之内仍不能支付货款的话，B公司可以变卖黄金首饰。一个月后，A公司果然按私下约定未予承付，B公司如愿以偿。

请问：上述合同是否有效？为什么？

案例评析：A公司与B公司之间的合同无效，因为该合同属于以合法形式掩盖非法目的的合同。

4）损害社会公共利益

我国现行民事立法确定的社会公共利益原则相当于国外民法的公共秩序和善良风俗原则。违反社会公共利益或公序良俗的合同包括10种：

（1）危害国家公共秩序的行为，如将从事犯罪或者帮助犯罪的行为作为内容的合同，以及规避课税的合同。

（2）危害家庭关系的行为，如约定断绝亲子关系的合同，婚姻家庭关系中的违约金的约定等。

（3）违反性道德的合同，如对婚外同居人所作出的赠与和遗赠的合同等。

（4）非法射幸合同，如押赌合同。

（5）违反人格或者人格尊严的合同，如以债务人的人身为抵押的条款、规定企业有权对顾客或雇员搜身检查的条款。

（6）限制经济自由的行为，如限制职业自由的条款。

（7）违反公平竞争的行为，如拍卖或招标中的串通行为，以贿赂方式诱使对方的雇员或代理人与自己订立的合同等。

（8）违反消费者保护的行为，如利用欺诈性的交易方法致消费者重大损害等。

（9）违反劳动者保护的行为，如规定“工伤概不负责”的合同，以及规定“雇员一旦结婚立即辞退”的合同。

（10）暴利行为。

在司法实践中，确定损害社会公共利益的合同可以参照上述分类判断。构成损害社会公共利益的合同一律绝对无效。

5）违反法律、行政法规的强制性规定

违反法律、行政法规的强制性规定的合同是指当事人在订约目的、具体内容以及在形式上都违反法律、行政法规的强制性规定的合同。

从违反法律的内容看，合同违法是指国家法律和行政法规中的强制性规定，而不是任意性规定。只有违反了强制性的规定，才能确定为违法，也才能确定其合同无效。

从违反法律的原因看，当事人在主观上可以是故意所为，也可以是过失所致。

甲乙两厂签订了一份买卖合同，在履行合同过程中双方发生争议，诉至法院。在法院审理过程中，发现该合同标的物是国家禁止流通物，其余条款均齐备并符合规定，据此法院应认定该合同（　　）。

A. 全部无效

B. 部分有效，部分无效

C. 标的条款无效，其他条款有效

D. 经双方和解后有效

【答案】A

3.2.3　可撤销合同

1. 可撤销合同的概念

可撤销合同是指由于法定原因，享有撤销权的一方当事人请求人民法院或者仲裁机构撤销合同效力的合同。

2. 可撤销合同的种类

下列合同，当事人一方有权请求人民法院或者仲裁机构变更或者撤销：

1）因重大误解而订立的合同

所谓重大误解，是指当事人作出意思表示时，因自己的过失导致对涉及合同法律效果的重大事项发生认识上的显著错误，而使自己遭受重大不利，甚至根本达不到缔约目的的法律事实。重大误解的构成要件为：

（1）误解的一方当事人因为误解作出了意思表示并订立了合同。

（2）误解是由误解方自己的过失造成的。

（3）误解人对合同的主要内容、合同的法律效果等发生了重大误解。法律只承认重大误解为可撤销的原因。根据最高人民法院《关于贯彻执行〈中华人民共和国民法通则〉若干问题的意见》(试行) 第 71 条规定:“行为人因对行为的性质、对方当事人标的物的品质、质量、规格和数量等错误认识，使行为的后果与自己的意思相悖，并造成较大损失的，可以认定为重大误解。”除此之外，我国司法实践表明，对合同的价款、报酬、履行期限、履行地点、履行方式、违约责任和解决争议方案等内容的误解，给误解人造成重大损失的，同样构成重大误解。

(4) 误解是误解一方的非故意行为。

如何区分误解与重大误解?

2) 显失公平而订立的合同

所谓显失公平，是指一方当事人在紧迫或者缺乏经验的情况下而订立的明显对自己有重大不利的合同的行为。最高人民法院《关于贯彻执行〈中华人民共和国民法通则〉若干问题的意见》(试行) 第 72 条规定:“一方当事人利用优势或者利用对方没有经验，致使双方的权利与义务明显违反公平、等价有偿原则的，可以认定为显失公平。”

3) 一方以欺诈、胁迫的手段或者乘人之危，使对方在违背真实意思的情况下订立的合同

所谓乘人之危，是指一方当事人故意利用他人的危难处境或紧迫需要，迫使他方接受某种明显不公平的条件并作出违背其真实意思的表示，从而订立了对处在危难境地之人极为不利的合同。

将此类合同作为可撤销合同，给予了受害人更多的选择机会，这对于保护受害人是极为有利的。受害人如认为合同继续有效对其有利，可要求变更合同；如认为违约责任的适用对其更为有利，可要求在确认合同有效的情况下，责令不法行为人承担违约责任；若认为合同继续有效对其不利，可请求法院或仲裁机构撤销该合同，在合同被撤销后，将发生同合同被宣告无效后同样的后果。

下列各项中，属于可撤销合同的是(　　)。

A. 因重大误解而订立的合同　　B. 显失公平而订立的合同

C. 乘人之危订立的合同　　D. 与未成年人订立的合同

【答案】ABC

3.2.4　效力待定合同

1. 效力待定合同的概念

效力待定合同，又称合同效力的补正，是指合同虽然成立，但不具备合同的生效要件，其效力能否发生尚未确定，须经权利人追认或者拒绝才能确定效力的合同。

效力待定的合同究其原因主要是合同当事人主体资格的瑕疵所造成的。

2. 效力待定合同的种类

1) 当事人行为能力欠缺而形成的效力待定合同

限制民事行为能力人依法不能独立订立的合同，属于效力待定的合同。限制民事行为能力人订立的合同，经法定代理人追认后，该合同有效，相对人可以催告法定代理人在一

个月内予以追认。法定代理人未作表示的，视为拒绝追认。

限制民事行为能力人订立的不要求其法定代理人追认的合同有：纯获利益的合同；与其年龄、智力、精神状况相适应而订立的合同。

2）无权代理人以被代理人名义订立的合同

行为人没有代理权，超越代理权或者代理权终止后以被代理人名义订立的合同，未经被代理人追认，对被代理人不发生效力，由行为人承担责任，相对人可以催告被代理人在一个月内予以追认。被代理人未作表示的，视为拒绝追认。行为人没有代理权、超越代理权或者代理权终止后以被代理人名义订立合同，相对人有理由相信行为人有代理权的，该代理行为有效。

3）因无权处分形成的效力待定合同

无处分权的人处分他人财产，经权利人追认或者无处分权的人订立合同后取得处分权的，该合同有效。

4）法定代表人越权订立的合同

法人或者其他组织的法定代表人、负责人超越权限订立的合同，除相对人知道或者应当知道其超越权限的以外，该代表行为有效。

下列各项中，属于效力待定的合同是(　　)。

A. 甲、乙恶意串通订立的损害第三人丙利益的合同

B. 某个人独资企业的受托人超越权限与善意第三人丁订立的买卖合同

C. 代理人甲超越代理权限与第三人丙订立的买卖合同

D. 限制民事行为能力人甲与他人订立的买卖合同

【答案】CD

3.2.5　确认合同无效和被撤销的法律后果

无效和被撤销的合同自始没有法律约束力。合同尚未履行的，不得履行；正在履行的，终止履行；已经履行的，对此引起的财产后果作如下处理：

1. 返还财产

合同无效或者被撤销后，因该合同取得的财产，应当予以返还；不能返还或者没有必要返还的，应当折价补偿。可见，返还财产有原物返还和折价返还之分。

2. 赔偿损失

合同被确认无效或被撤销后，有过错的一方应赔偿对方因此所受到的损失；双方都有过错，应当各自承担相应的责任，即应当按照责任的主次、轻重，各自承担经济损失中与其责任相适应的份额。

3. 收归国家所有或者返还集体、第三人

合同被确认为无效或被撤销后，对当事人恶意串通，损害国家、集体或者第三人利益而取得的财产收归国家所有或者返还集体、第三人，这是对故意损害国家、集体或者第三人利益而订立的合同当事人的一种惩罚。双方都是故意的，追缴双方已经取得或者约定取得的财产；只有一方是故意的，故意的一方应将从对方取得的财产返还给对方；非故意的一方已经从对方取得的财产或约定取得的财产应收归国家所有或者返还集体、第三人。

除以上法定情形外，因无效代理行为而产生的无效合同，由行为人承担经济责任。

无效和被撤销合同只能由人民法院或者仲裁机构行使确认权。合同无效、被撤销或者终止的，不影响合同中独立存在的有关解决争议方法的条款的效力。

具有撤销权的当事人自知道或者应当知道撤销事由之日起一年内没有行使撤销权或具有撤销权的当事人知道撤销事由后明确表示或者以自己的行为放弃撤销权的，撤销权消灭。当事人请求变更的，人民法院或者仲裁机构不得撤销。

在无效合同中，如果双方都无过错，对于引起的财产后果，在处理时应(　　)。

A. 双方返还

B. 强制收购

C. 收归国家所有或者返还集体、第三人

D. 归占有方所有

【答案】A

3.2.6 缔约过失责任

缔约过失责任，是指在合同缔结过程中，缔约人因自己故意或过失，致使合同不能成立，对相信该合同成立的相对人，因为基于此项信赖而产生的损害。

当事人在订立合同过程中有下列情形之一，给对方造成损失的，应当承担损害赔偿责任：

（1）假借订立合同，恶意进行磋商；

（2）故意隐瞒与订立合同有关的重要事实或者提供虚假情况；

（3）有其他违背诚实信用原则的行为。

当事人在订立合同过程中知悉的商业秘密，无论合同是否成立，不得泄露或者不正当地使用。泄露或者不正当地使用该商业秘密给对方造成损失的，应当承担损害赔偿责任。

拓展阅读

格式条款

所谓格式条款，是指合同的一方当事人为了与不特定的多数相对人缔结合同而预先单方拟订的可以重复使用的合同条款。对方当事人如欲订立合同，对方只有概括地接受或拒绝，而没有任何协商余地。因此，凡是经过合同双方当事人个别协商而订立的合同条款，不是格式条款。格式条款只有经过对方当事人的接受或者同意，才能成为合同的内容而对双方当事人产生相应的法律效力。而如果某一合同的全部或者部分条款是由格式条款构成，则称之为格式合同。

格式条款违背了合同自由原则，拟订方为了追求自己单方面的最大利益，往往极少甚或完全不顾及相对方之利益，从而使得格式条款常含有不公平的内容。不公平的格式条款，损害了对方当事人的利益，危及社会交易的公平与安全，违背了诚实信用、公平自愿、等价有偿、公序良俗等原则，是以形式上的合同自由掩盖了实质上的合同不自由，是对合同自由原则的滥用。所以，如何在合同自由原则之下对格式条款予以规制，保护广大消费者的利益，维护社会公平正义，乃是现代合同法所面临的一项艰巨任务。

由于格式条款是由一方当事人借助某一行业的垄断地位事先拟订条款内容，未与相对人协商，往往损害相对人的利益。因此，采用格式条款签订合同还有许多不足。为保护合同相对人的合法权益，我国《合同法》对采用格式条款签订合同做了以下限制。

《合同法》第39条规定："采用格式条款订立合同的，提供格式条款的一方应当遵循公平原则确定当事人之间的权利和义务，并采取合理的方式提请对方注意免除或者限制其责任的条款，按照对方的要求，对该条款予以说明。"

合同法要求格式条款的提供者在拟订格式条款时，应按公平原则确定双方当事人的权利义务。但在实际生活中，格式条款的提供方为了自身利益，往往不遵循公平原则确定双方当事人的权利和义务，甚至明显免除自己责任，加重对方责任，排除对方主要权利，严重损害对方当事人的合法权益。为抑制这种情况，我国《合同法》对格式条款的无效问题作了以下规定：

(1) 格式条款具有《合同法》第52条、第53条规定情形之一的无效。

(2) 提供格式条款的一方免除其责任、加重对方责任、排除对方主要权利的格式条款也无效。也就是在格式条款中，含有免除格式条款提供者在通常情形下应当承担的责任；含有排除相对人在通常情形下应当享有的主要权利；含有相对人在通常情形下不应承担的责任，或者不应承担条款规定那么重的责任，一律无效。

课后练习

一、选择题

1. 无效合同的双方都有过错，对返还财产后的损失赔偿，应各自承担相应责任。所谓"相应责任"是指(　　)。

A. 平均分担损失　　B. 各自承担自己的损失

C. 随意承担责任　　D. 按责任主次、轻重来分别承担责任

2. 无效合同，从(　　)时起，就没有法律约束力。

A. 合同被确认为无效　　B. 一方提出异议

C. 发现合同违法　　D. 订立合同

3. 损害社会公共利益的合同，非故意一方已经从故意方取得或约定取得的财产，应(　　)。

A. 归人民法院所有

B. 归非故意一方所有

C. 收归国家所有或者返还集体、第三人

D. 返还对方

4. 以合法形式掩盖非法目的的合同是(　　)。

A. 可撤销合同　　B. 无效合同

C. 部分无效合同　　D. 有效合同

5. 行为人对合同内容有重大误解的合同属(　　)。

A. 无效合同　　B. 有效合同

C. 可撤销合同　　　　　　　　　　D. 未成立合同

6. 我国《合同法》规定，下列合同中属于无效合同的是(　　)。

A. 恶意串通，损害国家利益的合同

B. 损害社会公共利益的合同

C. 限制民事行为能力人签订的只享有权利，不承担义务的合同

D. 以合法形式掩盖非法目的的合同

7. 我国《合同法》规定，下列合同中当事人一方有权请求人民法院或仲裁机构变更或撤销的是(　　)。

A. 因重大误解订立的合同

B. 显失公平的合同

C. 乘人之危，使对方在违背真实意思的情形下订立的合同

D. 由于当事人一方自己的过失而订立的合同

8. 合同被撤销或宣告无效后，对因该合同取得的财产，当事人应当承担的民事责任形式有(　　)。

A. 返还财产　　　　　　　　　　B. 追缴财产收归国家所有

C. 赔偿损失　　　　　　　　　　D. 支付违约金

二、简答题

1. 什么是可撤销合同?

2. 无效合同的类型有哪些?

三、案例分析

1. 2012 年 9 月，甲公司派人去乙厂订货，双方签订了购销“山城牌”西服套装的合同。合同规定：质量按样品规格，总货款为 5 万元，甲公司 2012 年 10 月 30 日前付款，乙厂收款后发货。甲公司代理人与乙厂业务员在合同上签字，双方口头约定：乙厂先寄出样品，甲公司确认后在合同上盖章，并将合同寄回乙厂。此后，乙厂并未寄样品，甲公司既没在合同上盖章，也未将合同寄回乙厂。同年 10 月 20 日，乙厂发出合同约定的全部货物；10 月 25 日，甲公司致函乙厂，对其发货表示很突然，并表示货物积压，很难承担责任；11 月 5 日，乙厂复函甲公司要求其上柜销售货物，表示甲公司销售货物的困难，该厂不会不负责任。随后，甲公司拆包销售。同年 11 月底，甲公司将销售部分西服的货款全部付给乙厂；12 月中旬，乙厂催要其余货款，甲公司提出退货。双方协商不成，乙厂诉至法院，要求甲公司支付全部货款。甲公司辩称，合同未盖公章，应为无效，且以后合同性质变为代销，要求将剩余货物退回乙厂。

请问：本案中未加盖公章的合同能否成立？为什么？

2. 甲饮料有限责任公司与乙冷饮店于 2012 年 2 月签订了一份合同，规定由甲饮料有限责任公司在 7 月初供给乙冷饮店 A 种饮料 500 箱，每箱价格为 80 元。当年 5 月，经卫生检疫部门鉴定，甲公司生产的 A 种饮料质量不合格，禁止其生产该饮料，并责令销毁已生产的产品。乙冷饮店闻讯后，要求解除合同。甲公司为自身利益考虑，不同意解除合同，提出每箱饮料降到 60 元，并将本厂生产的合格产品 B 种饮料的商标贴于 A 种饮料上，乙冷饮店表示同意，双方遂变更了原合同。这样，不合格饮料非但没销毁，反而卖得 30 000 元；乙冷饮店将货物按 B 种饮料卖出，零售价 80 元/箱，得款 40 000 元。双方皆

大欢喜，后经人举报而被查处。

请问：(1) 该合同是否有效？为什么？

(2) 谁有权确认该合同的效力？

(3) 该案应如何处理？

3.3 合同的履行

案例导入

2012年3月8日，甲与乙签订了一份买卖合同。合同约定：甲将一批钢材卖给乙，乙收到货后付款。2012年4月10日，甲依约定将钢材送至乙所在地，乙认为钢材质量不符合标准，要求退货。由于甲、乙签订的买卖合同中没有明确规定钢材质量的具体要求，于是甲与乙协商，建议乙改变该批钢材的用途，同时适当降低钢材的价格。2012年7月10日，乙因资金周转困难不能按时履行付款义务，甲督促乙按时履行合同不成，双方发生纠纷遂诉至法院。

请问：在甲、乙双方签订的买卖合同中对标的物的质量要求和履行期限没有明确约定的情况下，应如何履行？

案例评析：当事人就有关质量和履行期限没有约定或约定不明确，可以协议补充，不能达成补充协议的，按照合同有关条款或者交易习惯确定，仍不能确定的，适用下列规则：

(1) 质量要求不明确的，按照国家标准、行业标准履行；没有国家标准、行业标准的，按照通常标准或者符合合同目的的特定标准履行。

(2) 履行期限不明确的，债务人可以随时履行，债权人也可以随时要求履行，但应当给对方必要的准备时间。

任务驱动

任务内容：完成教师提供的履行合同发生纠纷的案例，并提出解决方案。

任务布置：将班级学生根据班级人数分成若干小组，教师分发给每个小组案例材料，小组成员参考本节知识完成对案例的分析和解决；形成结果由小组推选的代表公开展示，教师和其他小组进行评价打分，以得分最多的小组为优胜小组；教师应给予必要的专业指导。

知识链接

合同的履行，是指合同生效后，双方当事人按照合同约定履行各自所应承担的义务和实现各自享有的权利，使双方当事人的合同目的得以实现的行为。

合同履行以有效合同为前提和依据，凡依法成立的合同都是有效合同，对当事人有法律约束力。当事人必须履行该合同中规定的义务，对无效合同则无需履行。

3.3.1 合同履行的原则

1. 实际履行原则

实际履行原则是指当事人应严格按照合同规定的标的履行。这一原则要求：第一，合同中规定的标的是什么，当事人就按什么标的履行，不能替代。第二，一方违约时，不能以向对方偿付违约金、赔偿金代替履行，对方要求继续履行的，应该继续履行。实际履行原则，是由合同的法律效力和当事人订立合同所追求的目的决定的。有些合同确实不可能或没必要实际履行的，可以不实际履行。

2. 全面履行原则

全面履行原则是指当事人应当按照法律的规定或合同的约定，全面、正确地履行义务，也称适当履行原则。这一原则要求负有合同义务的当事人，对合同的任何条款都必须严格执行，即除按合同约定的标的履行外，还必须按合同约定的数量、质量、价格、地点、期限、方式等全面履行义务，以保证当事人双方合法权益与合同的目的得以实现。全面履行原则是确定合同是否履行和确认违约的主要标准，是衡量合同履行程度和违约责任的尺度。

3. 诚实信用原则

诚实信用原则是指当事人在合同履行中诚信以待，相互协作，共同完成合同规定的义务。这一原则要求当事人根据合同的性质、目的和交易习惯履行以下义务：

（1）及时通知。合同当事人遇有不能按照约定履行的情况时，应该将情况通知对方，以使对方及时作出相应的补救措施。

（2）协助。合同当事人应尽量协助对方履行义务，对履行中出现的问题，应在法律许可的范围内提供帮助，确保合同的履行。

（3）防止损失扩大。合同当事人遇有自然灾害或意外事故等情况影响到合同履行时，应采取积极措施，以防止或减少损失。

（4）保密。当事人应当按约定对不准泄露的技术情报和资料（主要是非专利技术）进行保密。

合同当事人互为债权人或债务人，任何一方不履行合同或不完全履行合同，都将影响经济利益的实现。

根据《合同法》规定，合同履行的原则包括(　　)。

A. 亲自履行原则　　　　B. 全面履行原则

C. 诚实信用原则　　　　D. 自愿履行原则

【答案】BC

3.3.2　合同履行的规则

当事人就有关合同内容没有约定或约定不明确，可以协议补充，不能达成补充协议的，按照合同有关条款或者交易习惯确定，仍不能确定的，适用下列规则：

（1）质量要求不明确的，按照国家标准、行业标准履行；没有国家标准、行业标准的，按照通常标准或者符合合同目的的特定标准履行。

（2）价款或者报酬不明确的，按照订立合同时履行地的市场价格履行；依法应当执行政府定价或者政府指导价的，按照规定履行。

（3）履行地点不明确，给付货币的，在接受货币一方所在地履行；交付不动产的，在不动产所在地履行；其他标的，在履行义务一方所在地履行。

(4) 履行期限不明确的，债务人可以随时履行，债权人也可以随时要求履行，但应当给对方必要的准备时间。

(5) 履行方式不明确的，按照有利于实现合同目的的方式履行。

(6) 履行费用的负担不明确的，由履行义务一方负担。

执行政府定价或者政府指导价的，在合同约定的交付期限内政府价格调整时，按照交付时的价格计价。逾期交付标的物的，遇价格上涨时，按照原价格执行；价格下降时，按照新价格执行。逾期提取标的物或者逾期付款的，遇价格上涨时，按照新价格执行；价格下降时，按照原价格执行。

上海某工厂向广州某公司购买一批货物，合同对付款地点和交货期限没有明确规定，也无补充协议，按《合同法》的规定应该(　　)。

A. 上海某工厂付款给广州某公司，应在上海履行

B. 上海某工厂付款给广州某公司，应在广州履行

C. 广州某公司可以随时交货给上海某工厂，该厂不应有任何异议

D. 广州某公司可以随时交货给上海某工厂，但应给该厂必要的准备时间

【答案】BD

3.3.3　抗辩权

1. 同时履行抗辩权

当事人互负债务，没有先后履行顺序的，应当同时履行。一方在对方履行之前有权拒绝其履行要求。一方在对方履行债务不符合约定时，有权拒绝其相应的履行要求。

2. 后履行抗辩权

当事人互负债务，有先后履行顺序，先履行一方未履行或履行债务不符合约定的，后履行一方有权拒绝其相应的履行要求。

3. 不安抗辩权

不安抗辩权又称先履行抗辩权，是指在双务合同中，当事人互负债务，有先后履行顺序，先履行的一方有确切证据证明另一方丧失履行债务能力时，在对方没有履行或者没有提供担保之前，有权中止合同履行的权利。

如果在合同订立后，应当先履行债务的当事人，有确切证据证明对方有下列情形之一的，可以中止履行：

(1) 对方经营状况严重恶化；

(2) 对方转移财产、抽逃资金，以逃避债务的；

(3) 对方丧失商业信誉；

(4) 对方有丧失或者可能丧失履行债务能力的其他情形。该情形必须有确切证据加以证明，若当事人没有确切证据而行使不安抗辩权，应当承担违约责任。

为了保护履行义务人的利益，以便于他能够及时提供适当担保，《合同法》明确地规定了不安抗辩权的通知义务，即第69条的规定：“当事人依照本法68条的规定中止履行的，应当及时通知对方。”在先履行义务人中止履行后，如果对方在合理期限内未恢复履行能力，也未提供适当担保的，中止履行的一方可以解除合同。另外，《合同法》第68

条第2款规定:“当事人没有确切证据中止履行的,应当承担违约责任。”这一规定是为了防止不安抗辩权的滥用,故规定了不安抗辩权人的举证责任,使之举出对方丧失或可能丧失履约能力的确切证据,若没有确切证据而中止履行的,应当负违约责任。

课后练习

一、选择题

1. 甲乙两公司依法签订了一份购销某产品的合同。该产品须执行政府定价,在乙公司逾期交货的情况下,该产品的价格应(　　)。

A. 遇有价格上涨时,按原价格执行

B. 遇有价格上涨时,按新价格执行

C. 遇有价格下降时,原合同解除

D. 遇有价格下降时,按原价格执行

2. 甲与乙签订原油买卖合同,双方约定甲方于8月20日之前向乙方交付原油1 000吨,价格为360元/桶。合同生效后,甲方于8月25日向乙方发货。此时国际油价上涨,政府将原油价格调整为430元/桶,乙方应按(　　)向甲方支付货款。

A. 360元/桶　　B. 450元/桶

C. 双方协商　　D. 乙方确定

3. 合同当事人一方有(　　)情形,另一方当事人可以中止履行合同。

A. 对方经营状况严重恶化　　B. 对方转移财产以逃避债务

C. 对方严重丧失商业信誉　　D. 对方抽逃资金以逃避债务

4. 甲乙双方签订了买卖合同,在合同履行过程中,发现该合同履行费用的负担问题约定不明确。在这种情况下,可供甲乙双方选择的履行规则有(　　)。

A. 双方协议补充　　B. 按交易习惯确定

C. 由履行义务一方负担　　D. 按合同有关条款确定

二、简答题

1. 合同履行的原则有哪些?

2. 简述诚实信用原则的内容。

3.4 合同的担保

案例导入

2012年10月,某县农副产品基地与某油料加工厂签订了一份供货合同,合同规定:农副产品基地供应油料加工厂12吨花生,价格为每千克10元,供方于同年11月和12月,每月交货6吨,供方负责提供运输条件,需方于签约后10日内付给供方定金10 000元;交货后,需方于货到10日内验货付款。同年10月,油料加工厂支付给农副产品基地定金10 000元。农副产品基地在11月依约交货6吨,货款及时结清。此后,供方未再交货,需方多次催促未果。2013年1月,农副产品基地致函油料加工厂,称因麻袋供应厂毁约,无法供应运输花生包装用的麻袋,导致货物不能及时运出,原合同拟予解除。油料加工厂同意解除合同,但要求农副产品基地双倍返还定金,赔偿其经济损失

5 000元。农副产品基地不同意，双方发生纠纷，油料加工厂向法院起诉。

请问：油料加工厂可以提出怎样的要求？

案例评析：我国《担保法》规定："当事人可以约定一方向对方给付定金作为债权的担保。债务人履行债务后，定金应当抵作价款或者收回。给付定金的一方不履行约定的债务的，无权要求返还定金；收受定金的一方不履行约定的债务的，应当双倍返还定金。"

定金与赔偿金性质不同，定金具有担保与惩罚的双重性质，而赔偿金则是过错方对受害方经济损失的补偿。因此，两者可以并用，定金责任的承担不能替代损害赔偿责任。在本案中，赔偿金5 000元应当赔付，定金应当双倍返还，但只双倍返还合同未履行部分的定金即10 000元。

任务驱动

任务内容：分析解决订立担保条款的合同纠纷。

任务布置：将班级学生分成若干小组，参考本节知识分析讨论教师提供的订立担保条款的合同纠纷案例；将讨论成果进行小组展示、辩论，其他小组和教师进行最终评价，评选出最佳方案和优胜小组。

知识链接

3.4.1 合同担保的概念

合同担保是指当事人为确保合同的切实履行，依照法律规定或当事人约定而采取的具有法律约束力的保证措施。

合同担保具有预防性和从属性。预防性是指担保是在未发生违约的情况下采取的预防措施。从属性是指担保以所担保的合同存在为前提，并且随其履行而终止，被担保的合同无效，担保亦无效。

3.4.2 合同担保的方式

1. 保证

保证是指保证人和债权人约定，当债务人不履行债务时，保证人按照约定履行债务或者承担责任的行为。保证人与债权人应当以书面形式订立保证合同。保证人承担保证责任后，有权向债务人追偿。

1）保证人

保证人必须是具有代为清偿债务能力的法人、其他组织或者公民。以下单位不能成为保证人：

（1）国家机关，但经国务院批准为使用外国政府或者国际经济组织贷款进行转贷的除外。

（2）学校、幼儿园、医院等以公益为目的的事业单位、社会团体。

（3）企业法人的分支机构、职能部门。企业法人的分支机构有法人书面授权的，可以在授权范围内提供保证。

下列各项中，具有代为清偿债务能力，可以作为担保人的有(　　)。

A. 国家机关　　　　B. 企业法人

C. 以公益为目的的事业单位　　　　　　D. 公民

【答案】BD

2）保证的方式

保证的方式有一般保证和连带责任保证两种方式。

(1) 一般保证。当事人在保证合同中约定，债务人不能履行债务时，由保证人承担保证责任的，为一般保证。一般保证的保证人在主合同纠纷未经审判或者仲裁，并就债务人财产依法强制执行仍不能履行债务前，对债权人可以拒绝承担保证责任。一般保证的保证人与债权人未约定保证期间的，保证期间为主债务履行期届满之日起 6 个月。

(2) 连带责任保证。当事人在保证合同中约定保证人与债务人对债务承担连带责任的，为连带责任保证。连带责任保证的债务人在主合同规定的债务履行期届满没有履行债务的，债权人可以要求债务人履行债务，也可以要求保证人在其保证范围内承担保证责任。连带责任保证的保证人与债权人未约定保证期间的，债权人有权自主债务履行期届满之日起 6 个月内要求保证人承担保证责任。

当事人对保证方式没有约定或者约定不明确的，按照连带责任保证承担保证责任。

庄某向李某借款 2 万元人民币，双方约定于 2012 年 5 月 1 日之前归还，孙某为庄某的保证人，并在借款欠据上写明："庄某不能及时还李某的借款，由孙某承担一般保证责任。"

请问：(1) 庄某到期未及时归还借款，李某能否直接要求孙某承担保证责任？为什么？

(2) 若孙某只在欠据上写明"保证人孙某"，李某能否直接要求孙某承担保证责任？为什么？

(3) 若李某于 2012 年 12 月 1 日，才向庄某和孙某主张债权，孙某是否仍承担保证责任？为什么？

案例评析：(1) 李某不能直接要求孙某承担保证责任。因为孙某已在该借款欠据上写明："庄某不能返还李某的借款，由孙某承担一般保证责任。"即明确孙某的保证方式为一般保证。而一般保证的特点是补充性，即主合同纠纷未经审判或者仲裁，并就借款人的财产依法强制执行仍不能履行债务前，保证人有权拒绝承担保证责任。

(2) 李某可以直接要求孙某承担保证责任。因为孙某与李某对保证方式没有约定，应视为连带保证责任。

(3) 孙某不承担保证责任。因为孙某的保证责任已超过法定的保证期间 6 个月，故免除孙某的保证责任。

2. 抵押

抵押是指债务人或者第三人不转移对特定财产的占有，将该财产作为债权的担保。债务人或者第三人为抵押人，债权人为抵押权人，提供担保的财产为抵押物。抵押人和抵押权人应当以书面形式订立抵押合同。当事人以法定的财产抵押的，应当办理抵押物登记，抵押合同自登记之日起生效。债务人不履行债务时，债权人有权依法以该财产折价或者以拍卖、变卖该财产的价款优先受偿。

根据我国《担保法》的规定，可以设定抵押的财产有：抵押人所有的房屋和其他地上定着物；抵押人所有的机器、交通运输工具和其他财产；抵押人依法有权处分的国有的土地使用权、房屋和其他地上定着物；抵押人依法有权处分的国有的机器、交通运输工具和其他财产；抵押人依法承包并经发包方同意抵押的荒山、荒沟、荒丘、荒滩等荒地的土地使用权；依法可以抵押的其他财产。

不得抵押的财产有：土地所有权；耕地、宅基地、自留地、自留山等集体所有的土地使用权；学校、幼儿园、医院等以公益为目的的事业单位、社会团体的教育设施、医疗卫生设施和其他社会公益设施；所有权、使用权不明或者有争议的财产；依法被查封、扣押、监管的财产；依法不得抵押的其他财产。

3. 质押

质押是指债务人或者第三人将出质的财产交债权人占有，以该财产作为债权的担保。债务人或者第三人为出质人，债权人为质权人，质押的财产为质物。出质人和质权人应当以书面形式订立质押合同。质押合同自质物移交于质权人占有时生效。债务人不履行债务时，债权人有权依法以该财产折价或者以拍卖、变卖该财产的价款优先受偿。

质物是指可以移交的作为担保的动产或权利。下列权利可以设定质押：汇票、支票、本票、债券、存款单、仓单、提单；依法可以转让的股份、股票；依法可以转让的商标专用权，专利权、著作权中的财产权；依法可以质押的其他权利。

以汇票、支票、本票、债券、存款单、仓单、提单出质的，应当在合同约定的期限内将权利凭证交付质权人。质押合同自权利凭证交付之日起生效。

以依法可以转让的股票出质的，出质人与质权人应当订立书面合同，并向证券登记机构办理出质登记。质押合同自登记之日起生效。

以依法可以转让的商标专用权，专利权、著作权中的财产权出质的，出质人与质权人应当订立书面合同，并向其管理部门办理出质登记。质押合同自登记之日起生效。

某人利用自己持有的国库券作担保，与银行签订了一份借款合同，这种合同担保方式属于(　　)。

A. 保证　　B. 抵押　　C. 质押　　D. 定金

【答案】C

4. 留置

留置是指债权人按照合同约定占有债务人的动产，债务人不按照合同约定的期限履行债务时，债权人有权依法留置该财产，并以该财产折价、拍卖或者变卖该财产的价款优先受偿。

根据我国《担保法》规定，留置适用于保管合同、运输合同、加工承揽合同。债权人与债务人应当在合同中约定，债权人留置财产后，债务人应当在不少于2个月的期限内履行债务。债权人与债务人在合同中未约定的，债权人留置债务人财产后，应当确定2个月以上的期限，通知债务人在该期限内履行债务。债务人逾期仍不履行的，债权人可以与债务人协议以留置物折价，也可以依法拍卖、变卖留置物。

5. 定金

定金指合同当事人为了证明合同的成立和保障合同的履行，预先付给对方一定数量的货币。

定金在当事人不履行合同时，适用定金的效力（定金罚则），即给付定金的一方不履行约定的债务的，无权要求返还定金；收受定金的一方不履行约定的债务的，应当双倍返还定金。

定金应当以书面形式约定。定金的数额由当事人约定，但不得超过主合同标的额的20%。当事人在定金合同中应当约定交付定金的期限。定金合同从实际交付定金之日起生效。债务人履行债务后，定金应当抵作价款或者收回。

根据法律规定，关于定金的下列表述正确的是(　　)。

A. 定金是主合同成立的条件

B. 定金可以以口头方式约定

C. 定金是主合同的担保方式

D. 定金合同自实际交付之日起生效

【答案】CD

拓展阅读

抵押与质押

1. 抵押与质押的区别

（1）抵押标的为动产与不动产；质押标的为动产与权利。

（2）抵押物不移转占有；质物移转占有。

（3）当事人以法定的财产抵押的，应当办理抵押物登记，抵押合同自登记之日起生效；当事人不必办理质押登记的，质押合同自质物或权利凭证交付之日起生效。

（4）当事人办理抵押登记的，登记部门为抵押物的相应管理部门；以股票、知识产权出质的，当事人应向其相应的管理机构办理出质登记。

（5）债务履行期届满，抵押权人未受清偿的，可与抵押人协商以抵押物折价或以拍卖、变卖该抵押物的所得价款受偿，协议不成的，可向人民法院提起诉讼；债务履行期届满，质权人未受清偿的，可与出质人协议以质物折价或依法拍卖、变卖质物清偿债权。

2. 抵押与质押的共同点

（1）抵押权与质权同为担保物权。

（2）抵押与质押都应以书面形式签订抵押合同或质押合同。

（3）合同中都不得约定，当债务履行期届满，抵押权或质权未受清偿的，抵押物或质物的所有权转移为抵押权人或质权人所有。

（4）抵押合同与质押合同都有向有关部门办理登记的规定。

（5）抵押物与质押物都必须办理登记的，抵押合同与质押合同自登记之日起生效。

（6）抵押权、质权与其各自担保的债权同时存在，同时消灭。

（7）抵押权因抵押物灭失而消灭，因灭失所得赔偿金，应作为抵押财产；质权因质物灭失而消灭，因灭失所得赔偿金，应作为出质财产。

课后练习

一、选择题

1. 质押担保物在质押期间一般要转移它的(　　)。

A. 所有权　　B. 收益权　　C. 占有权　　D. 使用权

2. 债务人或第三人不转移对其特定的财产的占有，将该财产作为债权的担保，该种担保方式是(　　)。

A. 抵押　　B. 质押　　C. 留置　　D. 保证

3. 保证人与债权人未约定保证期间的，保证期间为(　　)。

A. 主债务履行期

B. 主债务履行期届满之日起6个月

C. 直到债务完全偿还之日

D. 一年

4. 如果接受定金的一方不履行合同，那么(　　)。

A. 应返还定金　　B. 应双倍返还定金

C. 定金应收归国有　　D. 定金不返还

5. 根据《担保法》的规定，担保方式有(　　)。

A. 保证　　B. 质押　　C. 定金　　D. 留置

6. 以下各类合同中，债权人可行使留置权的合同有(　　)。

A. 赠与合同　　B. 加工承揽合同

C. 保管合同　　D. 运输合同

二、简答题

1. 哪些单位不能成为保证人？

2. 简述定金的效力。

三、案例分析

1. 2011年9月20日，某市物资回收公司与该市工商银行分行签订借款合同，合同规定，由工商银行分行向物资回收公司提供150万元贷款，返还日期为2012年9月20日，届时物资回收公司还清全部借款，另付利息18万元。合同签订后，工商银行经调查发现物资回收公司经营管理混乱，便提出终止合同。后经该市工商联合总公司出面说情，达成一致意见：原合同继续有效，另外三方签订补充协议，工商联合总公司签署保证，保证物资回收公司于2012年9月20日将本金、利息返还给工商银行，并对该资金使用进行监督。合同签订后，物资回收公司购买大量废旧钢铁，进行加工、销售，但由于经营管理不力，亏损很大。2012年9月22日，工商银行分行派人前来催款，物资回收公司返还100万元。工商银行分行要求工商联合总公司支付余款50万元及利息18万元，工商联合总公司认为物资回收公司是债务人，应由其负责返还余款和利息。银行遂向人民法院起诉。

请问：在本案所述情形下，该工商银行分行是否有权直接向工商联合总公司要求支付50万元余款和18万元利息？为什么？

2. 宏大有限责任公司向某市工商银行贷款100万元，工商银行要求宏大有限责任公司提供担保，宏大有限责任公司以自己拥有的10辆重型运输汽车（总价值150万元）作为抵押。请问：

（1）本案中的抵押人、抵押权人、抵押物各是什么？

（2）在抵押期间，宏大有限责任公司对抵押物可行使哪些权利？

（3）若宏大有限责任公司逾期不能及时归还贷款，工商银行对抵押物可行使什么权利？

3.5 合同的变更、转让、解除与终止

案例导入

某村果园长期管理不善，连年无收益，李某以每年上缴500元的承包条件与村委会签订了承包合同，承包期5年。经过李某精心管理，果园当年净收益多达5 000元，村委会即要求修改合同，增加承包费至1 500元，李某不允。村委会便废除原合同，以1 500元发包给他人，李某向法院起诉，要求村委会履行原合同。

请问：（1）村委会能否单方解除合同？有何法律依据？

（2）如果村委会解除合同无效，在以后承包期内，李某每年应向村委会交多少费用？为什么？

案例评析：（1）村委会无权单方解除合同。根据法律规定，单方解除合同的条件有：第一，因不可抗力致使不能实现合同目的；第二，在履行期届满之前，当事人一方明确表示或者以自己的行为表明不履行主要债务的；第三，当事人一方迟延履行债务或者有其他违约行为致使不能实现合同目的；第四，当事人一方迟延履行主要债务，经催告后在合同期限内仍未履行的。本案中，村委会单方解除合同不符合法律规定。

（2）村委会未经李某同意，擅自变更合同无效，原合同应继续履行。在以后承包期内，李某向村委会每年上交的承包费仍是500元。

任务驱动

任务内容：对合同的变更、转让、解除与终止的具体情况，明确合同的当事人依法享有的权利及应履行的义务。

任务布置：将班级学生分成若干小组，教师分发给每个小组案例材料，要求他们分别对合同的变更、转让、解除的法定条件与程序展开讨论；各小组参考本节知识完成对案例的分析和解决，并将形成的结果由小组推选的代表进行公开展示，教师和其他小组进行评价打分，以得分最多的小组为优胜小组；教师应给予必要的专业指导。

知识链接

依法成立的合同，对当事人具有法律约束力。当事人应当按照约定履行自己的义务，不得擅自变更或者解除合同。依法成立的合同，受法律保护。

3.5.1 合同变更

合同变更是指合同法律关系的客体和内容的变更，也就是对原合同的有些条款进行修改、补充。

合同变更需经双方协商同意，并且不因此损害国家利益和社会公共利益。合同是双方

当事人协商一致成立的，因此，双方当事人也可以协商一致变更合同。但是，任何人行使权利都有一定的限制。我国的国家性质和立法宗旨决定了当事人协商变更合同以不损害国家利益和社会公共利益为前提，这样使国家利益、社会公共利益和当事人的利益都受到法律保护。另外，法律、行政法规规定，变更合同应当办理批准、登记等手续的，依照其规定。

当事人协商变更合同与协商订立合同的方式相同，也必须经过要约和承诺两个步骤。要求变更合同的一方当事人向对方当事人提出变更合同建议，这实质上是一种要约。对方当事人接到建议后，应在法律规定或合同约定的期限内作出答复。如果答复是同意变更合同，则双方就达成了变更合同协议；如果不同意变更合同，则变更的要约未被承诺，原合同有效。不同意变更合同的答复必须明确表示，否则视为接受变更合同的提议。

甲商场与乙电器公司签订了一份购买1 000台电风扇的买卖合同，合同规定乙电器公司应于6月底以前交货。乙电器公司没有遵守合同规定的交货期限，至同年8月底才电报通知甲商场准备收货。甲商场未作答复，收到货后即发往门市部销售。由于销售旺季已过，电风扇滞销，一个月才卖出几十台。甲商场遂以乙电器公司逾期交货未经甲商场同意为由拒付货款，并要求退货。双方发生争议，乙电器公司起诉至法院。

请问：本案中违约方是谁？为什么？

案例评析：甲商场违约。根据法律规定，在合同变更的程序中，不同意变更合同的答复必须明确表示，否则视为接受变更合同的提议。本案中，乙电器公司在执行中已发生了履行期限方面的变更，而甲商场未作出异议，且收下货物，视为接受变更合同的提议，因此变更合同有效，甲商场应按变更后的合同内容履行。

3.5.2 合同转让

合同转让是指合同主体的变更，也就是在不变更内容的前提下，当事人一方将合同的权利义务全部或部分转让给第三人。合同转让包括债权转让，债务转让和债权、债务同时转让。

合同合法有效是合同转让的基础和前提条件。合同合法有效，才能得到国家法律的认可，受到国家法律的保护，也才能达到当事人签订合同的目的。如果合同本身无效，或者根本不存在合同，即使签订了转让的协议，合同的转让也是非法的，如果把无效合同转让给第三人，致使对方遭受损失，转让人应承担赔偿责任。

1. 债权转让的条件

转让的债权应具有让与性；转让合同不得以牟利为目的；应当通知债务人。

2. 债务转让的条件

债务本身具有可转移性；必须征得债权人的同意。

3. 债权债务同时转让的条件

当事人一方将自己在合同中的权利和义务一并转让给第三人，需经对方同意。债权转让的方式适用通知送达的方式，债权人应当将转让的意思表示以书面形式通知对方，自通知到达对方之日起发生转让效力。债务转让或债权债务同时转让，适用协商订立合同的方式，包括要约和承诺两个步骤。如债权人或另一方当事人不同意转让的，原合同依然有效。

债权人转让权利或债务人转让债务，法律、行政法规规定应当办理批准、登记手续的，依照其规定。

债权转让与债务转让的显著区别是什么？

3.5.3 合同解除

合同解除是指合同订立后，尚未全部履行前，当事人根据法律规定或合同约定的条件，提前终止合同，使合同关系归于消灭。

合同解除发生在两种情况下：一是发生了约定解除合同的条件，一方当事人行使的是协议解除权；二是出现了法律规定解除合同的法律事实，一方当事人行使的是单方解除权。

1. 合同解除的条件

1）合同约定解除

当事人可以在合同中约定解除合同的条件，解除合同的条件成立时，合同解除；当事人也可以事后经协商一致解除合同。合同当事人可以在法律规定的范围内自主地订立合同，约定合同条款，因此他们也当然可以约定在某种情况下解除双方的权利义务关系。当这种情况出现时，合同因事先约定得以解除。如果当事人事先没有约定，当事人也可以事后协商同意后解除合约，但不能因解除合同而损害国家和社会公共利益。

2）不可抗力因素解除

因不可抗力致使不能实现合同目的时，当事人可以解除合同。所谓不可抗力，是指当事人不能预见、不能避免并且不能克服的客观情况，例如地震、火山爆发、雪崩、洪灾、台风、政府禁令、战争等。值得注意的是，并非一旦出现不可抗力均可解除合同，只有不可抗力已严重影响到使合同的目的落空的程度，才能导致合同的解除。如果不可抗力只是导致合同部分不能履行的，一般情况下，另一方当事人只能主张合同部分权利义务的变更，但如果部分履行严重影响当事人订立合同所欲实现的缔约目的时，应承认其享有解除合同的权利。在发生不可抗力导致合同解除时，当事人双方均享有解除权，其中任何一方均可以通知的方式告知对方解除合同。在因不可抗力导致的合同解除的场合，当事人双方应当互通情况，互相配合，积极采取救济措施，避免损失扩大。

因发生不可抗力致使不能实现合同目的时，双方当事人应如何行使权利和履行义务？

3）合同履行期限届满之前因当事人一方不履行债务导致的解除

主要债务的履行，关系到债权人最重要权利的实现，关系到订立合同最主要目的的实现，在合同履行期限届满之前，当事人一方明确表示或者以自己的行为表明不履行主要债务的，另一方当事人可以解除合同。当事人在行使解除权时，不得以自己的主观推断或想象为依据，要求另一方要有明确的表示，如主动通知，或是以某种行为如停产等表明不准备履行义务。只有在一方当事人表示不履行主要债务，即大部分的债务或是重要的有根本性影响的债务时，另一方才可解除合同。

4）当事人一方迟延履行债务或者有其他违约行为致使不能实现合同目的而导致的解除

违约的形式有很多，如不适当履行、迟延履行、不完全履行以及标的物质量、履行地点、履行方式等不符合合同约定。但当事人一方有违约行为并不必然导致另一方享有解除权，这里的违约是指重大违约，即因一方当事人的违约行为，致使合同的履行成为不必要或不可能，继续履行会影响订立合同时所期望的经济利益，甚至还会进一步造成损害，维持合同的效力已无意义，此时另一当事人可以解除合同。

5）当事人一方迟延履行主要债务，经催告后在合理期限内仍未履行而导致的解除

迟延履行，即债务人能够履行，但在履行期限届满时却未履行主要债务。当事人一方迟延履行主要债务，经催告后在合理期限内仍未履行，另一方当事人可以解除合同。在此规定下要行使合同解除权必须具备如下条件：

（1）债务可能履行，即债务在客观上并没有遇到任何障碍，并不构成履行不能。

（2）当事人迟延履行的是最重要的义务，而不是一些次要的、附属的义务。如果当事人一方按照约定履行了主要债务，虽然一些次要的、附属的义务没有履行，另一方也不能享有合同解除权。

（3）可归责于债务人，即债务人无抗辩理由。如果债务人的迟延履行是由于遭遇不可抗力、债权人不受领等原因，则不构成履行迟延。

（4）债务人经催告后在合理期限内仍未履行主要债务。“催告”是指债权人向债务人请求给付的意思表示。履行迟延以后，债权人不能马上行使解除权解除合同，还要给债务人一个催告，给债务人一个合理的宽限期要求其履行合同，在合理的宽限期到来时，债务人仍不履行合同，债权人才有权解除合同。

6）法律规定的其他情形

这一点要从严掌握，必须是除以上5种情形之外，法律有明文规定可以解除合同的，才发生解除权，才能解除合同，法律无明文规定则无解除权。

2. 合同解除的程序

合同解除的程序，依双方是协议解除还是单方解除而有所不同。

双方协议解除合同适用的是合同订立程序。当事人解除合同的协议，应采用书面形式，在解除协议未达成以前，原合同仍然有效。

单方解除合同适用的是通知送达程序。即享有合同解除权的一方当事人，应当将解除合同的意思表示以书面形式及时通知对方，自解除合同意思表示的通知到达对方时即发生解除效力。法律规定或者当事人约定解除权行使期限的，期限届满当事人不行使的，该权利消灭。法律没有规定或当事人没有约定解除权期限的，经对方催告后在合理期限内不行使的，该权利也消灭。

法律、行政法规规定解除合同应当办理批准、登记等手续的，依照其规定。

想一想

某公路施工队（需方）于2012年4月和某石油公司（供方）签订了一份沥青购销合同。2012年7月初，供方因生产管理不善，未能如期交货，需方为了按时完成公路的修建任务，避免国家遭受损失，去函催问并提出若在半月内再不交货即解除合同。2012年7

月30日，供方仍未交货，需方随即解除合同。

请问：需方是否有权单方解除合同，为什么？

案例评析：需方有权单方解除合同。根据合同解除的条件："当事人一方延迟履行主要债务，经催告后在合理期限内仍未履行的，对方可以单方解除合同。"

3.5.4　合同终止

合同终止是指因一定法律事实的出现，合同双方当事人的权利义务归于消灭。终止合同是合同的权利义务关系的最终的、全部的完结。

合同终止的条件包括：

（1）债务已经按约定履行。即双方按照合同规定履行了各自的义务，实现了双方当事人预定的经济目的，合同自然终止。

（2）合同被解除。详见"合同解除"相关部分内容。

（3）债务相互抵销。当事人互负到期债务，该债务的标的物种类、品质相同的，任何一方可以将自己的债务与对方的债务抵销，但依照法律规定或者按照合同性质不得抵销的除外。当事人互负债务，标的物种类、品质不相同的，经双方协商一致，也可以抵销。当事人主张抵销的，应当通知对方。通知自到达对方时生效。抵销不得附条件或者附期限。

（4）债务人依法将标的物提存。提存是指合同履行期已届满，义务方将无法履行的给付提交转存机关。有下列情形之一，难以履行债务的，债务人可以将标的物提存：债权人无正当理由拒绝受领；债权人下落不明；债权人死亡未确定继承人，或者丧失民事行为能力未确定监护人；法律规定的其他情况。标的物依法提存的，应当认定合同已经履行。债权人领取提存物的权利，自提存之日起5年内不行使而消灭，提存物扣除提存费用后归国家所有。

（5）债权人免除义务。债权人有权对自己享有的债权主张权利，也可以在不损害国家利益、集体利益和他人利益的情况下放弃债权。债权人免除债务人部分或者全部债务的，合同的权利义务部分或者全部终止。

（6）债权债务同归于一人。这是指由于一些法律事实（合并、收购、继承、婚姻等）的发生，合同主体发生变化，本为双方当事人的合同主体，混为同一个民事主体，原合同失去履行的必要性，合同关系自行终止，但涉及第三人利益的除外。

（7）法律规定或者当事人约定终止的其他情形。

债务人可以将标的物提存的情形有(　　)。

A. 债权人无不正当理由拒绝受领

B. 债权人下落不明

C. 债权人死亡，未确定继承人

D. 债权人丧失民事行为能力，未确定监护人

【答案】BCD

3.5.5　合同变更、转让、解除的法律责任

变更、转让、解除合同使一方造成损失的，除依法可以免除责任外，应由责任方承担

赔偿责任。

合同变更、转让、解除后，一般情况下会给一方造成损失，有些损失是可以免除责任，如不可抗力造成的损失；有些损失不能免除责任，应当由责任方负责赔偿。

课后练习

一、选择题

1. 因变更或解除合同，使一方当事人遭受损失的，除依法可以免除责任的外，(　　)。

A. 双方按平等互利的原则处理　　B. 各方承担相应的责任

C. 应由责任方负责赔偿　　D. 由损失方自行负责

2. 债务人将合同的义务全部或者部分转移给第三人的，应当经(　　)同意。

A. 债权人　　B. 合同的公证机关

C. 人民法院　　D. 仲裁机构

3. 在(　　)情况下，合同的当事人有权单方解除合同。

A. 发生不可抗力事件，致使合同义务全部不能履行

B. 合同约定的解除条件已经出现

C. 一方在合同规定的期限内没有履行合同，在被允许推迟履行的合理期限内仍未履行

D. 一方违反合同约定导致不能实现合同目的

4. 合同因(　　)而终止。

A. 合同已按约定条件履行　　B. 一方当事人下落不明

C. 抵销　　D. 提存或混同

二、简答题

1. 解除合同应具备哪些法定条件?

2. 合同终止应具备哪些法定条件?

三、案例分析

1. 某大学因扩大招生，急需一批新的桌椅，便与A家具公司订立了一份合同。合同规定：A家具公司向该大学提供200张桌子、400张椅子，价款为40 000元，同年8月25日前交货，货物由A家具公司送到学校，不履行合同的违约金为5 000元。合同订立后，A家具公司直到8月28日还没送来桌椅。该大学去函催货，A家具公司称还要等10天，大学称9月1日学校开学，9月1日之前必须将桌椅摆设好，因此不需要从A家具公司进货了。大学最终从B家具公司购进了桌椅，为此给自身造成了损失。同年9月11日，A家具公司将桌椅送来，大学拒收，称已书面通知解除合同了，并要求A家具公司赔偿损失。A家具公司称大学不履行合同，要求大学支付5 000元的违约金，双方发生争议。请问：

(1) 该大学可以解除合同吗？为什么？

(2) A家具公司是否应赔偿大学的损失？为什么？

2. 2012年8月，甲公司与乙厂经协商签订了某种材料的买卖合同，约定甲公司以2 000元/吨的价格购买乙厂的某种材料，2012年12月1日由乙厂发货。签订合同后，由

于该种材料市场价格下跌，甲公司于 2012 年 11 月 25 日发函给乙厂提出要求修改合同，降低材料价格，以 1 500 元/吨的价格结算，否则解除合同。乙厂接函后认为已快到交付材料的日期，因而未予答复。后来，乙厂按照合同约定时间发运材料至甲公司，但甲公司拒收材料，声称合同已解除。乙厂遂诉至法院，请求甲公司按照原合同约定支付价款。请问：

（1）甲公司解除合同是否符合法律规定？简述理由。

（2）乙厂的诉讼请求是否符合法律规定？简述理由。

3.6 违约责任

案例导入

2012 年 7 月，某运输公司受农场委托长途运送生猪，途经某市时，运输车辆遭遇酷热天气，押运人员张某、杨某根据经验决定给生猪降温。于是，二人从某农资公司购得喷雾器一件，清洗后灌入自来水即向生猪喷水降温。运达目的地后，作为收货人的某肉制品加工公司发觉生猪有异常，经检验后发现生猪存在不同程度的农药中毒现象。经查，该喷雾器售前曾供给农户李某使用，农药系李某使用后残留所致。

请问：（1）肉制品加工公司能否拒收生猪？请简要说明理由。

（2）谁应该对生猪中毒事件负责？请简要说明理由。

（3）农场应向谁提出索赔要求？请说明理由。

案例评析：（1）肉制品加工公司可以拒收生猪。生猪中毒，违反了合同约定的质量条款。

（2）农资公司承担生猪中毒责任。农资公司出售的喷雾器中残留农药，是造成生猪中毒的直接原因。

（3）农场应向运输公司提出索赔要求。根据法律规定，在违约责任的构成中，当事人一方因第三人的原因造成违约的，应当向对方承担违约责任。本案例中农场与运输公司是运输合同当事人，生猪是在运输途中发生的中毒事件，虽然是第三人的原因造成违约事实，但仍应由运输公司向农场承担违约责任，赔偿损失。

任务驱动

任务内容：完成教师提供的合同违约纠纷的案例分析，并提出解决方案。

任务布置：将班级学生根据班级人数分成若干小组，教师分发给每个小组案例材料，小组成员参考本节知识完成对案例的分析和解决；由小组推选的代表将分析结果公开展示，教师和其他小组进行评价打分，以得分最多的小组为优胜小组；教师应给予必要的专业指导。

知识链接

违反合同责任是指合同的当事人由于自己的过错不履行合同，或履行合同义务不符合约定的，依照法律规定或合同约定必须承担的法律责任，亦称违约责任。

3.6.1 承担违约责任的原则和条件

1. 承担违约责任的原则

1）过错责任原则

过错责任原则是指在出现违约事实的情况下，违约人仅在主观上有过错时才承担违约责任。具体来讲，谁有过错由谁承担责任，没有过错就不承担责任，违约如属一方过错，则由过错的一方承担责任。如属双方过错，则应根据过错的大小、主次，由双方分别承担各自应负的责任。

2）赔偿实际损失原则

赔偿实际损失原则是指违约方支付的赔偿额相当于因违约给对方造成的实际损失。实际损失包括直接损失和间接损失。直接损失是因为违反合同约定而造成财物实际的减少、灭失、毁损或支出的增加，如运输中的货物毁损，运输费、保管费增加等；间接损失是指合同履行后可以得到的预期利益。如乙方未及时供应原料而造成甲方暂时停产而引起的利润损失。

如何依法确定实际损失的具体数额？

2. 承担违约责任的条件

1）有违约事实

违约事实就是指当事人有不履行合同义务或履行合同义务不符合约定的行为，是当事人承担违约责任的客观条件。不履行合同义务是指合同到了履行期，当事人根本不履行义务，如不按合同交付货物或价款；履行合同义务不符合约定是指当事人虽然有履行合同的行为，但是没有按照合同的约定履行。违约行为包括不能履行、迟延履行、不完全履行、拒绝履行等。

2）当事人主观有过错

过错是指当事人不履行或不适当履行合同的心理状态，分故意和过失两种。所谓故意，是指当事人明知自己的行为可能引起合同不履行或不适当履行的后果，而有意追求和放任这种结果的发生。所谓过失，是指当事人应当预见自己的行为会引起合同不履行或不适当履行的后果，而由于疏忽未能预见或虽然预见到了却自信其不会发生，以致造成这种结果的发生。当事人主观有过错是承担违约责任的主观条件。

在违约责任的构成中，当事人一方因第三人的原因造成违约的，应当向对方承担违约责任。当事人一方和第三人之间的纠纷，依照法律规定或者按照约定解决。

支付违约金的条件是：除当事人主观有过错外，只要一方当事人(　　)。

A. 违约就应支付

B. 给对方造成损失才支付

C. 没有约定违约金时才支付

D. 没有约定损失赔偿额的计算方法不支付

【答案】A

3.6.2 承担损害赔偿责任的条件

除应具备以上两个承担违约责任的条件外，还应具备以下两个条件：

1. 有损害事实，即一方违约已给对方当事人造成财产损失

赔偿损失，是以受害人所受到的损害为基础的，因此，债权人的损害事实是赔偿损失责任方式的又一个要件。所谓损失，是指财产或者权益所遭受的不利益的状态，包括积极损失和消极损失。积极损失，也称之为直接损失，是指既有财产或者既存利益因为违约行为而减少。消极损失，也称之为间接损失，是指本来可以获得的利益因为违约行为而未获得，也称可得利益的损失。通常情况下，债权人所受到的损失是可以确定的，即损失可以通过金钱计算加以确定。

2. 违约行为与损害事实之间有因果关系

所谓因果关系，是指违约行为与损害结果之间的相互联系。任何人都必须对自己的行为所造成的损害后果承担责任，要确定责任，必须确定引起损害后果发生的真正原因。因果关系对于赔偿范围的确定具有重要意义，它可以决定直接损失与间接损失的区分，也可以决定损害赔偿的范围。而且，在双方违约的情况下，因果关系是确定双方各自承担责任的重要依据。

承担违约责任与承担损害赔偿责任的条件有何不同？

3.6.3 承担违约责任的主要形式

合同作为一种平等主体间的法律关系，属于民事法律关系的性质，一方违约，对其只能追究民事责任（主要是一种财产责任），表现为对违约行为人采取制裁措施和对被侵害的权利人采取补偿和救济措施。

1. 继续履行

当事人一方不履行非金钱债务或者履行非金钱债务不符合约定的，对方可以要求继续履行，但有下列情形之一的除外：

（1）法律上或者事实上不能履行；

（2）债务的标的不适于强制履行或者履行费用过高；

（3）债权人在合理期限内未要求履行。

2. 采取补救措施

质量不符合约定的，应当按照当事人的约定承担违约责任。对违约责任没有约定或者约定不明确，或依法仍不能确定的，受损害方根据标的的性质以及损失的大小，可以合理选择要求对方承担修理、更换、重作、退货、减少价款或者报酬等违约责任。

当事人一方不履行合同义务或者履行合同义务不符合约定的，在履行义务或者采取补救措施后，对方还有其他损失的，应当赔偿损失。

3. 支付赔偿金

赔偿金是指合同一方当事人因违反合同给对方造成损失而又没有约定违约金，由违约方向对方支付一定数量的货币。

当事人一方不履行合同义务或者履行合同义务不符合约定，给对方造成损失的，损失赔偿额应当相当于因违约所造成的损失，包括合同履行后可以获得的利益，但不得超过违

反合同一方订立合同时预见到或者应当预见到的因违反合同可能造成的损失。

需注意的是，当事人一方违约后，受到损失的一方当事人应当及时采取适当措施防止损失的扩大；没有采取适当措施致使损失扩大的，不得就扩大的损失要求赔偿。

4. 支付违约金

违约金是指当事人一方违约，按照法律规定或合同约定应向对方支付的一定数量的货币。

约定的违约金低于造成的损失的，当事人可以请求人民法院或者仲裁机构予以增加；约定的违约金过分高于造成的损失的，当事人也可以请求人民法院或者仲裁机构予以适当减少。当事人就迟延履行约定违约金的，违约方支付违约金后，还应当继续履行债务。

违约金具有惩罚性和补偿性。当事人既约定违约金，又约定定金的，一方违约时，双方可以选择适用违约金条款或定金条款。

合同当事人一方因违约而向对方支付违约金、赔偿金后，(　　)。

A. 可以免除继续履行合同的责任

B. 对方依法要求继续履行合同，仍应继续履行

C. 必须继续履行合同

D. 由赔偿方决定是否继续履行合同

【答案】B

3.6.4　违约免责

违约免责是指违约当事人在法律规定或双方约定的情况出现时，不承担违约责任。

1. 违约免责的条件

1）发生不可抗力

不可抗力造成当事人不履行合同义务，或履行合同义务不符合约定，因当事人主观无过错，不承担违约责任。

因不可抗力不能履行合同的，根据不可抗力的影响，部分或者全部免除责任，但法律另有规定的除外。当事人迟延履行后发生不可抗力的，不能免除责任。当事人一方因不可抗力不能履行合同的，应当及时通知对方，以减轻可能给对方造成的损失，并应当在合理期限内提供证明。

2）法定免责条件

根据法律规定，在货物运输合同中，由于货物本身的自然性质和合理损耗以及托运人、收货人的过错而造成货物损失的，承运方不承担违约责任。法律之所以规定免除承运方的责任，在于造成货物损失的原因不是承运方的过错。另外，在仓储合同中，因仓储物包装不符合约定，或者超过有效储存期造成仓储物变质、损坏的，仓储保管人不承担责任。

当事人双方在合同中约定免责条款，而且此约定又不违反国家法律和法规的，在出现了合同约定的免责条件时，违约方也可以不承担违约责任。

2. 无效的免责条款

无效的免责条款包括：造成对方人身伤害的；因故意或者重大过失造成对方财产损失的。

根据法律规定，当事人一方因不可抗力不能履行合同的，只有在(　　)情况下，才可以部分或全部免除违约责任。

A. 及时通知对方　　B. 在合理期限内提供证明

C. 经对方当事人同意　　D. 经上级机关批准

【答案】AB

拓展阅读

违约责任与侵权责任的区别

1. 责任基础不同

违约责任的责任基础是违反当事人之间约定的义务；侵权责任的责任基础是加害人违反法律直接规定的法定义务。

2. 举证责任不同

对于违约责任，由违约一方当事人负举证责任；对于侵权责任，通常要由受害人负举证责任。

3. 赔偿范围不同

当事人违约给对方造成损失的，损失赔偿额应当相当于因违约所造成的损失，包括合同履行后可以获得的利益，但是不得超过违反合同一方订立合同时预见到或者应当预见到的因违反合同可能造成的损失。侵权责任的赔偿范围原则上包括直接损失和间接损失；在侵害某些人格权利时，还应当进行精神损害赔偿；不法造成他人死亡的，按《民法通则》规定，还应当赔偿死者生前扶养的人必要的生活费等。

4. 诉讼时效不同

根据《民法通则》第135条的规定，向人民法院请求保护民事权利的诉讼时效期间为2年，法律另有规定的除外；根据《民法通则》第136条的规定，身体受到伤害要求赔偿的、出售质量不合格的商品未声明的、延付或者拒付租金的、寄存的财务被丢失或者毁损的情况下，诉讼时效是1年。

5. 责任构成要件不同

就违约责任而言，行为人具有违约行为而又不具有有效的抗辩事由，就应当承担违约责任，并不都将有实际损失作为其构成要件；而在侵权责任中，损害事实是侵权损害赔偿责任成立的条件，无损害事实，就不承担侵权责任。

6. 免责条件不同

违约责任当事人不仅可以对法定的免责条款的范围加以约定，而且在法定的免责条件以外，还可以在不违反法律的强行性规定的情况下，在合同中事先约定免责条款。而在侵权责任中，免责条件只能由法律加以规定，不允许当事人事先加以约定，同时也不能对法定的免责条款的范围加以约定。

7. 责任形式不同

违约责任的责任形式以违约金为主，此外还有强制实际履行、赔偿损失等；而侵权责任的责任形式主要是赔偿损失。

8. 责任范围不同

当违约人以赔偿损失的形式承担违约责任时，其范围主要是赔偿财产损失，不包括对人身损害的赔偿和精神损害的赔偿。而侵权责任，损害赔偿不仅包括财产损失的赔偿，而且也包括人身损害和精神损害的赔偿。

课后练习

一、选择题

1. 某购销合同中没有约定违约金条款，但确因一方违约而给对方造成损失的，违约方应向对方支付(　　)。

A. 违约金　　B. 罚金

C. 赔偿金　　D. 违约金和赔偿金

2. 买卖合同成立后，因第三人造成买方损失的，应由(　　)。

A. 卖方承担赔偿责任

B. 第三人承担赔偿责任

C. 卖方与第三人共同承担赔偿责任

D. 买方自行承担赔偿责任

3. 根据法律规定，当事人一方因不可抗力事件不能履行合同的全部或部分义务的，(　　)。

A. 可以免除其部分责任　　B. 免除其全部或部分责任

C. 减轻其全部或部分责任　　D. 减轻或免除其全部或部分责任

4. 承担违约责任的条件包括(　　)。

A. 有一方当事人违约的事实客观存在

B. 违约行为给对方造成了损失

C. 违约行为和对方的损失之间有因果关系

D. 违约方主观有过错

5. 甲、乙签订了一份买卖合同，约定甲向乙供应香肠 150 箱，甲负责代办托运，甲、乙任何一方违约均应向对方支付违约金 1 000 元。甲委托丙运输，丙在运输途中因管理不善而致其中的 50 箱香肠变质。下列关于本案的表述正确的是(　　)。

A. 乙应拒收全部货物

B. 甲方应向乙方支付违约金 1 000 元

C. 对丙方的违约应由甲方提出索赔要求

D. 丙方应对乙承担货物变质的赔偿责任

二、简答题

1. 违约免责的条件有哪些?

2. 承担违约责任的主要形式有哪些?

三、案例分析

1. A 公司在四川收购了一批价值 5 万元用于出口的干辣椒，并与当地某储运公司签订了保管合同，约定将这批干辣椒在储运公司仓库存放一周，一周后派车来运。第五天夜里，储运公司仓库因雷击起火，致使装在麻袋里的辣椒被火烧掉一半，储运公司派人将剩下一半没烧掉的辣椒清理出来，随便堆放在露天里就回去休息了，不曾料想后半夜突然下起了暴雨，致使辣椒在雨中浸泡了 7 个多小时，根本不能再用。储运公司及时通知了 A 公司，要求其来处理。A 公司了解情况后，要求储运公司赔偿损失，双方发生纠纷，诉至法院。

请问：储运公司如何承担赔偿责任？如果承担赔偿责任，应赔偿多少损失？为什么？

2. 2012 年 5 月，A 厂向 B 水泥厂订购了 400 号水泥 100 吨，约定同年 6 月 20 日前交货到需方厂部，运费需方支付，不履行合同的违约金为价款的 5%。6 月初，B 水泥厂所在地区暴雨成灾，6 月中旬山洪暴发，B 水泥厂被水淹没。B 水泥厂通知 A 厂因水灾暂时不能供货，并提供了相关证明。后经 B 水泥厂全力抢修，工厂于 6 月 19 日修复，为履行合同，全厂职工加班加点生产。B 水泥厂发电报给 A 厂，称 6 月 30 日前到货。A 厂认为 B 水泥厂已违约，要求供方支付违约金。

请问：A 厂的行为是否合法？为什么？

模块四

市场运行管理法律制度

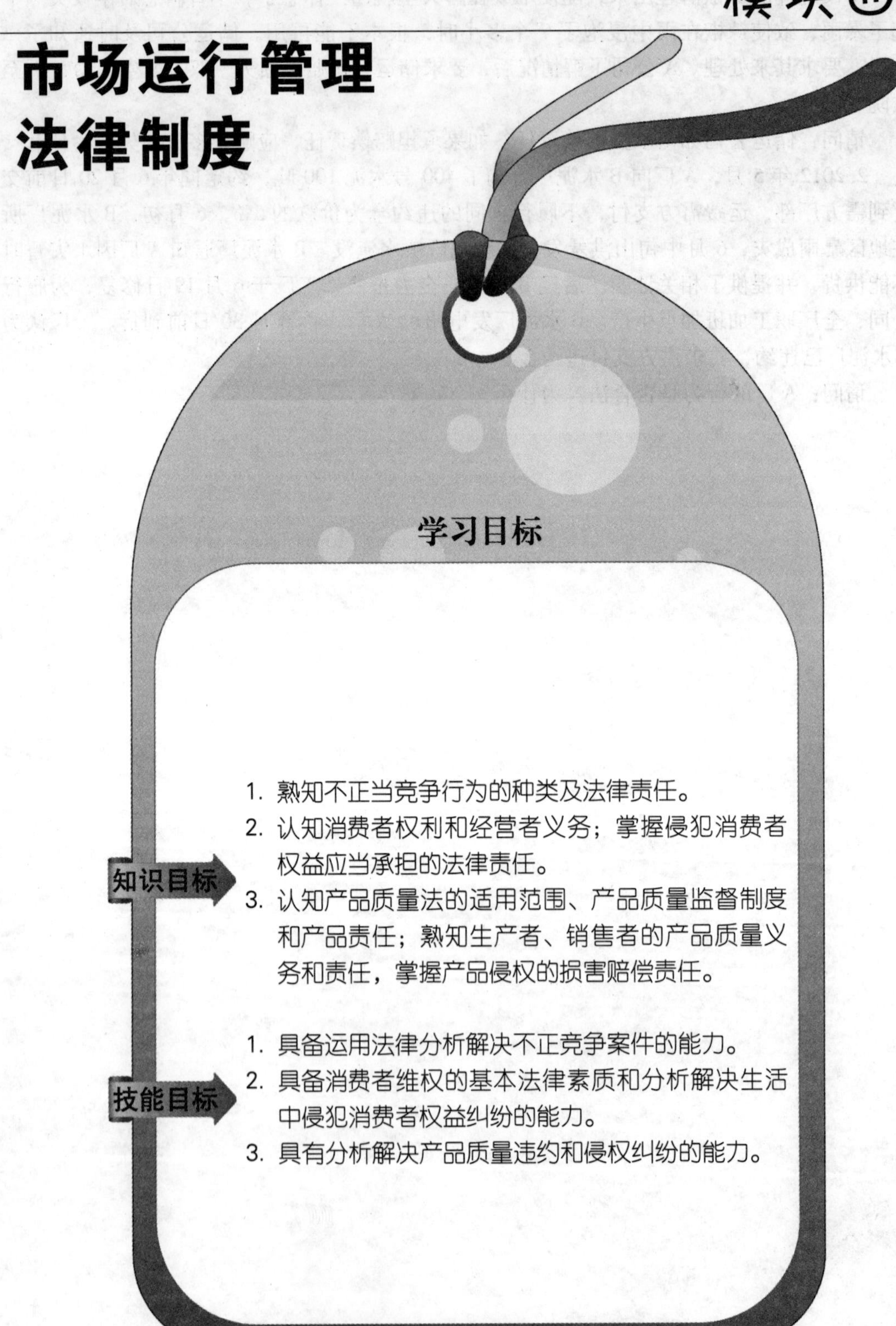

学习目标

知识目标

1. 熟知不正当竞争行为的种类及法律责任。
2. 认知消费者权利和经营者义务；掌握侵犯消费者权益应当承担的法律责任。
3. 认知产品质量法的适用范围、产品质量监督制度和产品责任；熟知生产者、销售者的产品质量义务和责任，掌握产品侵权的损害赔偿责任。

技能目标

1. 具备运用法律分析解决不正竞争案件的能力。
2. 具备消费者维权的基本法律素质和分析解决生活中侵犯消费者权益纠纷的能力。
3. 具有分析解决产品质量违约和侵权纠纷的能力。

4.1 反不正当竞争法

案例导入

某商场与华盛冰箱厂正在洽谈一笔买卖冰箱的交易，同时家怡冰箱厂也派人与该商场接洽，销售电器。家怡冰箱厂提议，在买卖冰箱合同中明确销售时给予10%优惠，通过银行转账付款。此时，华盛冰箱厂又向该商场负责人李某提出，合同签订后，华盛冰箱厂给李某1万元好处费。

请问：华盛冰箱厂、家怡冰箱厂和商场负责人李某的行为是否属于不正当竞争行为，为什么？

案例评析：根据《反不正当竞争法》的规定，经营者在账外暗中给予对方回扣的，以行贿论处，对方在账外暗中收受回扣的，以受贿论处。家怡冰箱厂通过银行转账的形式，即明示的形式给商场回扣，不违反《反不正当竞争法》的有关规定。华盛冰箱厂是暗中给予李某好处费，符合商业贿赂的特征，属于不正当竞争。

任务驱动

任务内容：模拟不正当竞争行为情境，掌握解决措施。

任务布置：调查一定市场范围内存在的不正当竞争行为并制定应对措施。将班级学生分为三个小组：第一组扮演实施不正当竞争行为的经营者；第二组扮演不正当竞争行为的受害经营者；第三组扮演工商行政管理部门的执法人员。选出一种不正当竞争行为进行情景模拟；教师提供背景资料，提示应注意的问题和要求；活动中教师应给予专业指导。

知识链接

4.1.1　不正当竞争

1. 不正当竞争的概念

不正当竞争是指经营者，即从事商品经营或者营利性服务的法人、其他经济组织和个人违反自愿、平等、公平、诚实信用的原则，不遵守公认的商业道德，以不正当手段从事市场交易的行为。《中华人民共和国反不正当竞争法》（以下简称《反不正当竞争法》）规定："本法所称的不正当竞争，是指经营者违反本法规定，损害其他经营者的合法权益，扰乱社会经济秩序的行为。"

市场竞争必须在平等、公平条件下竞争，遵循自愿、平等、公平、诚实、信用原则，遵守公认的商业道德，不得以不正当的竞争手段损害其他经营者的合法权益。为适应社会主义市场经济，使之在公平有序的环境下运行，使经营者站在同一起点上公平竞争，制止不正当竞争行为，我国于1993年9月2日颁布了《反不正当竞争法》，该法自1993年12月1日起施行。

2. 不正当竞争的特征

1）不正当竞争行为的主体是经营者

根据《反不正当竞争法》的规定，经营者是指从事商品经营或者营利性服务（以下所称商品包括服务）的法人、其他经济组织和个人。非经营者不是竞争行为的主体，所以不能成为不正当竞争行为的主体。但非经营者的某些行为有时却可能会妨害经营者的正当经营活动、侵害经营者的合法权益。如政府及所属部门滥用行政权力妨害经营者的正当竞争。

2）不正当竞争行为侵犯的客体是其他经营者的合法权益和社会经济秩序

不正当竞争行为是以侵害竞争对手合法权益为直接目标的行为，其行为的后果是阻碍市场竞争运营机制，扰乱市场经济秩序。

3）不正当竞争行为是违反法律的行为

我国《反不正当竞争法》所列举的不正当竞争行为，表现在它是一种不公平、不诚实、不守信、不道德的经营竞争行为，违背了市场交易中自愿、平等、公平、诚实信用的原则以及公认的商业道德。

3. 我国《反不正当竞争法》的调整对象

《反不正当竞争法》是调整在制止不正当竞争行为过程中发生的经济关系的法律规范的总称。从一些国家和地区的竞争立法来看，现代竞争法体系一般包括反垄断、反限制竞争和反不正当竞争等内容。德国于1896年制定的《反不正当竞争法》常被看成是世界上第一部专门的反不正当竞争法。而被法学界公认为现代竞争法标志的美国1890年《谢尔曼反托拉斯法》主要以垄断行为为规制对象。由于我国在《反不正当竞争法》立法时，垄断行为还不严重，因此，我国《反不正当竞争法》以不正当竞争和限制竞争为规制对象，而不包括垄断行为。

4.1.2 不正当竞争行为的类型

下列各行为应当受到《反不正当竞争法》调整的是(　　)。

A. 某服装厂使用与知名商品近似的名称、包装、装潢，造成和他人的知名商品相混淆，使购买者误认为是该知名商品

B. 某公司诋毁同行商业信誉的行为

C. 某电器厂向对方单位采购人员行贿的行为

D. 某超市利用有奖销售的方式推销质次价高的商品

【答案】ABCD

1. 限制竞争行为

1）强制交易行为

强制交易行为，是指公用企业或者其他依法具有独占地位的经营者，利用其特殊经营者的地位，限定他人购买其指定的经营者的商品，以排挤其他经营者的公平竞争的行为。

强制交易行为的主体是公用企业或者其他依法具有独占地位的经营者，如水、电、煤气、邮政等公用企业和盐业、烟草等在社会、经济生活中具有特殊地位的行业。强制交易行为通常表现为以下几类：

（1）限定用户、消费者只能购买和使用其附带提供的相关商品，而不得购买和使用其他经营者提供的符合技术标准要求的同类商品。

（2）限定用户、消费者只能购买和使用其指定的经营者生产或经销的商品，而不得

购买和使用其他经营者提供的符合技术标准要求的同类商品。

（3）强制用户、消费者购买其提供的不必要的商品及配件。

（4）强制用户、消费者购买其指定的经营者提供的不必要的商品。

（5）以检验商品质量、性能为借口，阻碍用户、消费者购买、使用其他经营者提供的符合技术要求的其他商品。

（6）对不接受其不合理条件的用户、消费者，拒绝、中断或减少供应相关商品，或者滥收费用。

（7）其他限制竞争的行为。

想一想

某自来水公司规定，用户必须购买某企业生产的供水管道，否则将不予安装水表。

请问：该自来水公司的规定是否合法？

案例评析：自来水公司作为具有独占地位的经营者，限定他人购买其指定的经营者的商品，违反了《反不正当竞争法》的规定，属于不正当竞争行为。

2）滥用行政权力行为

滥用行政权力，是指政府及其所属部门直接或间接以行政权力为根据发生的经营行为。政府及其所属部门不得滥用行政权力，限定他人购买其指定的经营者的商品，限制其他经营者正当的经营活动。政府及其所属部门不得滥用行政权力，限制外地商品进入本地市场，或者本地商品流向外地市场。

滥用行政权力通常表现为两种形式：

（1）政府及其所属部门滥用行政权力，限定他人购买其指定的经营者的商品，限制其他经营者的正当的经营活动。

（2）政府及其所属部门滥用行政权力，限制外地商品进入本地市场，或者限制本地商品流向外地市场。

想一想

某地政府为了扶持当地一家绿色节能企业，一方面通过各种行政手段要求当地企业购买该企业的商品，另一方面通过对外地同类商品设定歧视性收费项目以限制外地商品进入本地市场。

请问：该地政府的行为是否合法？

案例评析：根据《反不正当竞争法》的规定，政府机关不得从事限制竞争的行为，主要包括行政性强制经营行为与地区封锁行为。本案例中，某地政府实施的行为即为行政性强制经营行为与地区封锁行为，该行为是违法的。

3）违法搭售行为

违法搭售行为是指在市场交易中，经营者利用自身的经济优势，违背购买者意愿，搭售商品或者附加其他不合理条件销售商品。其特点是：一是此种行为“不正当”，即违背购买者的意愿，是一种带有强制性的、不合理的、不平等的交易行为；二是“附条件”，即违法搭售及附加其他不合理条件。

经营者销售商品，不得违背购买者的意愿搭售商品或者附加其他不合理的条件。

想一想

某家电公司研发出一种新型的节电空调，目前市场上仅有此种品牌。在营销该品牌空调期间，该家电公司推出活动，即购买一台该品牌节电空调，必须购买其公司生产的加湿器一台。

请问：该家电公司的行为是否属于违法搭售行为？

案例评析：违法搭售，是指经营者利用其经济优势或技术优势，违背交易相对人的意愿，在销售某种商品或者提供某种服务时，强迫交易相对人附带接受另一种商品或者另一种服务的行为。本案例中，某家电公司利用其技术优势在销售节能空调时要求搭售加湿器。如搭售行为没有违背购买者意愿，则不属于违法搭售行为；反之，则属于违法搭售行为。

4）串通招标投标的行为

串通招标投标的行为是指投标者之间串通投标，抬高标价或压低标价，或为排挤竞争对手的公平竞争，投标者与招标者相互勾结的行为。投标者不得串通投标，抬高标价或者压低标价。投标者和招标者不得相互勾结，以排挤竞争对手的公平竞争。

串通招标投标通常有两种方式：

（1）投标者串通投标，抬高标价或压低标价的行为。这类行为的表现形式主要有：①投标者之间相互串通，一致抬高标价；②投标者之间相互串通，一致压低标价；③投标者相互串通，轮流以高价位或低价位中标；④投标者相互间就标价以外的其他事项串通。

（2）投标者和招标者之间的相互勾结，以排挤竞争对手的行为。这类行为的表现形式主要有：①招标者在开标前，私下开启投标者的投标文件，并泄密给内定投标者；②招标者在审查评选标书时，对不同的投资者实施差别对待；③招标者向特定的投标者泄露其标底。

参与某投标大会的三个投标企业在投标前约定了投标的最高价格，并由其中的甲企业中标。同时约定，今后投标会由剩下的两个企业分别中标，这样，三个企业都可以最小代价获得最高利益。

请问：三个企业的行为是何种性质的行为？应当承担什么法律责任？

案例评析：本案例中，三个投标企业投标前约定好中标企业，属于串通投标行为。串通投标的法律责任分为两个方面：一是中标无效；二是监督检查部门可以根据情节处以1万~20万元的罚款。

2. 恶性竞争行为

1）欺骗性交易行为

欺骗性交易行为又称混淆行为，是指经营者采用不正当的表示手段，使自己的商品或服务与他人的商品或服务相混淆，使消费者误认的行为。经营者不得采取下列4种不正当竞争手段从事市场交易：

（1）假冒他人的注册商标。假冒他人的注册商标是指经营者故意或者过失侵犯他人注册商标的行为。即经营者在同一商品、同一种服务或者类似商品、类似服务上使用与他人已注册的相同或近似的商标，造成与他人的商标相混淆。

注册商标是受国家法律保护的商标，注册商标人享有商标专用权。假冒他人注册商标，既是侵犯他人商标专用权的行为，也是不正当竞争行为。

（2）擅自使用知名商品特有的名称、包装、装潢，或者使用与知名商品近似的名称、包装、装潢，造成与他人的知名商品相混淆，使购买者误认为是该知名商品。

知名商品特有的名称是指知名商品独有的与通用名称有显著区别的商品名称。包装是指为识别商品以及方便携带、储运而使用在商品上的辅助物和容器。装潢是指为识别和美化商品而在商品或者包装上附加的文字、图案、色彩以及排列组合。独特的商品名称、包装及装潢对销售通常起到很大的作用，尤其是当该商品成为知名商品后，它往往能在消费者心中留下深刻印象，从而成为商品特有的区别性标识。

“知名商品”、“特有”的界定

所谓“知名商品”，是指在市场上具有一定知名度，为相关公众所知悉的商品。所谓“特有”，是指商品的包装、装潢非为相关商品所通用，并具有显著的区别性特征。

（3）擅自使用他人的企业名称或者姓名，引人误以为是他人的商品。企业名称是用来区别商品或服务的提供者的。我国《企业名称登记管理规定》规定，企业名称享有专用权。企业名称除了包括一般的企业名称外，还包括个体工商户、个人合伙的投资者在市场交易中使用的个人的姓名。这些名称经合法登记都受法律保护。

（4）在商品上伪造或者冒用认证标志、名优标志等质量标识，伪造产地，对商品质量做引人误解的虚假表示。认证标志是指质量认证机构准许其认证产品质量合格的企业在产品或者其包装上使用的质量标识。名优标志是指经国际或国内有关机构或社会组织评为名优产品而发给经营者的一种质量荣誉标志。伪造产地是指经营者为提高其商品信誉，隐匿其商品真实的产地，而在商品上标注为信誉、技术较好的产地。

下列行为属于不正当竞争行为中的假冒仿冒行为的是(　　)。

A. 甲公司将乙公司的注册商标印制在自己商品的包装上

B. 某企业的洗洁精用“洁玉”商标，而“洁玉洗洁精”是一家知名企业的产品

C. 某茶叶生产企业将其茶叶产地标注为“西湖”，而其实际产地却是江南一个小山村

D. 某厂将本地知名企业的名称直接用于本厂产品包装上

【答案】ABCD

2）商业贿赂行为

商业贿赂行为，是指经营者采用财物或其他手段进行贿赂，暗中给予交易相对人或其有关人员好处以获得交易机会，或暗中接受回扣的行为。商业贿赂行为的特征包括：

（1）行为的主体是经营者和受经营者指使的人；

（2）主观上必须是故意，其目的是销售或者购买商品；

（3）贿赂的方式是给予财物或采用其他手段；

（4）强调“账外暗中”，即给予或接受回扣、佣金，只要如实入账，则法律不加

禁止。

暗中给予或接受回扣构成商业贿赂。《反不正当竞争法》规定，经营者不得采用财物或者其他手段进行贿赂以销售或者购买商品。在账外暗中给予对方单位或者个人财物的，以行贿论处；对方单位或者个人在账外暗中收受财物的，以受贿论处。所谓财物，是指现金和实物，包括经营者以报销各种费用等方式，给付对方单位或者个人的财物。所谓其他手段，是指如提供国内外各种名义的旅游、考察等给付财物以外的其他利益的手段。

想一想

销售员甲为了将自己企业的产品推销给采购员乙所在的企业，允诺将所有采购款的5%作为回扣给予乙。

请问：甲和乙该如何做才合法?

案例评析：根据以上法律规定，甲和乙必须向所在企业汇报有关回扣情况，并如实入账，才不构成商业贿赂行为。

小知识

回扣与折扣、佣金的区别

回扣，是指经营者销售商品时在账外暗中以现金、实物或者其他方式退给对方单位或者个人的一定比例的商品价款。折扣，即商品购销中的让利，是指经营者在销售商品时，以明示并如实入账的方式给予对方的价格优惠，包括支付价款时对价款总额按一定比例即时予以扣除和支付价款总额后再按一定比例予以退还两种形式。佣金，是指经营者在市场交易中给予为其提供服务的具有合法经营资格中间人的劳务报酬。折扣、佣金不是“账外”、“暗中”，不属于商业贿赂。

3）虚假广告宣传行为

虚假广告宣传行为，是指经营者利用广告或者其他方法，对商品或者服务作出与实际状况不符的宣传，误导其他经营者和消费者的行为。

根据《反不正当竞争法》的规定，经营者不得利用广告或其他方法，对商品的质量、制作成分、性能、用途、生产者、有效期限、产地等作引人误解的虚假宣传。广告的经营者不得在明知或者应知的情况下，代理、设计、制作、发布虚假广告。

虚假宣传行为具有如下特征：

（1）主体是经营者或者广告经营者。

（2）主观上，经营者不需要以主观过错为前提；而广告经营者必须在明知或应知的情况下，代理、设计、制作、发布虚假广告的行为，才构成虚假宣传。

（3）该行为发生在宣传过程中。

（4）虚假宣传达到了引人误解的程度。这里“误解”的标准是以一般公众的认识为标准，也就是说，明显夸张不会引起一般公众误解的，不属于虚假宣传。

某公司为了宣传其新开发的一款乳制品，虚构产品的一些保健功效，并将这些不实的保健功效设计成广告，委托某广告公司进行宣传，又聘请某明星做代言人，邀请某社会团体向消费者推荐，在报刊和电视上反复地发布引人误解的不实广告。根据《反不正当竞

争法》的规定，下列选项正确的是(　　)。

A. 某公司不论其主观状态如何，都必须对虚假广告承担法律责任

B. 广告公司只有在明知乳制品其保健功效虚假的情况下才承担法律责任

C. 明星代言人即使对厂商造假不知情，只要蒙骗了消费者，就应承担民事责任

D. 社会团体在虚假广告中向消费者推荐商品，应承担民事连带责任

【答案】AD

4）侵犯商业秘密行为

侵犯商业秘密行为，是指经营者非法获取、披露、使用或允许他人使用权利人的商业秘密的行为。

商业秘密是指不为公众所知悉、能为权利人带来经济利益、具有实用性并经权利人采取保密措施的技术信息和经营信息。技术信息包括技术诀窍、技术配方、工艺流程、程序及管理诀窍等，经营信息包括经营决策、客户名单、产销策略、货源情报等。

根据《反不正当竞争法》的规定，侵犯商业秘密的不正当竞争行为有以下几种情形：

（1）以盗窃、利诱、逼迫或者其他不正当竞争手段获取权利人的商业秘密；

（2）披露、使用或者允许他人使用以前项手段获取的权利人的商业秘密；

（3）违反约定或者违反权利人的有关保守商业秘密的要求，披露、使用或者允许他人使用其所掌握的商业秘密；

（4）第三人明知或者应知前款所列违法行为，获取、使用或者披露他人的商业秘密。

甲企业通过窃取的方式获得了乙企业一份关键的技术信息，该技术信息是乙企业竞争力的重要保证。甲企业通过与丙企业签订技术转让合同，将乙企业的技术信息有偿转让给丙企业，丙企业不知该信息系甲企业窃取所得，故使用该技术投入生产。

请问：甲企业与丙企业的行为是否违法?

案例评析：本案例中，甲企业以盗窃方式获得并允许他人使用乙企业的商业秘密，属于侵犯商业秘密行为；丙企业不知该商业秘密系违法所得，故不属于侵犯商业秘密行为。

5）低价倾销行为

低价倾销行为，是指经营者以排挤竞争对手为目的，以低于成本的价格销售商品的行为。

经营者不得以排挤竞争对手为目的，以低于成本的价格销售商品。但是，有下列情形之一的，不属于不正当竞争行为：

（1）销售鲜活商品；

（2）处理有效期限即将到期的商品或者其他积压商品；

（3）季节性降价；

（4）因清偿债务、转产、歇业降价销售商品。

某商场为了搞促销，称自己的销售价是“跳楼价”、“吐血价”，不计成本，回报顾客。后经调查，按照促销价商场仍有盈利。

请问：商场行为是不是低价倾销行为？

案例评析：《反不正当竞争法》规定，经营者不得以排挤竞争对手为目的，以低于成本的价格销售商品。此处所指经营者，只能是处于卖方地位的经营者，而且往往是具有实力、占据优势地位的企业。本案例中，某商场出于促销的目的谎称低价销售，实际上是虚假宣传行为，而不是低价倾销行为。

6）不正当有奖销售行为

不正当有奖销售行为，是指经营者违反诚实信用原则和公平竞争原则，利用物质、金钱或者其他经济利益引诱购买者与之交易，排挤竞争对手的不正当竞争行为。不正当有奖销售行为包括以下几种类型：

（1）采用谎称有奖或者故意让内定人员中奖的欺骗方式进行有奖销售；

（2）利用有奖销售的手段推销质次价高的商品；

（3）抽奖式的有奖销售，最高奖的金额超过 5 000 元。

世纪商厦展开有奖销售活动，公告中称：本活动分 2 次抽奖，第 1 次 1 等奖 5 名，各奖电视机 1 台（价值 3 500 元）；第 2 次 1 等奖 3 名，各奖空调 1 台（价值 2 500 元），不论第 1 次是否中奖，都可参加第 2 次抽奖。对此，下列说法正确的是（　　）。

A. 可以 2 次开奖，因每次的最高奖励额未超过 5 000 元，属于正当有奖销售

B. 可以 2 次开奖，但最高奖总值不得超过 5 000 元，该商厦构成不正当有奖销售

C. 是否正当有奖销售取决于最后抽奖结果是否出现一人连续 2 次中 1 等奖

D. 开奖不允许分 2 次进行，该商厦构成不正当有奖销售

【答案】B

7）诋毁商业信誉行为

诋毁商业信誉行为也称商业诽谤行为，是指经营者自己或利用他人，通过捏造、散布虚假事实等不正当手段，对竞争对手的商业信誉、商品声誉进行恶意的诋毁，以削弱其市场竞争能力，并为自己牟取不正当利益的行为。

《反不正当竞争法》规定，经营者不得捏造、散布虚假事实，损害竞争对手的商业信誉、商品声誉。依此规定，构成商业诋毁行为须符合以下 4 个要件：

（1）行为主体是从事商品经营或者提供服务的经营者，可以是经营者本人实施对竞争对手的商业诋毁行为，也可以是自己不实施而利用他人实施此种行为。

（2）行为人主观上是故意的，而不是过失。因过失造成竞争对手商业信誉或商品信誉的损害，虽要承担相应的损害赔偿责任，但这种行为不构成商业诋毁，其性质不属于不正当竞争。

（3）侵害对象是竞争对手的商业信誉、商品声誉。

（4）行为在客观上表现为捏造、散布虚假事实，对竞争对手的商业信誉、商品声誉进行诋毁、贬低，给其造成或可能造成一定的损害后果。

想一想

甲、乙两厂均为某市生产饮料的企业，使用在饮料上的商标分别注册为 A 和 B。其中，甲厂是老牌企业，乙厂是后起之秀。乙厂饮料质优价廉、销路很好，导致甲厂的经济

效益下降。甲厂为在竞争中取胜，在该市电视台加大广告宣传力度，广告词中称：目前本市有一些厂家生产的同类产品，与本厂生产的保健饮料在质量上有根本差别，是本厂产品的仿制品，唯有本厂生产的A牌饮料不含化学成分，才是正宗的，提请广大消费者注意，购买保健饮料时请认准A牌商标，谨防上当受骗。

甲厂的广告在市电视台播出后，许多经营乙厂保健饮料的客户纷纷找乙厂退货，称其为仿制产品，致使乙厂生产严重滑坡，造成近10万元的经济损失。于是，乙厂向工商行政管理部门反映，要求对甲厂的不正当竞争行为进行处理。请根据以上材料分析：

（1）甲厂行为的性质是什么？

（2）工商行政管理机关应如何处理此案？

案例评析：（1）甲厂的行为既是一种引人误解的虚假宣传的不正当竞争行为，同时也是一种诋毁他人名誉的不正当竞争行为。根据法律规定，经营者不得利用广告或其他方式，对商品的质量、制作成分、性能、用途、生产者、有效期限、产地等作引人误解的虚假宣传。经营者不得捏造、散布虚假事实，损害竞争对手的商业信誉和商品信誉。

（2）根据法律规定，经营者利用广告或者其他方式对商品作虚假宣传的，监督检查部门应当责令停止违法行为、消除影响，可以根据情节处以1万~20万元的罚款。工商行政管理部门依据上述规定，应责令甲厂停止播放和刊登广告，通过电视台和报纸说明事实真相，向乙厂声明道歉，并可在法定幅度内处以罚款。

3. 经营者违反《反不正当竞争法》的法律责任

1）损害赔偿责任

经营者进行不正当竞争行为，给被侵害的经营者造成损害的，应当承担赔偿责任。被侵害的经营者损失难以计算的，赔偿额为侵权人在侵权期间所获得的利润，并应当承担被侵害的经营者因调查该经营者侵害其合法权益的不正当竞争行为所支付的合理费用。被侵害的经营者可依法向法院起诉。

2）行政责任和刑事责任

监督检查部门发现不正当竞争行为，可以责令经营者停止违法行为，并处以罚款；情节严重的吊销营业执照、没收违法所得等；构成犯罪的，依法追究刑事责任。

拓展阅读

宝洁诉晨铉

2000年5月17日，上海市中级人民法院正式开庭审理晨铉智能科技发展有限公司和宝洁公司之间“域名抢注”不正当竞争案。

原告美国宝洁公司称，自1962年起该公司在美国、德国、日本等多个国家和地区注册了“safeguard”商标。1976年5月，在中国申请注册了“safeguard”商标，续展有效期至2006年5月。1994年6月，该公司向中国工商局申请注册了“safeguard/舒肤佳”商标，有效期至2004年6月。然而，1999年1月，被告晨铉公司的前身——上海晨铉科贸有限公司向中国互联网络信息中心申请注册了“safeguard. com. cn”域名。宝洁公司认为，晨铉公司的行为损害了宝洁公司的合法利益。

法院经审理认为，类别域名“. com”的注册人均系商业性组织。如果该商业性组织的域名与他人知名的注册商标相同，会使人们产生误认，域名持有人将或明或暗获得注册商标持有人的利益。所以，如果在“. com”类别域名前注册的三级或二级域名，与他人在市场上享有较高声誉并为相关公众所熟知的注册商标相同，该行为有悖于我国《商标法》和《反不正当竞争法》的法律精神。宝洁公司“safeguard/舒肤佳”注册商标在消费者中认知率高，声誉良好，被国家工商局列为重点保护商标。晨铉公司的行为属恶意注册，已构成不正当竞争。

10 月 9 日，上海市中级人民法院对该市首例抢注域名的不正当竞争案作出一审判决：被告上海晨铉智能科技发展有限公司注册的“safeguard. com. cn”域名无效，应当立即停止使用并撤销。

本案中，safeguard 英文的意思为保护措施、防护措施、安装装置，保护者。上海晨铉智能科技发展有限公司主要从事的业务是住宅小区智能化综合管理系统，如住宅报警、物业管理系统等，其选择“safeguard”作为自己的域名并无不妥，也无所谓恶意。凑巧的是“宝洁”的产品商标用的也是“safeguard”，而且都是经过正式注册被确认的。当两个“safeguard”在市场上撞在一起时，法院将天平倾向了后者。宝洁与晨铉两公司之间业务、市场范围相去甚远，几乎可以说不存在竞争关系。对于没有竞争关系的两个主体之间是否可以适用《反不正当竞争法》呢?

《反不正当竞争法》涉及的竞争关系，并不限于同一相关市场上的经营者之间的竞争关系，而是一种很宽泛的概念。我国《反不正当竞争法》规定，不论侵害竞争对手、其他经营者，还是侵犯消费者权益的行为，都可以构成反不正当竞争行为，因此，不正当竞争行为不一定要求严格的竞争关系。这种精神在具体行为的规定中都有体现，比如，回扣、虚假广告、伪造产地等标志这类没有直接相对人、无法形成严格竞争关系的案件也适用《反不正当竞争法》。

综上所述，尽管在本案中法院没有专门提到竞争关系的问题，但从我国的立法精神来看，法院的判决是合理的。

课后练习

一、选择题

1. 反不正当竞争行为侵害的客体是(　　)。

A. 用户　　B. 消费者

C. 国家机关　　D. 其他经营者的合法权益

2. 强制性交易行为通常表现为(　　)。

A. 用户可以选择不购买其指定的产品

B. 消费者不用购买其提供的不必要的商品及配件

C. 对不接受其不合理条件的用户消费者拒绝、中断或消减供应相关商品，或者滥收费用

D. 消费者不用购买其指定的经营者提供的不必要的商品

3. 欺骗性交易行为是(　　)。

A. 交易手段　　B. 暴利行为

C. 侵犯商业秘密行为　　D. 恶性竞争行为

4. 商业贿赂是(　　)。

A. 不正当竞争行为　　B. 正当竞争行为

C. 只是一般违法行为　　D. 双方自愿就不属于不正当竞争行为

5. 下列行为属于低价倾销行为的是(　　)。

A. 销售鲜活商品

B. 为排挤竞争对手以低于成本价销售时令商品

C. 季节性降价

D. 因清偿债务、转产、歇业降价销售商品

6. 违背意愿的搭售行为的特点是(　　)。

A. 不正当　　B. 附条件　　C. 可选择　　D. 不强制

7. 投标者串通投标，抬高标价或压低标价的形式主要有(　　)。

A. 投标者之间相互串通，一致抬高标价

B. 投标者之间相互串通，一致压低标价

C. 投标者相互串通轮流以高价或低价中标

D. 投标者相互间就标价以外的其他事项串通

8. 假冒他人注册商标是(　　)。

A. 经营者故意或过失侵犯他人注册商标的行为

B. 侵犯他人注册商标专用权的行为

C. 不正当竞争行为

D. 应受法律制止的行为

9. 构成商业诋毁的要件是(　　)。

A. 主观是故意的

B. 主观是过失的

C. 客观是捏造、散布虚假事实

D. 侵害对象是竞争对手的商业信誉、商品声誉

二、简答题

1. 什么是滥用行政权力行为？这种行为通常有哪些表现形式？

2. 什么是低价倾销行为？它的危害是什么？

三、案例分析

甲企业通过捏造、散布虚假事实，损害了乙企业的商誉，使其产品销量大减。后经过调查统计，在侵害乙企业商誉期间，甲企业产品销量激增，共销售产品金额 1 000 万元，获利 100 万元。乙企业的销售损失则难以计算，并且为了调查甲企业的不正当竞争行为，乙企业共花去各项合理费用计 10 万元。请问：

（1）甲企业的行为是否属于不正当竞争行为？为什么？

（2）乙企业可以要求哪些赔偿？为什么？

4.2 消费者权益保护法

案例导入

2012年5月，张某与刘某至某百货商场化妆品自选柜台选购化妆品。两人在此挑选、试用化妆品约20分钟，终因未曾选中合适的化妆品而离开商场。当两人走到商场门口时，化妆品自选柜台的营业员和一位保安人员追了上来，指控其偷了化妆品柜台陈列的货物，两人坚决否认，双方相持不下。这时，另一位商场保安人员上来对张某与刘某说："请你们到商场保卫科把事情说清楚。"到保卫科后，商场保安人员要求检查张某与刘某随身所带的皮包，遭到后者的拒绝。保安人员对张某与刘某说："如果你们确实没有偷窃商场的货物，就应该接受我们的检查来证明你们的清白。"迫于无奈，张某与刘某交出了自己的皮包。经检查，未发现任何商场的化妆品。保安人员进一步提出要对两人搜身检查并立即找来两位女营业员对张某与刘某强行进行搜身检查，仍然没有找到任何商场的东西。事后，张某与刘某愤然离开了这家百货商场。

2012年6月1日，张某与刘某以该百货商场损害了自己的人格尊严为由提出诉讼，要求该商场赔礼道歉，为其恢复名誉并赔偿精神损失费3 000元。

请问：法院应支持张某与刘某的诉讼吗？为什么？

任务驱动

任务内容：搜集并分析消费者权益被侵犯的案例。

任务布置：通过各种媒体搜集消费者权益被侵犯的案例，并结合本单元所学知识在班级中进行交流，增强维护消费者权益的意识和能力。

任务驱动

4.2.1 消费者权益保护法概述

《中华人民共和国消费者权益保护法》（以下简称《消费者权益保护法》）是保护消费者合法权益方面的基本法律。它的立法目的是为了保护消费者的合法权益，维护社会经济秩序，促进社会主义市场经济的健康发展。

1. 消费者权益保护法的概念

消费者权益保护法，是指调整在保护消费者权益过程中发生的经济关系的法律规范的总称。所谓消费者，是指为了满足个人生活消费需要而购买、使用商品或接受服务的人。消费者权益，是指消费者依法享有的权利及该权利受到保护时而给消费者带来的应得利益，其核心是消费者的权利。

2. 消费者权益保护法的适用范围

消费者为生活消费需要购买、使用商品或者接受服务，经营者为消费者提供其生产、销售的商品或者提供服务，必须遵守该法。此外，农民购买、使用直接用于农业生产的生产资料，参照该法执行。

想一想

"国际消费者权益日"是每年的哪一天？你能列举出近几年中国消费者协会确定的年

主题吗?

4.2.2　消费者的权利与经营者的义务

1. 消费者的权利

1）人身、财产安全权

消费者在购买、使用商品和接受服务时享有人身、财产安全不受损害的权利。消费者有权要求经营者提供的商品和服务，符合保障人身、财产安全的要求。

2）知悉真情权

消费者享有知悉其购买、使用的商品或者接受的服务的真实情况的权利。消费者有权根据商品或者服务的不同情况，要求经营者提供商品的价格、产地、生产者、用途、性能、规格、等级、主要成分、生产日期、有效期限、检验合格证明、使用方法说明书、售后服务，或者服务的内容、规格、费用等有关情况。

3）自主选择权

消费者有权根据自己的消费愿望、兴趣、爱好和需要，自主地、充分地选择商品或者服务。主要内容包括：有权自主选择经营者；有权自主选择商品品种或服务方式；有权自主决定是否购买或接受服务；自主选择商品或服务时，有权进行比较、鉴别和挑选。

4）公平交易权

消费者购买商品或接受服务，是一种市场交易行为，如果经营者违背自愿、平等、公平、诚实信用等原则进行交易，则侵犯了消费者的公平交易权。消费者的公平交易权主要表现在：有权获得公平交易条件；有权拒绝经营者的强制交易行为。

5）依法求偿权

消费者因购买、使用商品或者接受服务受到人身、财产损害时，享有依法获得赔偿的权利。

6）依法结社权

消费者享有依法成立维护自身合法权益的社会团体的权利。

7）获得知识权

消费者享有获得有关消费和消费者权益保护方面的知识的权利。消费者应当努力掌握所需商品或者服务的知识和使用技能，正确使用商品，提高自我保护意识。

8）人格尊严和民族风俗习惯受尊重的权利

消费者在购买、使用商品和接受服务时，享有其人格尊严、民族风俗习惯得到尊重的权利。

9）监督批评权

消费者享有对商品和服务以及保护消费者权益工作进行监督的权利。消费者有权检举、控告侵害消费者权益的行为和国家机关及其工作人员在保护消费者权益工作中的违法失职行为，有权对保护消费者权益工作提出批评、建议。

消费者小周在一家商店选购某电视机时，因该品牌电视机的款式、质量不合心意，取消了购买的打算。正当他准备离开时，却被该产品的促销员拦住，称小周必须要买一台，否则不允许离开。促销员的行为侵犯了小周的(　　)。

A. 公平交易权　B. 自主选择权　C. 受尊重权　D. 知悉真情权

【答案】B

2. 经营者的义务

1）依法定或约定履行义务

经营者向消费者提供商品或者服务，应当依照产品质量法和其他有关法律、法规的规定履行义务。经营者和消费者有约定的，应当按照约定履行义务，但双方的约定不得违背法律、法规的规定。

2）听取意见和接受监督义务

经营者应当听取消费者对其提供的商品或者服务的意见，接受消费者的监督。

3）保障人身和财产安全义务

为了有效实现消费者的保障安全权，经营者应当保证其提供的商品或服务符合保障人身、财产安全的要求；对于可能危及人身、财产安全的商品或服务，应当向消费者作出真实的说明和明确的警示，并说明和表明正确使用商品或服务的方法以及防止危害发生的方法。经营者发现其提供的商品或服务存在严重缺陷，即使正确使用商品或接受服务仍然可能对人身、财产安全造成危害的，应当立即向有关部门报告和告知消费者，并应采取防止危害发生的措施。

4）不作虚假宣传义务

为了保证消费者的知悉真情权，经营者应向消费者提供有关商品或服务的真实信息，不得作引人误解的虚假宣传。经营者对消费者就其提供的商品或服务的质量和使用方法等具体问题提出询问时，应当作出真实、明确的答复。在价格标示方面，商店在提供商品时，应当明码标价。

5）出具相应的凭证和单据义务

经营者在提供商品或服务时，应当按照国家有关规定或商业惯例向消费者出具购货凭证或服务单据；消费者索要购买凭证或服务单据的，经营者必须出具。

6）保证质量义务

经营者应当保证在正常使用商品或者接受服务的情况下，其提供的商品或者服务应当具有的质量、性能、用途和有效期限；但消费者在购买该商品或者接受该服务前已经知道其存在瑕疵的除外。经营者以广告、产品说明、实物样品或者其他方式表明商品或者服务的质量状况的，应当保证其提供的商品或者服务的实际质量与表明的质量状况相符。

7）承担“三包”义务

经营者提供商品或者服务，按照国家规定或者与消费者的约定，承担包修、包换、包退或者其他责任的，应当按照国家规定或者约定履行，不得故意拖延或者无理拒绝。

8）公平交易义务

经营者不得以格式合同、通知、声明、店堂告示等方式作出对消费者不公平、不合理的规定，或者减轻、免除其损害消费者合法权益应当承担的民事责任。格式合同、通知、声明、店堂告示等含有上述内容的，其内容无效。

9）尊重消费者人格尊严义务

经营者不得对消费者进行侮辱、诽谤，不得搜查消费者的身体及其携带的物品，不得侵犯消费者的人身自由。

下列店堂告示，没有违反《消费者权益保护法》的规定的是(　　)。

A. “本店商品一旦售出概不退换”

B. “购买总额在10元以下者，请恕本商场不开发票”

C. “钱物请当面点清，否则后果自负”

D. “如售假药，包赔顾客20 000元”

【答案】D

4.2.3　消费者合法权益的保护

1. 国家对消费者合法权益的保护

1）立法机关的保护

国家在制定有关消费者权益的法律、法规和政策时，应听取消费者的意见和要求。

2）行政机关的保护

各级人民政府应当加强领导，组织、协调、督促有关行政部门做好保护消费者合法权益的工作。各级人民政府应当加强监督，预防危害消费者人身、财产安全行为的发生，及时制止危害消费者人身、财产安全的行为。各级人民政府工商行政管理部门和其他有关行政部门应当依照法律、法规的规定，在各自的职责范围内，采取措施，保护消费者的合法权益。有关行政部门应当听取消费者及社会团体对经营者交易行为、商品和服务质量问题的意见，及时调查处理。

3）有惩处权力的国家机关的保护

有关国家机关应当依照法律、法规的规定，惩处经营者在提供商品和服务中侵害消费者合法权益的违法犯罪行为。

4）人民法院的保护

人民法院应当采取措施，方便消费者提起诉讼。对符合《民事诉讼法》起诉条件的消费者权益争议，必须受理，并应及时审理。

2. 社会对消费者合法权益的保护

1）消费者协会

消费者协会和其他消费者组织是依法成立的，对商品和服务进行社会监督的保护消费者合法权益的社会团体。它们不得从事商品经营和营利性服务，不得以牟利为目的向社会推荐商品和服务。

2）消费者协会的职能

(1) 向消费者提供消费信息和咨询服务；

(2) 参与有关行政部门对商品和服务的监督、检查；

(3) 就有关消费者合法权益的问题，向有关行政部门反映、查询，提出建议；

(4) 受理消费者的投诉，并对投诉事项进行调查、调解；

(5) 投诉事项涉及商品和服务质量问题的，可以提请鉴定部门鉴定，鉴定部门应当告知鉴定结论；

(6) 就损害消费者合法权益的行为，支持受损害的消费者提起诉讼；

(7) 对损害消费者合法权益的行为，通过大众传播媒介予以揭露、批评。

保护消费者的合法权益是(　　)的共同责任。

A. 工商局和消费者权益保护协会　　B. 政府与消费者权益保护协会

C. 全社会　　D. 社会团体

【答案】C

4.2.4　争议的解决

1. 争议的解决途径

消费者和经营者发生消费者权益争议的，可以通过下列途径解决：与经营者协商和解；请求消费者协会调解；向有关行政部门申诉；根据与经营者达成的仲裁协议提请仲裁机构仲裁；向人民法院提起诉讼。

2. 承担损害赔偿责任主体的确定

1) 销售者、生产者、服务者、经营者承担

(1) 消费者在购买、使用商品时，其合法权益受到损害的，可以向销售者要求赔偿。销售者赔偿后，属于生产者的责任或者属于向销售者提供商品的其他销售者的责任的，销售者有权向生产者或者其他销售者追偿。

(2) 消费者或者其他受害人因商品缺陷造成人身、财产损害的，可以向销售者要求赔偿，也可以向生产者要求赔偿。属于生产者责任的，销售者赔偿后，有权向生产者追偿。属于销售者责任的，生产者赔偿后，有权向销售者追偿。

(3) 消费者在接受服务时，其合法权益受到损害的，可以向服务者要求赔偿。

(4) 消费者在展销会、租赁柜台购买商品或者接受服务，其合法权益受到损害的，可以向销售者或者服务者要求赔偿。展销会结束或者柜台租赁期满后，也可以向展销会的举办者、柜台的出租者要求赔偿。展销会的举办者、柜台的出租者赔偿后，有权向销售者或者服务者追偿。

(5) 消费者因经营者利用虚假广告提供商品或者服务，其合法权益受到损害的，可以向经营者要求赔偿。广告的经营者发布虚假广告的，消费者可以请求行政主管部门予以惩处。广告的经营者不能提供经营者的真实名称、地址的，应当承担赔偿责任。

2) 变更后的企业承担

消费者在购买、使用商品或者接受服务时，其合法权益受到损害，因原企业分立、合并的，可以向变更后承受其权利义务的企业要求赔偿。

3) 营业执照的使用人或持有人承担

使用他人营业执照的违法经营者提供商品或者服务，损害消费者合法权益的，消费者可以向其要求赔偿，也可以向营业执照的持有人要求赔偿。

甲借用乙的营业执照销售商品，消费者丙从甲雇用的营业员丁处购买商品时合法权益受损。消费者丙就其损失请求赔偿的对象是(　　)。

A. 只能是甲　　B. 只能是乙、甲

C. 只能是丁　　　　D. 可以是甲，也可以是乙

【答案】D

4.2.5　侵犯消费者权益应当承担的法律责任

1. 民事责任

1）一般性规定

经营者提供商品或者服务有下列情形之一的，除《消费者权益保护法》另有规定外，应当依照《产品质量法》和其他有关法律、法规的规定，承担民事责任：

（1）商品存在缺陷；

（2）不具备商品应当具备的使用性能而出售时未作说明；

（3）不符合在商品或者其包装上注明采用的商品标准；

（4）不符合商品说明、实物样品等方式表明的质量状况；

（5）生产国家明令淘汰的商品或者销售失效、变质的商品；

（6）销售的商品数量不足；

（7）服务的内容和费用违反约定；

（8）对消费者提出的修理、重作、更换、退货、补足商品数量、退还货款和服务费用或者赔偿损失的要求，故意拖延或者无理拒绝；

（9）法律、法规规定的其他损害消费者权益的情形。

2）人身责任

经营者提供商品或者服务，造成消费者或者其他受害人人身伤害的，应当支付医疗费、治疗期间的护理费、因误工减少的收入等费用；造成残疾的，还应当支付残疾者生活自助用具费、生活补助费、残疾赔偿金以及由其抚养的人所必需的生活费等费用。

3）财产责任

经营者提供商品或者服务，造成消费者财产损害的，区别不同情况承担相应财产责任。

（1）经营者提供商品或者服务，造成消费者财产损害的，应当按照消费者的要求，以修理、重作、更换、退货、补足商品数量、退还货款和服务费用或者赔偿损失等方式承担民事责任。消费者与经营者另有约定的，按照约定履行。

（2）对国家规定或者经营者与消费者约定包修、包换、包退的商品，经营者应当负责修理、更换或者退货。在保修期内两次修理仍不能正常使用的，经营者应当负责更换或者退货。对包修、包换、包退的大件商品，消费者要求经营者修理、更换、退货的，经营者应当承担运输等合理费用。

（3）经营者以邮购方式提供商品的，应当按照约定提供。未按照约定提供的，应当按照消费者的要求履行约定或者退回货款，并应当承担消费者必须支付的合理费用。

（4）经营者以预收款方式提供商品或者服务的，应当按照约定提供。未按照约定提供的，应当按照消费者的要求履行约定或者退回预付款，并应当承担预付款的利息及消费者必须支付的合理费用。

（5）依法经有关行政部门认定为不合格的商品，消费者要求退货的，经营者应当负责退货。

（6）经营者提供商品或者服务有欺诈行为的，应当按照消费者的要求增加赔偿其受到的损失，增加赔偿的金额为消费者购买商品的价款或者接受服务的费用的一倍。

2. 行政责任

经营者有下列情形之一，《产品质量法》和其他有关法律、法规对处罚机关和处罚方式有规定的，依照法律、法规的规定执行；法律、法规未作规定的，由工商行政管理部门责令改正，可以根据情节单处或者并处警告、没收违法所得、处以违法所得1～5倍的罚款，没有违法所得的，处以1万元以下的罚款；情节严重的，责令停业整顿、吊销营业执照：

（1）生产、销售的商品不符合保障人身、财产安全要求；

（2）在商品中掺杂、掺假，以假充真，以次充好，或者以不合格商品冒充合格商品；

（3）生产国家明令淘汰的商品或者销售失效、变质的商品；

（4）伪造商品的产地，伪造或者冒用他人的厂名、厂址，伪造或者冒用认证标志、名优标志等质量标志；

（5）销售的商品应当检验、检疫而未检验、检疫或者伪造检验、检疫结果；

（6）对商品或者服务作引人误解的虚假宣传；

（7）对消费者提出的修理、重作、更换、退货、补足商品数量、退还货款和服务费用或者赔偿损失的要求，故意拖延或者无理拒绝；

（8）侵害消费者人格尊严或者侵犯消费者人身自由；

（9）法律、法规规定的对损害消费者权益应当予以处罚的其他情形。

经营者对行政处罚决定不服，可以自收到处罚决定之日起15日内向上一级机关申请复议；对复议决定不服，可以自收到复议决定书之日起15日内向人民法院提起诉讼，也可以直接向人民法院提起诉讼。

3. 刑事责任

（1）经营者提供商品或者服务，造成消费者或其他受害人人身伤害或死亡，构成犯罪的，依法追究刑事责任。

（2）以暴力、威胁等方法阻碍有关行政部门工作人员依法执行职务，依法追究刑事责任。

（3）国家机关工作人员玩忽职守或者包庇经营者侵害消费者合法权益的行为，情节严重，构成犯罪的，依法追究刑事责任。

对经营者的下列行为，消费者可以依法按其所支付价款的两倍要求经营者赔偿其损失的是（　　）。

A. 不具备产品应当具备的性能而事先未作说明

B. 所售产品包装上未注明出厂日期和保质期

C. 谎称某国内私营企业产品为“美国进口原装”

D. 出售国家明令淘汰的产品

【答案】C

拓展阅读

消费者权益保护法修改五大看点

2013 年 4 月 23 日，全国人大常委会审议消费者权益保护法修正案草案（以下简称草案）。这意味着在我国实施已经近 20 年后，随着人们消费方式、消费结构和消费理念的巨大变化，这部法律的修改进入实质性阶段。

如何规范和保护“网购时代”消费？怎样确保消费者信息安全？产品质量不过关，退货是否顺畅？消费者维权“举证难”何时了？这些消费者普遍关心的问题，草案均有涉及。

看点一：法律将对网购欺诈说“不”

随着信息技术发展，网购逐渐成为人们购物的主流方式之一。但由于这种消费方式不易辨别商品真实性，投诉的数量一直居高不下。

对此，草案作出规定，首先是要确保消费者的知情权：采用网络、电视、电话、邮购等方式提供商品或者服务的经营者，以及从事证券、保险、银行业务的经营者，应当向消费者提供经营地址、联系方式、商品或者服务的数量和质量、价款或者费用、履行期限和方式、风险警示、售后服务、民事责任等真实、必要的信息。在保护网购消费者选择权方面，草案赋予消费者在适当期间单方解除合同的权利：消费者有权自收到商品之日起七日内退货，但根据商品性质不宜退货的除外。经营者应当自收到退回货物之日起七日内返还消费者支付的价款。在保护消费者的损失赔偿请求权方面，草案规定当网络交易平台上的销售者、服务者不再利用该平台时，消费者可以向网络交易平台提供者要求赔偿。

看点二：对于消费者个人信息，经营者不得擅自泄露

个人信息保护是目前困扰消费者的一个突出问题。实践中有的经营者非法收集、使用消费者个人信息，擅自泄露或非法向他人提供消费者个人信息，严重影响了消费者正常生活，侵害了消费者合法权益。

对此，草案明确：消费者在购买、使用商品和接受服务时，享有人格尊严、民族风俗习惯得到尊重的权利，享有姓名权、肖像权、隐私权等个人信息得到保护的权利。草案还规定，经营者收集、使用消费者个人信息，应当遵循合法、正当、必要的原则，明示收集、使用信息的目的、方式和范围，并经被收集者同意。经营者收集、使用消费者个人信息，应当公开其收集、使用规则，不得违反法律、法规的规定和双方的约定。经营者及其工作人员对收集的消费者个人信息必须严格保密，不得泄露、篡改、毁损，不得出售或者非法向他人提供。经营者应当采取技术措施和其他必要措施，确保信息安全，防止消费者个人信息泄露、毁损、丢失。在发生或者可能发生信息泄露、毁损、丢失的情况时，应当立即采取补救措施。草案还规定，经营者未经消费者同意或者请求，或者消费者明确表示拒绝的，不得向其发送商业性电子信息。

看点三：商品“三包”，七日不再是硬约束

商品的服务和质量，关系消费者日常生活，涉及消费者的人身、财产安全。所以，强化退货、更换、修理的“三包”规定是促使保证商品和质量的有效措施。

据此，草案规定：经营者提供商品或者服务不符合质量要求的，消费者可以依照国家规定和当事人约定退货，或者要求经营者履行更换、修理等义务；没有国家规定和当事人约定的，消费者可以自收到商品之日起七日内退货。七日后，符合合同法规定的解除合同条件的，消费者可以及时退货，不符合的，可要求经营者履行更换、修理等义务。

看点四：对于缺陷商品，消费者或将不再“举证难”

不少消费者有这样的感受，在商品房、网购、金融消费等领域，面临的最大问题是维权难，维权成本高。举证难是维权难的主要原因之一。

对此，草案明确了经营者的举证责任，规定：经营者提供的机动车、微型计算机、电视机、电冰箱等耐用商品或者装饰装修等服务，自消费者接受商品或者服务之日起六个月内出现瑕疵，发生纠纷的，由经营者承担相关举证责任。

看点五：对于欺诈行为可增加两倍的赔偿金

草案加大了对欺诈行为的惩罚力度。草案规定：经营者提供商品或者服务有欺诈行为的，应当按照消费者的要求增加赔偿其受到的损失，增加赔偿的金额为消费者购买商品的价款或者接受服务费用的两倍；增加赔偿的金额不足五百元的，为五百元。法律另有规定的，依照其规定。经营者有明知商品或者服务存在缺陷，仍然向消费者提供的欺诈行为，造成消费者或者其他受害人死亡或者健康严重受损的，依法追究刑事责任；受害人有权要求所受损失两倍以下的民事赔偿。

课后练习

一、选择题

1. 消费者为(　　)消费需要购买、使用商品或接受服务，其权益受《消费者权益保护法》保护。

A. 生产　　B. 生活　　C. 生产和生活　　D. 个人

2. 经营者提供商品或者服务有欺诈行为的，应当按照消费者的要求增加赔偿其受到的损失，增加赔偿的金额为消费者购买商品的价款或接受服务的费用的(　　)。

A. 1 倍　　B. 2 倍　　C. 3 倍　　D. 4 倍

3. 对国家规定或者经营者与消费者约定包修、包换、包退的商品，经营者应当负责修理、更换或者退货。在保修期内(　　)次修理但仍不能正常使用的，经营者应当负责更换或者退货。

A. 1　　B. 2　　C. 3　　D. 4

4. 甲厂生产一种易拉罐装碳酸饮料。消费者丙从乙商场购买这种饮料后，在开启时被罐内强烈气流炸伤眼部，下列正确的是(　　)。

A. 丙只能向乙索赔

B. 丙只能向甲索赔

C. 丙只能向消费者协会投诉，请其确定向谁索赔

D. 丙可向甲、乙中的一个索赔

二、判断题

1. 消费者协会是依法成立的保护消费者合法权益的社会团体。在保证商品质量和服务质量的前提下，它可以从事商品经营和盈利性服务。（　　）

2. 消费者有权根据商品或服务的不同情况，要求经营者提供商品的检验合格证明、使用方法说明书和售后服务等情况的说明。（　　）

3. 我国《消费者权益保护法》保护一切有偿取得商品和服务、满足生产消费的物质文化消费的单位和个人。（　　）

4. 使用他人营业执照的违法经营者提供商品或服务，损害消费者合法权益的，消费者可以向其要求赔偿，也可以向营业执照的持有人要求赔偿。（　　）

三、简答题

1.《消费者权益保护法》中规定消费者享有哪些权利？

2.《消费者权益保护法》中规定经营者应承担的义务有哪些？

3. 消费者和经营者发生消费者权益争议的，有哪些解决途径？

4.3 产品质量法

案例导入

2012 年 7 月，某企业从本市建材市场王某处购买水泥空心预制板建仓库。付款后由王某送货到某企业建筑工地。建房过程中，当安装到第四块预制板时，已安装好的第二块突然发生断裂，致使站在上面工作的工人滑落至地面，受到不同程度的伤害。该事故致使该企业建房工程中断，为受伤的工人治病花去的治疗费近 1 万元。

事故发生后，该企业向市监督局投诉，要求对预制板进行技术检验。市监督局进行检验后，结果为预制板不合格。于是，该企业将王某告上法庭，依照《中华人民共和国产品质量法》要求赔偿相应损失。王某认为本案应属于建筑工程中的事件，不应当适用《中华人民共和国产品质量法》。

请问：该企业是否可以向王某要求赔偿？可以要求哪些赔偿？

案例评析：根据《中华人民共和国产品质量法》规定，因产品存在缺陷造成受害人人身伤害的，侵害人应当赔偿医疗费、治疗期间的护理费、因误工减少的收入等费用。所以该企业可以向王某要求赔偿 1 万元治疗费及其他合理费用。

任务驱动

任务内容：调查分析产品质量安全案件背后的根源及解决措施。

任务布置：将班级学生分成几个调查小组，搜集近期发生的产品质量安全的真实案例和资料，分析讨论这些现象的根源，并提出小组的法律建议和社会建议。

知识链接

4.3.1 产品与产品质量

属于《中华人民共和国产品质量法》中产品范围的有(　　)。

A. 桥梁　　B. 装修材料　　C. 猎物　　D. 电脑

【答案】BD

《中华人民共和国产品质量法》（以下简称《产品质量法》）于1993年2月22日通过，1993年9月1日实施；2000年7月8日对该法进行了修正，于2000年9月1日实施。该法的立法宗旨是加强对产品质量的监督管理，明确产品质量责任，保护用户和消费者的合法权益，维护社会经济秩序。

产品质量法是调整生产、流通和消费过程中因产品质量而发生的社会关系的法律规范的总称。

1. 产品

《产品质量法》第2条规定："在中华人民共和国境内从事产品生产、销售活动，必须遵守本法。本法所称产品是指经过加工、制作，用于销售的产品。建设工程不适用本法规定；但是，建设工程使用的建筑材料、建筑构配件和设备，属于前款规定的产品范围的，适用本法规定。"

产品是明确的法律术语，具有严格的法律意义，具体而言，《产品质量法》的适用范围包括：

（1）凡在中华人民共和国境内从事产品生产、销售活动，必须遵守本法。包括在中国境内的外商投资企业，包括进出口产品的生产者和销售进口商品的销售者。

（2）加工、制作是指改变原材料、毛坯或半成品的形状、性质或表面状态，使之达到规定要求的各种工艺的统称。产品必须经过加工、制作，排除了未经加工的天然品，初级农产品如农、林、牧、渔等产品以及原矿、原煤、原油、天然气等。

（3）本法所称产品不包括建设工程等不动产，但建设工程使用的建筑材料、建筑构配件和设备适用本法。常见的建筑材料有砖、石灰、水泥、混凝土、木材、建筑用钢材等。

（4）不适用军工产品。军工产品一般不能在市面上自由销售，因此不纳入产品范畴。

（5）仅针对产品的生产、销售环节进行规范，而在运输、仓储环节中发生的产品质量纠纷不受本法调整。

2. 产品质量

国际标准化组织颁布的ISO 8402-86标准，将质量定义为"产品和服务规定或者潜在需要的特征和特性的总和"。可以理解为适用性、安全性、可靠性、可用性、可维修性、经济性等目标。产品质量是指由国家法律专门标准规定，以及由合同约定的，对产品适用、安全和其他特性的综合要求。

4.3.2　产品质量监督

1. 产品质量监督体制

《产品质量法》规定，国务院产品质量监督部门主管全国产品质量监督工作。国务院有关部门在各自的职责范围内负责产品监督工作。县级以上地方产品质量监督部门主管本行政区域内的产品质量监督工作。县级以上地方人民政府有关部门在各自的职责范围内负责产品质量监督工作。法律对产品质量的监督部门另有规定的，依照有关法律的规定执行。

1）产品质量监督行政主管部门

国务院产品质量监督部门主管全国产品质量监督工作。国务院产品质量监督部门是指国家质量监督检验检疫总局，负责管理全国标准化、计量、质量监督工作，并对质量管理进行宏观指导。县级以上地方产品质量监督部门主管本行政区域内的产品质量监督工作。

2）产品质量的专业监督部门

法律所称“国务院有关部门”、“县级以上地方人民政府有关部门”，指国务院和县级以上地方人民政府设置的有关行业主管部门。由此，除各级产品质量监督部门，各级人民政府的其他行业主管部门，根据同级人民政府授予的权限，负责本行政区域内本行业的产品质量监督工作。

另外，针对某些特殊产品，国家设立专门的产品质量监督机构。如法律规定，国家及地方食品药品监督管理局负责全国和地方的食品和药品监督工作。

产品质量监督部门和各级人民政府有关部门应当在各自的职责范围内引导、督促生产者、销售者加强产品质量管理，提高产品质量，依法采取措施，制止产品生产、销售中违反法律规定的行为。

2. 产品质量的管理制度

1）产品质量检验制度

《产品质量法》规定：“产品质量应当检验合格，不得以不合格产品冒充合格产品。”

产品质量检验机构必须具备相应的检测条件和能力，经省级以上人民政府产品质量监督部门或者其授权的部门考核合格后，方可承担产品质量检验工作。法律、行政法规对产品质量检验机构另有规定的，依照有关法律、行政法规的规定执行。

从事产品质量检验、认证的社会中介机构必须依法设立，不得与行政机关和其他国家机关存在隶属关系或者其他利益关系。

下列关于产品质量检验机构的说法正确的是(　　)。

A. 产品质量检验机构必须经省级以上人民政府产品质量监督部门或者其授权的部门考核合格后，方可承担产品质量检验工作

B. 产品质量检验机构必须经县级以上人民政府产品质量监督部门或者其授权的部门考核合格后，方可承担产品质量检验工作

C. 产品质量检验机构不得与行政机关和其他国家机关存在隶属关系或者其他利益关系

D. 产品质量检验机构可以与行政机关和其他国家机关存在隶属关系或者其他利益关系

【答案】AC

2）产品质量标准化制度

《产品质量法》规定：“可能危及人体健康和人身、财产安全的工业产品，必须符合保障人体健康和人身、财产安全的国家标准、行业标准；未制定国家标准、行业标准的，必须符合保障人体健康和人身、财产安全的要求。”产品标准是对产品的构造、规格、性能、检验等各方面进行的技术性规定。国家实行产品质量标准化管理，明确禁止无标准

生产。

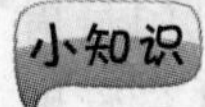

产品标准的划分

产品标准按照指定的主体和适用范围，分为国家标准、地方标准、行业标准和企业标准。

国家标准主要是有关经济、技术发展，特别是国家经济发展的重要产品标准和与广大人民生活有关的重要产品的标准。国家标准在整个标准体系中层次最高，其他标准内容不得与国家标准内容相抵触。凡有国家标准的不再制定行业标准、地方标准。各级生产、建设、科研、设计、管理部门和企业、事业单位都要严格贯彻执行，不得擅自更改或降低。国家标准由国务院标准化行政主管部门组织制定，其代号为“GB”。

行业标准是由国务院有关行政主管部门制定，并报国务院标准化行政主管部门备案，在全国某一行业范围内适用。行业标准的效力低于国家标准，高于地方标准，代号为“HB”。

地方标准由地方（省、自治区、直辖市）标准化行政主管部门制定，并报国务院标准化行政主管部门备案。在地方标准化行政主管部门所辖区域内适用。地方性标准主要限于没有国家标准和行业标准的工业产品的安全、卫生要求，代号为“DB”。

企业标准是由企业制定并报当地政府标准化主管部门和有关主管部门备案，在企业内部适用。它可以严于国家标准和行业标准，代号为“QB”。

产品标准分为强制性标准和推荐性标准。强制性标准是要求有关各方必须遵守执行的标准，一般是与人身健康、财产安全有关的产品标准和在国民经济中具有重大意义的产品标准。其他的则为推荐性标准，它不强制有关各方遵守执行。推荐性标准附加符号“T”表示。

3）企业质量体系认证制度

《产品质量法》规定：“国家根据国际通用的质量管理标准，推行企业质量体系认证制度。企业根据自愿原则可以向国务院产品质量监督部门认可的或者国务院产品质量监督部门授权的部门认可的认证机构申请企业质量体系认证。经认证合格的，由认证机构颁发企业质量体系认证证书。”

企业质量体系认证制度的主要内容包括以下几个方面：

（1）认证管理机构。当前国务院产品质量管理部门统一管理全国的质量体系认证工作。

（2）认证机构。认证机构是具备认证条件、资格并经国务院产品质量监督部门批准认可的质量体系认证的技术机构。

（3）认证原则。企业根据自愿原则可以向国务院产品质量监督部门认可的或者国务院产品质量监督部门授权的部门认可的认证机构申请产品质量认证。经认证合格的，由认证机构颁发产品质量认证证书，准许企业在产品或者其包装上使用产品质量认证标志。

（4）认证标准。采用国际通行的 ISO 9000 系列国际标准。ISO 9000 国际标准等同采用我国国家标准 GB/T 19000-ISO 9000，二者编写方法完全一致。

4）产品质量认证制度

国家参照国际先进的产品标准和技术要求，推行产品质量认证制度。产品质量认证是依据产品标准和相应技术要求，经认证机构确认并通过颁发认证证书和认证标志来证明某一产品符合相应标准和相应技术要求的活动。

（1）认证机构。产品质量认证机构是由国务院标准化行政主管部门或其授权部门设立的行业认证委员会。产品质量认证实行第三方认证制度，即从事认证的机构作为独立于生产方和购买方之外的第三方，公平公正地进行认证活动，并在批准认证后，继续对其实行监督。第三方认证制度是目前国际认证组织指导各国建立的典型认证制度。实行这种认证制度的国家才能被批准参加国际认证组织，参与国际认证活动。其产品的认证，才能被国内外接受和承认。

（2）认证标准。产品质量认证标准应当是具有国际水平的标准或者参照国际先进标准而制定的标准和技术要求。认证分为安全认证和合格认证。实行安全认证的产品，需符合《中华人民共和国标准化法》中有关强制性标准的要求。实行合格认证的产品，须符合《中华人民共和国标准化法》规定的国家标准或者行业标准的要求。

产品质量认证机构应当依照国家规定对准许使用认证标志的产品进行认证后的跟踪检查。对不符合认证标准而使用认证标志的，要求其改正，情节严重的，取消其使用认证标志的资格。

（3）认证原则。产品质量认证实行自愿性认证和一定范围内产品必须经过认证（强制性产品认证）相结合的制度。国家对强制性产品认证使用统一的标志，新的国家强制性认证标志名称为“中国强制认证”，英文名称为“China Compulsory Certification”，可简称为“3C”认证。

5）产品质量监督检查制度

《产品质量法》规定：国家对产品质量实行以抽查为主要方式的监督检查制度，对可能危及人体健康和人身、财产安全的产品，影响国计民生的重要工业产品以及消费者、有关组织反映有质量问题的产品进行抽查。抽查的样品应当在市场上或者企业成品仓库内的待销产品中随机抽取。监督抽查工作由国务院产品质量监督部门规划和组织。

（1）监督抽查的范围。“可能危及人体健康和人身、财产安全的产品”主要指药品、食品、医疗器械、化妆品、易爆易燃产品、锅炉压力容器等。“影响国计民生的重要工业产品”主要指化肥、农药、计量器具、烟草、建筑用钢筋、水泥等。“消费者、有关组织反映有质量问题的产品”主要指假冒伪劣产品等。

（2）产品检验。抽查的样品应当在市场上或者企业成品仓库内的待销产品中随机抽取。同时根据监督抽查的需要，可以对产品进行检验。检验抽取样品的数量不得超过检验的合理需要，并不得向被检查人收取检验费用。监督检查所需检验费用按照国务院规定列支。监督抽查的样品应当由生产企业无偿提供，经检验的样品应退还给经营者。

（3）监督抽查工作的规划和组织领导。监督抽查工作由国务院产品质量监督部门规划和组织。县级以上地方产品质量监督部门在本行政区域内也可以组织监督抽查。国家监督抽查的产品，地方不得另行重复抽查；上级监督抽查的产品，下级不得另行重复抽查。

生产者、销售者对抽查检验的结果有异议的，可以自收到检验结果之日起 15 日内向实施监督抽查的产品质量监督部门或其上级部门申请复检，由受理复检的产品质量监督部门作出复检结论。

依照规定进行监督抽查的产品质量不合格的，由实施监督抽查的产品质量监督部门责令生产者、销售者限期改正。逾期不改正的，由省级以上人民政府产品质量监督部门予以公告；公告后经复查仍不合格的，责令停业、限期整顿；整顿期满后经复查产品质量仍不合格的，吊销营业执照。

下列关于我国产品质量监督制度，说法错误的是(　　)。

A. 监督检查以抽查的方式为主

B. 产品质量监督部门可以对任意产品进行抽查

C. 质量监督部门可以向被检查人收取合理费用

D. 质量监督部门可以从任何渠道抽取样品，且抽查样品数量由本部门自行决定

【答案】BCD

6）产品质量社会监督

《产品质量法》规定：消费者有权就产品质量问题，向产品的生产者、销售者查询；向产品质量监督部门、工商行政管理部门及有关部门申诉，接受申诉的部门应当负责处理。保护消费者权益的社会组织可以就消费者反映的产品质量问题建议有关部门负责处理，支持消费者对因产品质量造成的损害向人民法院起诉。

4.3.3　生产者、销售者的产品质量责任和义务

《产品质量法》所称生产者、销售者的产品质量责任和义务，是指生产者、销售者为保证产品质量为一定行为或不为一定行为。产品质量责任和义务强调生产者、销售者确保产品质量而应承担的义务，是对生产者、销售者行为的规范，常被简称为产品质量义务。

1. 生产者的产品质量责任和义务

1）产品质量义务

《产品质量法》规定，生产者应当对其生产的产品质量负责。生产者生产的产品质量应符合下列要求：

(1) 不存在危及人身、财产安全的不合理的危险，有保障人体健康和人身、财产安全的国家标准、行业标准的，应当符合该标准。此条款是要求生产者不得生产缺陷产品，属于生产者应当承担的默示担保义务。

(2) 具备产品应当具备的使用性能，但是，对产品存在使用性能的瑕疵作出说明的除外。此条款也是生产者的默示担保义务。生产者必须保证产品具有适用性，但如果对产品的使用性能的瑕疵事先说明，则可以免除此项默示担保义务。

(3) 符合在产品或者其包装上注明采用的产品标准，符合以产品说明、实物样品等方式说明的质量状况。这是生产者对产品的明示担保义务。

下列选项中，(　　)属于生产者对产品质量的默示担保义务。

A. 微波炉应当具备加热的功能

B. 家具应当符合以实物样品标明的情况

C. 营养品所含主要成分及其含量应当与其产品说明所列标准吻合

D. 电吹风应符合保障人身、财产安全的国家标准

【答案】AD

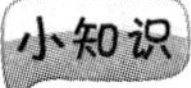

默示担保和明示担保

默示担保是指法律法规对产品质量所作出的强制性要求，产品必须符合安全、卫生要求，具备应有的使用性能。这是一种法定义务，法律法规规定产品质量必须满足的条件，必须严格遵守和执行，不得以任何形式予以排除和限制。

明示担保是指生产者、销售者以各种公开的方式表明采用的产品标准、合同、产品说明、实物样品或者以其他方式就产品质量向消费者所作出的说明或陈述。

2）产品标识义务

《产品质量法》规定，产品或者其包装上的标识必须真实，并符合下列要求：

（1）有产品质量检验合格证明。产品质量检验合格证明是生产者或其产品质量检验机构为表示其出厂产品经检验合格，在产品或包装上进行的标识。它是产品必备的标识。

（2）有中文标明的产品名称、生产厂厂名和厂址。

（3）根据产品的特点和使用要求，需要标明产品规格、等级、所含主要成分的名称和含量的，用中文相应予以标明；需要事先让消费者知晓的，应当在外包装上标明，或者预先向消费者提供有关资料。

（4）限期使用的产品，应当在显著位置清晰地标明生产日期和安全使用期或者失效日期。

（5）使用不当，容易造成产品本身损坏或者可能危及人身、财产安全的产品，应当有警示标志或者中文警示说明。如我国生产的洗衣机一般都有警示标志，儿童玩具多附有安全警示标志。

裸装的食品（如饭店的饭菜）和其他根据产品的特点难以附加标志的裸装产品（如超市自制、销售的糕点、馒头等），可以不附加产品标识。

3）产品包装义务

《产品质量法》规定，易碎、易燃、易爆、有毒、有腐蚀性、有放射性等危险物品以及储运中不能倒置和其他有特殊要求的产品，其包装质量必须符合相应要求，依照国家有关规定作出警示标志或者中文警示说明，标明储运注意事项。

下列产品的包装不符合《产品质量法》要求的是（　　）。

A. 某商场销售的“东芝”彩电只有日文和英文的说明书

B. 某厂生产的水果罐头没有标明厂址

C. 某厂生产的香烟没有标明“吸烟有害身体健康”字样

D. 某厂生产的白酒没有标明酒精度

【答案】ABCD

4）禁止生产者从事的行为

《产品质量法》规定，生产者不得从事下列行为：

（1）生产者不得生产国家明令淘汰的产品；

（2）生产者不得伪造产地，不得伪造或者冒用他人的厂名、厂址；

（3）生产者不得伪造或者冒用认证标志等质量标识；

（4）生产者生产产品，不得掺杂、掺假，不得以假充真、以次充好，不得以不合格产品冒充合格产品。

2. 销售者的产品质量责任和义务

1）进货检查验收义务

《产品质量法》规定，销售者应当建立并执行进货检查验收制度，验明产品合格证明和其他标识。这项制度的基本内容有产品标识检查、产品外观质量检查、产品内在质量的检验。

2）保持产品质量的义务

《产品质量法》规定，销售者应当采取措施，保持销售产品的质量。如对生鲜易变质肉类产品应采取冷冻冷藏措施，对易碎产品应小心存放。

3）产品标识义务

《产品质量法》规定，销售者销售的产品的标识应当符合规定。即销售者应承担与生产者相同的标识义务。销售的产品从国外进口，也必须承担此标识义务。例如，进口产品在我国销售必须同时附有中文标识。销售者销售产品没有合法标识，应向消费者承担质量责任，而不得以标识由生产者负责为由拒绝承担责任。

下列产品标识或包装符合规定的是(　　)。

A. 某点心店所售面包未标生产日期

B. 某品牌调味品上没有质检合格证明

C. 散装饼干未作产品标识

D. 某货运企业按照一般货物标准包装易燃、易爆物品

【答案】C

4）禁止销售者从事的行为

《产品质量法》规定，销售者不得从事下列行为：

（1）销售者不得销售国家明令淘汰并停止销售的产品和失效、变质的产品；

（2）销售者不得伪造产地，不得伪造或者冒用他人的厂名、厂址；

（3）销售者不得伪造或者冒用认证标志等质量标志；

（4）销售者销售产品，不得掺杂、掺假，不得以假充真、以次充好，不得以不合格产品冒充合格产品。

4.3.4 违反产品质量法的法律责任

产品质量责任是指产品生产者、销售者违反《产品质量法》所规定的产品质量义务而应承担的法律后果。它是一种综合责任，包括产品质量民事责任、行政责任、刑事责任。《产品质量法》中的“损害赔偿”主要规定了产品瑕疵担保责任和产品侵权赔偿责任。

1. 产品瑕疵担保责任

产品瑕疵担保责任，是指产品因为功能、外观等方面的不健全而不能被正常使用，由

销售者承担的法律责任。产品瑕疵担保责任是销售者因为与消费者之间的合同关系而承担的产品质量违约责任。

产品瑕疵与产品缺陷

产品瑕疵是指产品不具有良好的使用性能，不符合明示采用的产品标准，或者不符合以产品说明、实物样品等表明的质量状况，但不存在危及人身、财产安全的不合理危险。

产品缺陷是指存在危及人身、财产安全的不合理危险。食品口味不纯正、新衣服有破损、实木家具有裂缝属于产品瑕疵。热水器漏电、淋浴房不耐高温可能爆炸、汽车刹车失灵属于产品缺陷。

瑕疵产品在事先说明后可作为“处理品”出售，而缺陷产品决不能进入市场销售。

产品瑕疵担保责任是合同责任，是销售者违反合同约定的法律责任。《产品质量法》中的瑕疵担保责任也是采用严格责任原则，即只要产品存在瑕疵，无论销售者主观有无过错，都应承担法律责任。

售出产品有下列情形之一的，销售者应当负责修理、更换、退货。给购买产品的消费者造成损失的，销售者应当赔偿损失：

（1）不具备产品应当具备的使用性能而事先未作说明的；

（2）不符合在产品或者其包装上注明采用的产品标准的；

（3）不符合以产品说明、实物样品等方式标明的质量状况的。

销售者依照上述规定负责修理、更换、退货、赔偿损失后，属于生产者的责任或者属于向销售者提供产品的其他销售者（供货者）的责任的，销售者有权向生产者、供货者追偿。生产者之间、销售者之间、生产者与销售者之间订立的买卖合同、承揽合同有不同约定的，合同当事人按照合同约定执行。

李某在某家居店购买了一张地毯。送货后李某发现所买地毯与商场展示样品的材质不一致，故找到商场要求更换地毯。商场工作人员遂拿出其与地毯厂家签订的合同，合同约定凡是所销售地毯与展示样品材质不一致的，均由厂家承担更换责任。于是，商场工作人员要求李某直接找厂家更换地毯，商场不承担更换责任。

请问：商场的说法对吗？李某该如何维护自己的合法权益？

案例评析：销售者所销售的产品出现《产品质量法》所规定的瑕疵的，销售者应当负责修理、更换、退货；给购买产品的消费者造成损失的，销售者还应当赔偿损失。在负责修理、更换、退货的情形下，销售者承担的是违约责任；在赔偿损失情况下，销售者承担的是侵权责任。

本案例中，出售的地毯不符合实物样品表明的质量状况，但没有造成人身伤害或财产损失，所以是销售者违约。李某只能要求商场履行更换义务，而商场必须履行违约义务。至于商场与厂家之间订立的合同，对商场与厂家之间有约束力，对第三人没有约束力。在商场履行相应义务之后，可以要求厂家按照合同约定承担相应违约责任。

2. 产品侵权赔偿责任

产品侵权赔偿责任也称产品责任，是指生产者、销售者因产品存在缺陷而造成他人人身、缺陷产品以外的其他财产（简称他人财产）损害时应当承担的赔偿责任。这种责任是一种侵权责任，是无过错责任。

1）产品责任的构成要件

（1）产品存在缺陷。产品缺陷是指产品存在危及人身、他人财产安全的不合理的危险；或者产品有保障人体健康、人身、财产安全的国家标准、行业标准的，不符合该标准。不合理的危险是指一般消费者根据一般知识了解不到的危险。缺陷包括以下几种：①设计上的缺陷，即产品本身在结构、功能上的缺陷；②制造上的缺陷，即生产时或装配时的工艺流程或操作规程处理不当；③指示上的缺陷（或经营上的缺陷），即对产品的性能、使用方法未作出正确的指示说明，对产品的潜在危害性未作出必要的警告；④发展上的缺陷，即产品的制造虽已符合当时科学技术标准，但由于受当时科技水平限制，仍不免存在缺陷。因前三种产品质量缺陷造成损害的，应承担产品责任；最后一种缺陷造成损害的，按我国《产品质量法》规定不负责任。

（2）存在损害事实。损害事实是指由于产品缺陷已经给他人人身或财产造成损害。

（3）产品缺陷与损害事实之间有因果关系。产品缺陷与损害事实之间有因果关系是指人身或财产损害是由产品缺陷直接造成的。

（4）产品责任的免责事由。生产者能够证明有下列情形之一的，不承担赔偿责任：①受害人过错；②未将产品投入流通的；③产品投入流通时引起损害的缺陷尚不存在的；④将产品投入流通时的科学技术水平尚不能发现缺陷存在的。

想一想

某厂家开发一种新型的高效压力锅，先后制造出5件样品，后来样品中有2件丢失。2012年，某户居民的压力锅发生爆炸，造成人员受伤。后经查明，爆炸原因是因为该居民使用了该厂家丢失的2件样品中的1件，而该压力锅存在重大缺陷。该户居民要求某厂家赔偿损失。

请问：厂家应该赔偿吗?

案例评析：生产者能够证明有《产品质量法》免责情形之一的，就不承担赔偿责任。本案例中，某厂家制造的高压锅只是样品，没有投入流通，属于生产者免责事由，所以厂家不需要承担法律责任。

2）产品责任的归责原则

我国《产品质量法》对生产者和销售者因产品质量承担的责任具体规定有：

（1）因产品存在缺陷造成损害的，被侵权人可以向产品的生产者请求赔偿，也可以向产品的销售者请求赔偿。

产品缺陷由生产者造成的，销售者赔偿后，有权向生产者追偿；因销售者的过错使产品存在缺陷的，生产者赔偿后，有权向销售者追偿；因运输者、仓储者等第三人的过错使产品存在缺陷，造成他人损害的，产品的生产者、销售者赔偿后，有权向第三人追偿。

（2）因产品存在缺陷造成他人损害的，生产者应当承担侵权责任。

（3）因销售者的过错使产品存在缺陷，造成他人损害的，销售者应当承担侵权责任。销售者不能指明缺陷产品的生产者也不能指明缺陷产品的供货者的，销售者应当承担侵权责任。

（4）因产品缺陷危及他人人身、财产安全的，被侵权人有权请求生产者、销售者承担排除妨碍、消除危险等侵权责任。产品投入流通后发现存在缺陷的，生产者、销售者应当及时采取警示、召回等补救措施。未及时采取补救措施或者补救措施不力造成损害的，应当承担侵权责任。

（5）因产品存在缺陷造成受害人人身伤害的，侵害人应当赔偿医疗费、治疗期间的护理费、因误工减少的收入等费用；造成残疾的，还应当支付残疾者生活自助具费、生活补助费、残疾赔偿金以及由其抚养的人所必需的生活费等费用。造成受害人死亡的，并应当支付丧葬费、死亡赔偿金以及由死者生前扶养的人所必需的生活费等费用。

因产品存在缺陷造成受害人财产损失的，侵害人应当恢复原状或者折价赔偿。受害人因此遭受其他重大损失的，侵害人应当赔偿损失。

（6）明知产品存在缺陷仍然生产、销售，造成他人死亡或者健康严重损害的，被侵权人有权请求相应的惩罚性赔偿。

想一想

2013 年 3 月 18 日中午，王某在某商店购买了 10 瓶啤酒。回家途中，其中 1 瓶突然爆炸，玻璃划伤了王某的腿和脚，治疗花去医药费 5 000 余元。事后，王某找商店要求赔偿。

请问：王某的做法对吗？为什么？

案例评析：本案例中，啤酒在正常状态下突然爆炸，存在危及人身、他人财产安全的不合理危险，属缺陷产品。商店作为啤酒的销售者，虽然并不是该产品质量缺陷的制造者，但根据《产品质量法》的规定，因产品存在的缺陷造成损害的，被侵权人可以向产品的生产者请求赔偿，也可以向产品的销售者请求赔偿。产品缺陷由生产者造成的，销售者赔偿后，有权向生产者追偿。因此，王某可依法要求商店进行赔偿，商店不得拒绝。商店赔偿后，可向啤酒厂进行追偿。

3. 产品质量纠纷的解决

因产品质量发生民事纠纷时，当事人可以通过协商或者调解解决。当事人不愿通过协商、调解解决，或者协商、调解不成的，可以根据当事人各方的协议向仲裁机构申请仲裁。当事人没有达成仲裁协议或者仲裁无效的，可以直接向人民法院起诉。

《产品质量法》规定：因产品存在缺陷造成损害要求赔偿的诉讼时效期间为 2 年，自当事人知道或应当知道权益受损害时起计算。因产品存在缺陷造成损害要求赔偿的请求权，在造成损害的产品交付最初消费者满 10 年丧失；但是尚未超过明示的安全使用期的除外。

刘某因使用的电吹风存在缺陷而致使其人身、财产受到损害。现刘某向法院提起诉讼，下列选项正确的是(　　)。

A. 如刘某以生产者所产商品侵权为由提起诉讼，那么其诉讼时效期间为 2 年

B. 如刘某在受到损害的第 3 年以销售者出售缺陷产品为由提起诉讼，那么其诉讼时效已过

C. 虽然该产品明示的安全使用期为 15 年，但该产品发生事故时刘某已使用了 12 年，

已经超过了最长诉讼时效期间，所以刘某提起的诉讼已过诉讼时效

D. 如该产品明示的安全使用期为5年，但该产品发生事故时刘某已使用了7年，因已超过产品的安全使用期，所以刘某提起的诉讼已过诉讼时效

【答案】AB

4. 产品质量的行政责任和刑事责任

生产者、销售者违反《产品质量法》的规定，国家质量监督部门、工商行政管理部门有权根据国务院规定的职权范围对其进行行政处罚。处罚方式有：责令停止违法行为、没收违法生产或销售的产品和违法所得、罚款、吊销营业执照等。情节严重的，由司法机关追究刑事责任。

拓展阅读

法院判决对吗？

李某在2012年2月从本市某商场购买了南极牌电冰箱一台，使用了三个月后，冰箱起火，李某损失7 000多元。事发后，李某找到商场，商场同意赔偿3 000元，李某认为商场至少赔7 000元。双方遂起纠纷，李某以产品责任为由诉到法院。法院审理后认为：认定产品质量问题，应由技术监督部门出具鉴定书。但技术监督部门提出，该冰箱已烧毁，又无库存，无法鉴定，就无法出具质量鉴定报告。法院开庭认为，不能排除消费者使用不当起火的可能性，虽然冰箱没有合格证，但产品质量问题证据不足，驳回李某起诉。法院的判决是否正确呢？

有法律专家认为，法院的判决是不正确的，其理由是：

1. 商品必须具有产品合格证。《产品质量法》第15条明确规定“产品或其包装上的标识应当符合下列要求（一）有产品质量检验合格证明……”第24条指出：“销售者销售的产品的标识应当符合本法第15条的规定”。因此，合格证是商品必须具有的、法律明令具备的通行证。

2. 质量检验报告不能替代合格证。一是我国目前尚无可替代的法律依据；二是两者的性质不同。质量检验报告一般来自委托检验，委托检验不是法定的检验，而是一种普通的质量检验类别，和《产品质量法》规定的产品质量监督检查制度是不一样的。委托检验的结果仅对来样负责，目的在于使受检方对受检产品心中有数，但不能证明其他同类产品的质量，不具有普通的法律约束力。

因此，法院的判决是不对的。商场应为自己所售出的没有合格证的产品所造成的一切危害结果负责。

你赞成谁的观点呢？

课后练习

一、选择题

1. 下列产品中，受《产品质量法》调整的是(　　)。

A. 建筑材料　　B. 建设工程　　C. 原煤　　D. 原矿石

2. (　　)可以不附加产品标识。

A. 瓶装白酒　　B. 罐装饮料　　C. 散装月饼　　D. 皮鞋

3. 《产品质量法》规定，国家对产品质量进行监督检查的方式是(　　)。

A. 全面检查　　B. 重复随机检查

C. 抽查　　D. 出厂抽查与销售复查相结合

4. 销售者销售产品，下列说法中正确的是(　　)。

A. 不得伪造产地，不得伪造或者冒用他人的厂名、厂址

B. 不得使用认证标志

C. 不得使用转让的商标

D. 可以不标示生产日期

5. 因产品存在缺陷造成人身伤害或者他人财产损害的，(　　)应当承担责任。

A. 代言人　　B. 生产者　　C. 广告商　　D. 运输者

6. 下列关于受害人要求产品侵权损害赔偿的说法中，错误的是(　　)。

A. 受害人既包括公民，又包括法人和社会组织

B. 受害人可以向产品的销售者要求赔偿

C. 受害人享有索赔对象的选择权

D. 受害人不能直接向产品的生产者要求赔偿

7. 产品或者其包装上的标识，应当符合的要求是(　　)。

A. 有检验合格证明

B. 有中文标明的产品名称、生产厂厂名和厂址

C. 限期使用的产品，应当在显著位置标明生产日期或者失效日期

D. 裸装食品，不必附加标识

8. 下列产品中，其产品或包装的标识应有警示标志或中文警示说明的是(　　)。

A. 使用不当，容易造成产品本身损坏的产品

B. 可能危及人身、财产安全的产品

C. 剧毒品、危险品

D. 易碎品、储运中不能倒置以及有其他特殊要求的产品

9. 销售者的产品质量责任和义务有(　　)。

A. 执行进货检查验收制度　　B. 验明产品合格证和其他标志

C. 保持销售产品的质量　　D. 对易碎产品应小心存放

10. 生产者能够证明(　　)，不承担责任。

A. 未将产品投入市场

B. 产品投入流通时，引起的缺陷尚不存在的

C. 受害人的过错

D. 将产品投入流通时的科技水平尚不能发现缺陷存在的

11. 产品缺陷包括(　　)。

A. 设计上的缺陷　　B. 制造上的缺陷　　C. 指示上的缺陷　　D. 发展上的缺陷

12. 因产品存在缺陷造成损失要求赔偿的请求权，在造成损害的产品(　　)。

A. 交付最初用户、消费者满 10 年丧失　　B. 交付最初用户、消费者满 15 年丧失

C. 已超过明示期的除外　　D. 尚未超过明示期的除外

二、简答题

1. 产品的概念及法律特征有哪些?

2. 产品瑕疵担保责任的情形及承担的责任有哪些?

三、案例分析

周某在华达电器商店购买了一台电脑，在正常使用过程中，电路突然烧毁，并使办公室的其他电器有不同程度地损坏。周某要求华达电器商店赔偿，华达电器商店称是质量问题，让找生产厂家。生产厂家检测结果是，电脑出厂后本身质量没有问题，是商店在销售过程中损坏了电脑的零部件而出现的问题。生产厂家认为，是销售者的过错才导致电脑产生缺陷，所以拒绝赔偿。

请问：周某应向谁要求赔偿？可以要求哪些赔偿？为什么？

模块五

会计法律制度

学习目标

知识目标

1. 认知会计核算对会计资料的基本要求。
2. 熟知财务会计报告的意义。
3. 掌握原始凭证和记账凭证的填制要求及保管制度。

技能目标

1. 具备通过会计法律制度分析会计相关案例的能力。
2. 能够领悟会计法律制度对于整个课程学习的意义。

5.1 会计核算和会计监督

案例导入

某有限责任公司是一家中外合资经营企业，2012年度发生了以下事项：

1. 1月21日，公司接到市财政局通知，市财政局要来公司检查会计工作情况。公司董事长兼总经理胡某认为，公司作为中外合资经营企业，不应受《中华人民共和国会计法》（以下简称《会计法》）的约束，财政部门无权来检查。

2. 3月5日，公司会计科一名档案管理人员生病临时交接工作，胡某委托单位出纳员李某临时保管会计档案。

3. 4月15日，公司从外地购买一批原材料，收到发票后，与实际支付款项进行核对时发现发票金额错误，经办人员在原始凭证上进行更改，并加盖了自己的印章，作为报销凭证。

4. 6月30日，公司有一批保管期满的会计档案，按规定需要进行销毁。公司档案管理部门编制了会计档案销毁清册，档案管理部门的负责人在会计档案销毁清册上签了字，并于当天销毁。

5. 12月1日，公司董事会研究决定，公司以后对外报送的财务会计报告由王科长签字、盖章后报出。

请问：(1) 公司董事长兼总经理胡某认为合资经营企业不受《会计法》约束的观点是否正确，为什么？

(2) 该公司由出纳员临时保管会计档案的做法是否符合法律规定？为什么？

(3) 该公司经办人员更改原始凭证金额的做法是否符合法律规定？为什么？

(4) 该公司销毁会计档案的做法是否符合法律规定？为什么？

(5) 该公司董事会作出的对外报送财务会计报告的决定是否符合法律规定？为什么？

案例评析：(1) 中外合资企业无权拒绝财政部门对其会计工作的监督检查。根据我国《会计法》的规定，县级以上人民政府财政部门为各单位会计工作的监督检查部门，对各单位会计工作行使监督权。

(2) 由出纳员临时保管会计档案，不符合会计法律制度规定。根据我国《会计法》的规定，出纳员不得兼管稽核、会计档案保管和收入、费用、债权债务账目的登记工作。

(3) 公司经办人员更改原始凭证金额的做法不符合规定。根据《会计基础工作规范》的规定，原始凭证金额有错误的，应当由出具单位重开，不得在原始凭证上更正。

(4) 公司档案部门销毁会计档案的做法不符合规定。根据我国相关法律的规定，会计档案保管期满需要销毁的，要由本单位档案部门提出意见，会同本单位会计部门共同进行审查和鉴定，编制会计档案销毁清单，并经单位负责人在会计档案销毁清册上签字，销毁时要由单位档案部门和会计部门共同派人监销。

(5) 公司董事会作出关于对外报送财务会计报告的决定不符合规定。根据《会计法》的规定，公司对外报出的财务会计报告应当由企业负责人和主管会计工作的负责人、会计机构负责人签字并盖章；设置总会计师的，还应由总会计师签字并盖章。

任务驱动

任务内容：假设自己是一名新入职的会计人员，分析教师提供关于会计核算和会计监督不符合法律规定的情形的案例。

任务布置：教师将学生分成若干小组，分发案例；各小组参考本节知识，分析案例中不符合会计核算和会计监督法律要求的情形；讨论完成后进行小组展示，选出优胜小组；教师给予专业指导。

知识链接

我国会计法律制度对会计核算的依据、会计资料基本要求、填制会计凭证、登记会计账簿、编制财务会计报告、会计档案管理以及会计年度、记账本位币、会计处理方法等作出了统一规定。

5.1.1　会计核算

1. 总体要求

1）会计核算依据

《会计法》规定："各单位必须根据实际发生的经济业务事项进行会计核算，填制会计凭证，登记会计账簿，编制财务会计报告。任何单位不得以虚假的经济业务事项或者资料进行会计核算。"《企业会计制度》也规定："会计核算应当以实际发生的交易或事项为依据，如实反映企业的财务状况、经营成果和现金流量。企业应当按照交易或事项的经济实质进行会计核算，而不应当仅仅按照它们的法律形式作为会计核算的依据。"

实际发生的经济业务事项是指各单位在生产经营活动或者预算执行过程中发生的各种经济活动事项。各单位实际发生的经济业务事项，有些是可以引起资金运动的经济活动事项，而有些则不会产生资金运动。例如，签订合同或协议的经济业务事项，在签订合同或协议的时候，不会引起资金增减变化，无需进行会计核算。只有当合同或协议实际履行并引起资金运动时，才需对履行合同或协议这一经济业务事项如实记录和反映，进行会计核算。以实际发生的经济业务事项为依据进行会计核算，是会计核算的重要前提，是填制会计凭证、登记会计账簿、编制财务会计报告的基础，是保证会计资料质量的关键。对那些不会产生资金运动的经济业务事项或者可以引起资金运动但还没有发生的经济业务事项，是不能进行会计核算的。

会计不得以虚假的经济业务事项或资料进行会计核算。如果以没有事实依据的经济业务事项或资料进行会计核算，会导致所生成的会计资料与实际发生的经济业务事项不相符合，造成会计资料失真，从而影响会计资料的有效使用和扰乱社会经济秩序，这是一种严重的违法行为。因此，《会计法》明确规定任何单位不得以虚假的经济业务事项或资料进行会计核算。

2）对会计资料的基本要求

《会计法》规定："会计凭证、会计账簿、财务会计报告和其他会计资料，必须符合国家统一的会计制度的规定。使用电子计算机进行会计核算的，其软件及其生成的会计凭证、会计账簿、财务会计报告和其他会计资料，也必须符合国家统一的会计制度的规定。任何单位和个人不得伪造、变造会计凭证、会计账簿及其他会计资料，不得提供虚假的财务会计报告。"

会计资料是在会计核算过程中形成的、记录和反映实际发生的经济业务事项的资料，包括会计凭证、会计账簿、财务会计报告和其他会计资料。会计资料是记录会计核算过程和结果的载体，是反映单位财务状况和经营成果、评价经营业绩、进行投资决策的重要依据。会计资料同时也是一种重要的社会信息资源。因此，各单位提供的会计资料必须保证其具有真实性和完整性，这是会计资料最基本的质量要求。

虚假会计资料是指不真实和不完整的会计资料，如伪造会计凭证、会计账簿和其他会计资料；变造会计凭证、会计账簿和其他会计资料；提供虚假财务会计报告等，都属于严重的违法行为。例如，某单位物资采购人员到供货商处购买商品，示意供货商开具假发票并到单位会计机构报销。假发票的开具方和索取方，即采购人员和供货商，都是违反《会计法》规定的责任主体，都应当承担相应的法律责任。

想一想

业务员甲出差花去3 000元住宿费，却采用涂改手段将3 000元改为5 000元的住宿发票前来报销。请问：该行为属于伪造会计凭证行为还是变造会计凭证行为？

下列各项中，不属于会计资料的是(　　)。

A. 会计凭证　　B. 会计账簿

C. 财务会计报告　　D. 经济合同

【答案】D

2. 会计凭证

会计凭证用以记录经济业务事项的发生和完成情况，明确经济责任，并作为记账依据的书面证明，是会计核算的重要会计资料。

1）会计凭证的种类

会计凭证是会计资料的重要组成部分，是形成其他会计资料的重要来源。《会计法》规定，会计凭证包括原始凭证和记账凭证。

原始凭证，是指在经济业务事项发生或完成时由经办人员直接取得或填制，用以表明某项经济业务事项已经发生或完成的情况，从而明确有关经济责任的一种会计凭据，它是会计核算的原始依据，来源于实际发生的经济业务事项。原始凭证种类很多，既有来自单位外部的，也有单位自制的；既有国家统一印制的具有固定格式的发票，也有由发生经济业务事项双方认可并自行填制的凭据等。

记账凭证，是由会计人员根据审核无误的原始凭证，按其内容应用会计科目和复式记账方法加以归类整理，并据以确定会计分录和登记账簿的凭证。

小知识

《会计基础工作规范》规定，原始凭证应当具备以下内容：原始凭证名称；填制原始凭证的日期；填制原始凭证的单位名称或者填制人员的姓名；接受原始凭证的单位；经济业务事项名称；经济业务事项的数量、单价和金额；经办经济业务事项人员的签名或盖章等。

《会计基础工作规范》规定，记账凭证应当具备以下内容：填制记账凭证的日期；记账凭证的名称和编号；经济业务事项摘要；应记会计科目、方向和金额；记账符号；记账凭证所附原始凭证的张数；记账凭证的填制人员、稽核人员、记账人员和会计主管人员的签名或盖章等。

2）原始凭证的填制和审核

填制、审核原始凭证是会计核算工作的首要环节，对会计核算过程、会计资料质量都起着至关重要的作用。

（1）原始凭证的填制。填制或取得原始凭证，是会计核算工作的起点。一般情况下，原始凭证都是经办经济业务事项人员取得和填制的。为了使会计工作能够顺利进行，《会计法》规定，办理经济业务事项的单位和人员，都必须填制或取得原始凭证并及时送交会计机构，以保证会计核算的及时进行。

填制或取得原始凭证，应注意以下几个问题：①签章。从外单位取得的原始凭证，必须盖有填制单位的公章；从个人取得的原始凭证，必须有填制人员的签名或盖章。自制原始凭证，必须有经办单位负责人或其指定人员的签名或盖章。对外开出的原始凭证，必须加盖本单位的公章。上述所说的“公章”，应是具有法律效力和规定用途，能够证明单位身份和性质的印鉴，如业务公章、财务专用章、发票专用章、收款专用章及结算专用章等。②金额。凡填有大写和小写金额的原始凭证，大写和小写金额必须相符。③联数。一式几联的原始凭证，应当注明各联的用途，并且只有一联作为报销凭证。一式几联的发票和收据，必须用双面复写纸（发票和收据本身具备复写纸功能的除外）套写，并连续编号。作废时，应当加盖“作废”戳记，连同存根一起保存，不得撕毁。④附件。有关附件必须齐全，如购买实物原始凭证，必须有验收证明；支付款项的原始凭证，必须有收款单位和收款人的收款证明；经上级有关部门批准的经济业务事项，应当将批准文件作为原始凭证附件，批准文件需单独归档的，应当在凭证上注明批准机关名称、批准日期和文件字号。

小知识

办理经济业务事项时，必须填制或取得原始凭证。填制或取得的原始凭证必须及时送交会计机构，否则就是违法。至于“及时”的具体时限，《会计法》没有作出明确的规定，一般理解为一个会计结算期，这样才能够保证会计核算工作的正常进行和当期会计资料的真实、完整。

（2）原始凭证的审核。审核原始凭证，是确保会计资料质量的重要措施之一，也是会计机构、会计人员的法定职责。《会计法》对审核原始凭证问题作出了具体规定：一是会计机构、会计人员必须按照法定职责审核原始凭证；二是会计机构、会计人员审核原始凭证应当按照国家统一的会计制度的规定进行；三是会计机构、会计人员对不真实、不合法的原始凭证有权不予受理，并向单位负责人报告，请求查明原因，追究有关当事人的责任，对记载不准确、不完整的原始凭证予以退回，并要求经办人员按照国家会计制度的统一规定进行更正、补充。因此，为了保证会计资料的质量，会计机构、会计人员应根据此规定执行，对原始凭证进行认真审核。

原始凭证的审核重点包括以下两方面的内容：①真实性和合法性的审核。真实性，是指原始凭证上表述的经济内容确实是经济业务事项的本来面貌，没有掩盖、歪曲和编造经济业务事项。例如，一张购货发票所表述的购货数量与实际的购货数量相符，发票上的购货单价、金额与实际单价、金额相符，发票没有被涂改过等。合法性，是指原始凭证所表述的经济业务事项符合有关法律、法规、规章、制度的规定。若原始凭证所表述的经济内容与经济业务事项相符，但经济业务事项本身不符合法律、法规、规章、制度的规定，则属于不合法的原始凭证。例如，购货本身手续齐备，与验货情况相符，但所购买的物品是由私人购置并使用的，按规定不能由公款开支，这张已报销的发票就是不合法的原始凭证。②准确性和完整性的审核。准确性，是指原始凭证准确地记录了经济业务事项的真实情况，有关数量单价和金额计算无误。完整性，是指原始凭证应具备的各项内容都齐全，手续完整。若原始凭证上的文字说明、有关数字等没有按国家统一的会计制度的要求填写齐全，则这张购货发票就是不完整的原始凭证。例如，购货发票上没有记载填制日期或购货单位名称，或者销售单位未在购货发票上盖章，那么这张购货发票就是不完整的原始凭证。

单位在审核原始凭证时，发现外来原始凭证的金额有错误，应由（　　）。

A. 接受凭证单位更正并加盖公章　　B. 原出具凭证单位更正并加盖公章

C. 原出具凭证单位重开　　D. 经办人员更正并报领导审批

【答案】C

（3）原始凭证错误的更正。为了明确相关人员的经济责任，防止利用原始凭证进行舞弊，《会计法》《会计基础工作规范》对原始凭证错误的更正工作作出了具体规定：原始凭证所记载的各项内容均不得涂改；原始凭证记载的内容有错误的，应当由开具单位重开或更正，更正工作须由出具单位进行，并在更正处加盖出具单位印章；原始凭证金额出现错误的不得更正，只能由原始凭证开具单位重新开具；原始凭证开具单位应当依法开具准确无误的原始凭证，对于填制有误的原始凭证，负有更正和重新开具的法律义务，不得拒绝。

3）记账凭证的填制和审核

记账凭证在会计核算过程中是非常重要的环节，是会计准确提供信息的关键，认真填制和审核记账凭证是一项重要的会计工作。

（1）记账凭证的填制。《会计法》对填制记账凭证的程序和要求主要有两个方面：一是记账凭证填制必须以原始凭证及有关资料为依据；二是作为记账凭证填制的依据必须是经过审核无误的原始凭证及有关资料。

在实际填制记账凭证过程中，应注意以下几个方面：①进行编号。填制记账凭证时，应当对记账凭证进行连续编号。一笔经济业务事项需要填制两张记账凭证的，可以采用分数编号法编号。②汇总填制。记账凭证可以根据每一张原始凭证填制，或者根据若干张同类原始凭证汇总填制，也可以根据原始凭证汇总表填制。但不同内容和不同类别的原始凭证不得汇总填制在一张记账凭证上。③注明附件。除结账和更正错误的记账凭证可以不附原始凭证外，其他记账凭证必须附有原始凭证，并注明所附原始凭证张数。一张原始凭证涉及几张记账凭证的，可以把原始凭证附在一张主要的记账凭证后面，并在其他记账凭证上注明附有原始凭证的记账凭证的编号或附原始凭证的复印件。④空行要划线。记账凭证填制完经济业务事项后，如有空行，应当自金额栏最后一笔金额数字下的空行处至合计数上的空行处划线注销。⑤错误的更正。填制记账凭证时如果发生错误，应当重新填制。已经登记入账的记账凭证在当年内发现错误的，可以用红字注销法进行更正，即用红字填制一张与原内容相同的记账凭证，在摘要栏注明“注销某月某日某号凭证”，同时，再用蓝字填制一张正确的记账凭证，注明“订正某月某日某号凭证”。如果会计科目的应用没有错误，只是金额发生错误，也可以按正确数字同错误数字之间的差额，另行填制一张调整的记账凭证，调增金额用蓝字，调减金额用红字。发现以前年度记账凭证有错误的，应当用蓝字填制一张更正的记账凭证。

（2）记账凭证的审核。记账凭证的审核是为了保证和监督款项的收付、物资的收发、债权债务的结算以及账簿记录的正确性，对记录经济业务事项的原始凭证进行复查和对记账凭证的填制进行的检查。只有审核无误的记账凭证，才能作为记账的依据。

记账凭证审核时应注意以下问题：①审核记账凭证是否附有原始凭证。除结账和更正错误的记账凭证外，每张记账凭证都必须附有审核无误的原始凭证，不附原始凭证的记账凭证是不符合规定的。还要审核记账凭证填写的附件张数是否与实际原始凭证的张数相符；记账凭证填制的经济业务事项的内容是否与所附原始凭证中的相符，两者金额是否相符。原始凭证另行保管，不附入记账凭证的，应查阅有关备查簿记录。②审核记账凭证的内容是否填写齐全。如摘要栏的填写是否清楚，是否描述了所附原始凭证记录的经济业务事项；填制日期是否正确；数字和文字的填写是否清晰规范；有关人员是否均已签名或盖章。③审核记账凭证上会计分录的使用是否正确。如会计分录中借、贷方科目及明细科目的名称和金额是否正确，账户对应关系是否清晰，借贷方合计金额是否相等。在审核记账凭证的过程中，发现错误应及时查明原因，按照有关规定进行处理。

3. 会计账簿

会计账簿是记录会计核算过程和结果的载体。会计账簿的建立、登记、核对、结账是会计工作的重要一环，是如实记录和反映经济活动情况的重要前提。

1）会计账簿登记的法律规定

《会计法》第 15 条规定：“会计账簿登记，必须以经过审核的会计凭证为依据，并符合有关法律、行政法规和国家统一的会计制度的规定。会计账簿应当按照连续编号的页码顺序登记。会计账簿记录发生错误或者隔页、缺号、跳行的，应当按照国家统一的会计制度规定的方法更正，并由会计人员和会计机构负责人（会计主管人员）在更正处盖章。使用电子计算机进行会计核算的，其会计账簿的登记、更正，应当符合国家统一的会计制度的规定。”

2）会计账簿的种类

各单位应当依法设置的会计账簿包括：总账、明细账、日记账和其他辅助性账簿。

（1）总账。总账也称总分类账，是指根据会计科目开设的账簿，用来分类登记全部经济业务事项，提供资产、负债、所有者权益、收入、费用、成本、利润等总括核算的资料。总账一般有订本式账和活页式账两种。各单位可以根据所采用的记账方法和财务处理程序的需要设置总账。

（2）明细账。明细账也称为明细分类账，是指根据总账科目所属的明细科目设置的账簿，用于分类登记某一类经济业务事项，提供有关明细核算资料。利用明细账，有利于了解会计资料的形成，可以对经济业务事项有关信息和数据做进一步的加工整理和分析。明细账一般采用活页式账。

（3）日记账。日记账也称序时账，是指按照经济业务事项发生时间的先后顺序，逐日逐笔地进行登记的账簿，包括现金日记账和银行存款日记账。现金日记账和银行存款日记账必须采用订本式账簿，不得采用活页式或卡片式账簿。日记账是各单位加强现金和银行存款管理的重要账簿。

（4）其他辅助性账簿。其他辅助性账簿也称为备查账，是指对无法在上述账簿中登记的经济业务事项进行补充记录的账簿，主要包括各种租借设备及物资的辅助登记、应收及应付款项的备查登记、担保及抵押备查登记等。设置备查簿，可以提供会计核算的参考资料，便于日后对有关事项的核查。

3）会计账簿的启用

启用新的会计账簿时，应当在账簿封面上写明单位名称和账簿名称，并填写账簿扉页上的“账簿启用及交接表”，注明启用日期、账簿起止页数（活页式账簿可于装订时填写起止页数）、记账人员和会计机构负责人（会计主管人员）姓名等，并加盖名章和单位公章。记账人员和会计机构负责人（会计主管人员）调动工作时，也应当在“账簿启用及交接表”上注明交接日期、接管人员和监交人员姓名，并由交接双方签字或盖章。

4）会计账簿的登记

按照《会计基础工作规范》规定，登记会计账簿主要有以下几点基本要求：

（1）登记会计账簿时，应当将会计凭证日期及编号、经济业务事项内容摘要及金额和其他有关资料逐项记入账内，做到数字准确、摘要清楚、登记及时、字迹工整。

（2）会计账簿登记完毕后，记账人员要在记账凭证上签名或盖章，并注明已经登账的符号“√”，表示已经记入总账和有关明细账。

（3）会计账簿中书写的文字和数字上面要留有适当空间，不要写满格，一般应占行高度的“1/2”。

（4）登记会计账簿要用蓝黑墨水或碳素墨水书写，不得使用圆珠笔（银行的复写账簿除外）或者铅笔书写。可以用红色墨水记账的，仅限于以下几种情况：①按照红字冲账的记账凭证，冲销错误记录；②在不设借贷等栏的多栏式账页中，登减少数；③在三栏式账户的余额栏前，如未记录余额方向的，在余额栏内登记负数余额；④根据国家统一的会计制度的规定可以用红字登记的其他会计记录。

（5）会计账簿应当按照连续编号的页码顺序登记，不得跳行、隔页，如发生错误或隔页、缺号、跳行的，应当按国家统一的会计制度规定的方法更正，并由记账人员和会计机构负责人（会计主管人员）在更正处盖章。

（6）会计账簿记录发生错误时，不准涂改、挖补、刮擦或用药水消除字迹，必须根据错误的不同性质按规定的方法进行更正。更正的方法主要有划线更正法、红字更正法、补充登记法三种。

（7）每一账页登记完毕结转下页时应当将结出的本页合计数及余额写在本页最后一行和下页第一行上，并在摘要栏内注明“过次页”和“承前页”字样。对需要结计本年累计发生额的账户，本页合计数应为自年初起至本页末止的发生额累计数；对只需结计本月发生额的账户，本页合计数应为自本月初起至本页末止的发生额累计数；对既不需结计本月发生额，也不需结计本年累计发生额的账户，可以只将每页末的余额结转次页。

（8）实行会计电算化的单位，其会计账簿的登记、更正，也应当符合国家统一的会计制度的规定。总账和明细账应当定期打印。

5）账目的核对

账目核对又称对账，是指在结账前，将账簿记录与货币资金、往来结算、财产物资等进行相互核对，这是保证会计账簿记录质量的重要程序。根据《会计法》的规定，账目核对要做到账实相符、账证相符、账账相符和账表相符。账实相符，是指会计账簿记录与实物、款项实有数核对相符，保证账实相符是会计核算的基本要求。账证相符，是指会计账簿记录与会计凭证有关内容核对相符，保证账证相符，也是会计核算的基本要求。账账相符，是指会计账簿之间相对应记录核对相符。账表相符，是指会计账簿记录与会计报表有关内容核对相符。

6）结账

结账就是在将一定时期内所发生的经济业务事项全部登记入账的基础上，结计出各个账户的“本期发生额”和“期末余额”，并将余额结转下期或转入新账。结账可以分为月结、季结和年结三种。

结账的相关规定如下：

（1）各单位应当按照规定定期结账。

（2）结账前，应将本期所发生的经济业务事项全部登记入账，对需要调整的账项要及时调整。

（3）结账时，应当结出每个账户的期末余额，需要结出当月发生额的，应当在“摘要”栏内注明“本月合计”字样，在“借或贷”栏内注明余额方向（“借”或“贷”），并在下面通栏划单红线。需要结出本年累计发生额的，应当在“摘要”栏内注明“本年累计”，全年累计发生额下面应当通栏划双红线。年度终了结账时，所有总账账户都应结出全年累计发生额和年末余额。没有余额的账户，应当在“借或贷”栏内注明“平”字，并在余额栏内用“0”表示。库存现金日记账和银行存款日记账必须逐日结出余额。

（4）年度终了，要把各账户的余额结转到下一会计年度，并在“摘要”栏内注明“结转下年”字样；在下一会计年度新建会计账簿的第一行“余额”栏内填写上年余额，并在“摘要”栏注明“上年结转”字样。

4. 财务会计报告

财务会计报告，是指企业对外提供的反映企业某一特定日期财务状况和某一会计期间经营成果、现金流量的文件。会计核算经过记录、计量、分类、加工、整理，在逐步予以条理化和系统化后，按照一定的方式加以表达和传递，使之成为可供使用的会计信息和资料，这就要通过定期编制会计财务报告来实现。根据《企业财务会计报告条例》的规定，财务会计报告分为年度、半年度、季度和月度财务会计报告。

年度、半年度财务会计报告应当包括：会计报表、会计报表附注、财务情况说明书。其中，会计报表应至少反映两个年度或者两个相关期间的比较数据，应包括资产负债表、利润表、现金流量表及相关附表。

季度、月度财务会计报告通常仅指会计报表，会计报表至少应当包括资产负债表和利润表。国家统一的会计制度规定季度、月度财务会计报告需要编制会计报表附注的，从其规定。

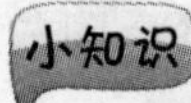

会计报表	主要作用
资产负债表	反映企业在某一特定日期财务状况
利润表	反映企业在一定会计期间经营成果
现金流量表	反映企业一定会计期间现金和现金等价物（以下简称现金）流入和流出
利润分配表	反映企业一定会计期间对实现净利润及以前年度未分配利润的分配或者亏损的弥补
财务情况说明书	对企业的生产经营、利润实现和分配、资金增减和周转、财务状况等作出说明
会计报表附注	便于会计报表使用者理解会计报表的内容而对会计报表的编制基础、编制依据、编制原则和方法及主要项目等

1）财务会计报告的编制

财务会计报告应当根据经过审核的会计账簿记录和有关资料编制，并做到数字真实、计算准确、内容完整、说明清楚。任何单位和个人不得授意、指使、强令他人违反规定，改变财务会计报告的编制基础、编制依据、编制原则和方法。

财务会计报告的编制要求符合法律、行政法规和国家统一的会计制度规定。会计报表之间、会计报表各项目之间，凡有对应关系的数字，应当相互一致；会计报表中本期与上期的有关数字应当相互衔接；会计报表附注和财务情况说明书应当按照规定，对会计报表中需要说明的事项做出真实、完整、清楚的说明。

2）财务会计报告的对外提供

各单位在保证财务会计报告编制依据和要求符合法律、行政法规和国家统一的会计制度规定的同时，应当按照规定的对象、期限对外提供财务会计报告。

向不同的会计资料使用者提供的财务会计报告，其编制依据应当一致。财务会计报告的编制依据是经过审核的会计账簿记录和有关资料。各单位应当按照法律、行政法规和国家统一的会计制度中有关财务会计报告提供期限的规定，及时对外提供财务会计报告。

《会计法》规定："财务会计报告应当由单位负责人和主管会计工作的负责人、会计机构负责人（会计主管人员）签名并盖章；设置总会计师的单位，还须由总会计师签名并盖章。"《企业财务会计条例》也规定："企业不得编制和对外提供虚假的或者隐瞒重要事实的财务会计报告。企业负责人对本企业财务会计报告的真实性、完整性负责。任何组织或者个人不得授意、指使、强令企业编制和对外提供虚假的或者隐瞒重要事实的财务会计报告。注册会计师、会计师事务所审计企业财务会计报告，应当依照有关法律、行政法规以及注册会计师执业规则的规定进行，并对所出具的审计报告负责。"

根据《会计法》的相关规定，下列关于单位有关负责人在财务会计报告上签章的做法中正确的是(　　)。

A. 签名　　B. 加盖单位公章

C. 签名或加盖单位公章　　　　D. 签名并加盖个人名章

【答案】D

5. 会计档案

会计档案是记录和反映经济业务事项的重要史料和证据。会计档案是指会计凭证、会计账簿、财务会计报告等会计核算专业资料。各单位的预算、计划、制度等文件材料属于文书档案，不属于会计档案。

会计档案一般分为：会计凭证类，包括原始凭证、记账凭证、汇总凭证和银行存款余额调节表等；会计账簿类，包括总账、日记账、明细账、辅助账等；财务会计报告类，包括月度、季度、半年度、年度会计报表及相关文字分析材料等；其他类，包括会计移交清册、会计档案保管清册、会计档案销毁清册等。

会计档案一般分为(　　)。

A. 会计凭证类　　　　B. 会计账簿类

C. 财务会计报告类　　　　D. 其他会计资料类

【答案】ABCD

1）会计档案的归档

各单位每年形成的会计档案，应由单位会计部门按照归档要求负责整理立卷或装订。当年形成的会计档案在会计年度终了后，可暂由本单位会计部门保管 1 年，保管期满之后，原则上应由会计部门编制清册，移交本单位的档案部门保管；未设立档案部门的，应当在会计部门内部指定专人保管。会计档案原件原则上不得借出，如有特殊需要，须经本单位负责人批准，在不拆散原卷册的前提下，可以提供查阅或者复制，并办理登记手续。

2）会计档案的保管期限

根据《会计档案管理办法》的规定，会计档案保管期限分为永久和定期两类。永久，是指会计档案须永久保存；定期，是指会计档案应保存到法定的时间，定期保管期限分为 3 年、5 年、10 年、15 年和 25 年 5 种。会计档案的保管期限从会计年度终了后的第 1 天算起。

3）会计档案的销毁

根据规定，除保管期满但未结清的债权债务原始凭证和涉及其他未了事项的原始凭证，以及正在项目建设期间的建设单位保管期满的会计档案不得销毁外，其他会计档案保管期满需要销毁的，可以按照规定程序予以销毁。

下列(　　)情况下，不得销毁会计档案。

A. 保管期未满

B. 正在项目建设期间的建设单位，其保管期已满的会计档案

C. 未结清的债权债务的原始凭证

D. 未了事项的原始凭证

【答案】ABCD

会计档案保管期满需要销毁的，由本单位档案机构提出意见，会同会计机构共同进行

审查和鉴定，并在此基础上编制会计档案销毁清册。单位负责人应在会计档案销毁清册上签署意见。

销毁会计档案时，应当由单位的档案机构和会计机构共同派人监销；国家机关销毁会计档案时，还应当有同级财政、审计部门派人监销；各级财政部门销毁会计档案时，应当由同级审计部门派人监销。

一般的单位销毁会计档案的，其监督者为(　　)。

A. 政府财政部门　　　　B. 会计机构负责人

C. 单位负责人　　　　D. 档案部门和会计部门共同派出的人

【答案】D

4）会计档案的交接

会计档案是记录和反映单位开展经济业务活动的重要历史资料和证据。在单位发生合并、分立、终止等事项时，必须保证会计档案不致散失。交接人应当在会计档案移交清册上签名或盖章。

6. 其他

1）会计年度

会计年度是以年度为单位进行会计核算的时间区间，是反映单位财务状况、核算经营成果的时间界限。会计上将连续不断的经营过程人为地划分为若干相等的时段，分段进行结算，分段编制财务会计报告，分段反映单位的财务状况和经营成果。这种分段进行会计核算的时间区间，就称为会计期间。以一年为一个会计期间称为会计年度。一般来讲，每个会计年度还可以按照公历日期划分为半年度、季度、月份，以满足单位经营管理和投资者对会计资料的需要。

《会计法》规定，我国会计年度自(　　)。

A. 公历1月1日起至12月31日止

B. 公历1月1日起至12月30日止

C. 公历4月1日起至次年3月31日止

D. 公历10月1日起至次年9月30日止

【答案】A

2）记账本位币

记账本位币是指单位进行会计核算业务时所使用的货币种类。《会计法》规定：会计核算以人民币为记账本位币。业务收支以人民币以外的货币为主的单位，可以选定一种货币为记账本位币，但是编报的财务会计报告应当折算为人民币。货币计量是会计核算的基本假设之一。

我国境内业务收支以人民币以外的货币为主的单位，其(　　)应折算为人民币反映。

A. 填制的记账凭证　　　　B. 编报的财务会计报告

C. 取得的原始凭证　　　　　　　　D. 登记的账簿

【答案】B

3）会计处理方法

会计处理方法是指在会计核算中所采用的具体方法，通常包括收入确认方法、企业所得税的会计处理方法、存货计价方法、坏账损失的核算方法、固定资产折旧方法、编制合并会计报表的方法、外币折算的会计处理方法等。采用不同的处理方法，都会影响会计资料的一致性和可比性，进而影响会计资料的使用。因此，《会计法》和国家统一的会计制度规定，各单位采用的会计处理方法前后各期应当保持一致，不得随意变更；确有必要变更的，应当按照国家统一的会计制度的规定进行变更，并将变更的原因、情况及影响，在财务会计报告中予以说明，以便于会计资料使用者了解会计处理方法变更及其对会计资料影响的情况。

5.1.2　会计监督

会计监督是会计的基本职能之一，是我国经济监督体系的重要组成部分。会计监督可分为单位内部会计监督、政府监督和社会监督。

下列各项中，属于会计监督体系组成部分的有(　　)。

A. 社会舆论监督

B. 单位内部会计监督

C. 以注册会计师为主体的会计工作社会监督

D. 以政府财政部门为主体的会计工作政府监督

【答案】BCD

1. 单位内部会计监督

根据《会计法》规定，各单位应当建立、健全本单位内部会计监督制度。这一规定体现了两层含义：一是各单位都必须建立内部会计监督制度，这是各单位的法定义务，必须履行；二是各单位的内部会计监督制度必须健全。

单位内部会计监督是指为了保护单位资产的安全、完整，保证其经营活动符合国家法律、法规和内部有关管理制度，提高经营管理水平和效率，而在单位内部采取的一系列相互制约、相互监督的制度和方法。

单位内部会计监督制度的原则包括：

1）合法性原则

它是指各单位制定的内部会计监督制度应当符合并严格执行法律、法规和国家统一的会计制度的规定。

2）适应性原则

它是指各单位制定的内部会计监督制度应当体现本单位的生产经营、业务管理的特点和要求。

3）规范化原则

它是指各单位制定的内部会计监督制度应当全面规范本单位的各项会计工作，规范会计事务的各个方面、各个环节的工作，要符合并体现会计的基本原理和方法，保证会计工作的有序进行。

4）科学性原则

它是指制定单位内部会计监督制度，必须科学合理，以使所制定的内部会计监督制度便于操作和执行；必须利于控制和检查，有了解监督制度执行情况的手段和途径；必须要根据执行情况和管理需要不断完善，以保证内部会计监督制度更加适应管理需要。

内部会计监督的主体是各单位的会计机构和会计人员。内部会计监督的对象是单位的经济活动。

下列各项中，属于单位内部会计监督主体的是各单位的(　　)。

A. 审计机构　　B. 会计机构

C. 会计人员　　D. 审计人员

【答案】BC

根据《会计法》的规定，单位内部会计监督制度应当符合以下要求：记账人员与经济业务事项或会计事项的审批人员、经办人员、财物保管人员的职责权限应当明确，并相互分离、相互制约；重大对外投资、资产处置、资金调度和其他重要经济业务事项的决策和执行的相互监督、相互制约的程序应当明确；财产清查的范围、期限和组织程序应当明确；对会计资料定期进行内部审计的办法和程序应当明确。

下列各项中，属于《会计法》规定的单位内部会计监督制度要求的有(　　)。

A. 记账人员与会计事项的审批人员相互分离、相互制约

B. 重大对外投资与执行相互监督、相互制约

C. 财产清查的范围、期限和组织程序应当明确

D. 内部会计监督的主体是单位负责人

【答案】ABC

会计机构和会计人员在单位内部会计监督中对违反《会计法》和国家统一的会计制度规定的会计事项，有权拒绝办理或者按照职权予以纠正。发现会计账簿记录与实物、款项及有关资料不相符的，按照国家统一的会计制度的规定有权自行处理的，应当及时处理；无权处理的，应当立即向单位负责人报告，请求查明原因，作出处理。

(　　)应当保证会计机构、会计人员依法履行职责。不得以任何方式授意、指使、强令会计机构、会计人员违法办理会计事项。

A. 单位负责人　　B. 会计机构负责人

C. 分管单位会计工作的副职领导　　D. 监事长

【答案】A

2. 政府监督

政府监督，主要是指财政部门代表国家对各单位和单位中相关人员的会计行为实施的监督检查，以及对发现的违法会计行为实施行政处罚。财政部门实施会计监督检查的对象

是会计行为，并对发现有违法会计行为的单位和个人实施行政处罚。

财政部门会计监督检查的主要内容有：对单位依法设置会计账簿的检查；对单位会计资料真实性、完整性的检查；对单位会计核算情况的检查，具体包括会计年度、记账本位币、会计处理方法等是否符合有关的规定；对单位会计人员从业资格和任职资格的检查；对会计师事务所出具的审计报告的程序和内容的检查。

国务院财政部门和省、自治区、直辖市人民政府财政部门，依法对注册会计师、会计师事务所和注册会计师协会进行监督、指导。财政部门对会计师事务所出具审计报告的程序和内容进行监督。

根据《会计法》的规定，下列各项中，属于财政部门实施会计监督检查的内容有(　　)。

A. 是否依法设置会计账簿

B. 是否按时进行纳税申报

C. 是否按时足额缴纳税款

D. 是否按照实际发生的经济业务进行会计核算

【答案】AD

3. 社会监督

社会监督主要是指由注册会计师及其所在的会计师事务所依法对委托单位的经济活动进行审计、鉴证的一种监督制度。此外，单位和个人检举违反《会计法》和国家统一的会计制度规定的行为，也属于会计工作社会监督的范畴。

注册会计师是取得注册会计师证并接受委托从事审计和会计咨询、服务业务的职业人员，具有很强的公正性和权威性，是会计工作的社会监督的主要形式。根据《中华人民共和国注册会计师法》（以下简称《注册会计师法》）的规定，注册会计师依法承办审计业务和会计咨询、会计服务业务。

会计工作的社会监督过程还应注意：委托注册会计师审计的单位应当如实提供会计资料；任何单位或个人不得干扰注册会计师独立开展审计业务。财政部门有对会计师事务所出具的审计报告进行监督的职责。

课后练习

一、选择题

1. 下列不属于账账核对的项目有(　　)。

A. 总账与明细账核对

B. 总账与日记账核对

C. 会计部门的财产物资明细账与财产物资保管部门的有关明细账核对

D. 银行存款日记账与银行对账单核对

2. 会计的基本职能是(　　)。

A. 会计核算　　B. 会计监督

C. 会计预算　　D. 会计考核

3. 变更会计处理方法后，需要在财务会计报告中对(　　)予以说明。

A. 变更的原因　　B. 变更的情况
C. 变更的影响　　D. 变更的原因、情况及影响

4. 下列各项中，不属于原始凭证审核内容的是(　　)。
A. 原始凭证的真实性　　B. 原始凭证的合法性
C. 会计分录的正确性　　D. 原始凭证的完整性和准确性

5. 下列不属于会计报表内容的是(　　)。
A. 资产负债表　　B. 利润表
C. 科目汇总表　　D. 现金流量表

6. 记账凭证可以根据(　　)填制，但不得将不同内容和类别的原始凭证汇总填制在一张记账凭证上。
A. 每一张原始凭证　　B. 若干张同类原始凭证汇总
C. 经办人员的签名或盖章　　D. 原始凭证汇总表

7. 会计监督的对象是(　　)。
A. 本单位的各种活动　　B. 本单位的单位负责人、会计机构及会计人员
C. 本单位的经济活动　　D. 本单位的审计活动

8. 不相容职务分离的核心是(　　)。
A. 内部牵制　　B. 内部控制
C. 内部审计　　D. 内部管理

二、判断题

1. 所有实际发生的经济业务事项都需要进行会计记录和会计核算。(　　)

2. 原始凭证的内容只要是真实的就是合法的。(　　)

3. 实行会计电算化的单位，其会计账簿的登记、更正，也应当符合国家统一的会计制度。(　　)

4. 会计期间就是指会计年度。(　　)

5. 会计工作的政府监督是我国经济监督体系的一个重要方面，它与单位内部由会计机构、会计人员实行会计监督是相辅相成的。(　　)

6. 记账人员与经济业务或会计事项的审批人员、经办员、财务保管人员的职责权限应当明确，并相互分离、相互制约。(　　)

7. 单位负责人为单位会计责任主体，这就是说，如果一个单位会计工作中出现违法违纪行为，单位负责人应当承担全部责任。(　　)

三、简答题

1. 填制记账凭证时应注意什么问题?

2. 单位内部会计监督制度的原则是什么?

四、案例分析

2012 年 8 月 10 日，甲公司收到一张应由甲公司与乙公司共同承担费用支出的原始凭证，甲公司会计人员张某以该原始凭证及应承担的费用进行账务处理，并保存该原始凭证；同时应乙公司要求将该原始凭证复印件提供给乙公司用于账务处理。年终，甲公司拟销毁一批保管期满的会计档案，其中有一张未结清债权债务的原始凭证，会计人员张某认为只要保管期满的会计档案就可以销毁。请问:

（1）乙公司用甲、乙公司共同承担费用的原始凭证复印件进行账务处理是否正确?

（2）甲公司会计人员张某认为只要保管期满的会计档案就可以销毁的观点是否正确?

5.2 会计机构和会计人员

案例导入

东源公司内部机构进行了如下调整：会计张某调离会计工作岗位，与接替者王某在财务科长的监交下办妥了会计工作交接手续；公司出纳赵某兼任会计档案保管工作。年底，财政部门对该单位进行检查时，发现该单位原会计张某所记的账目中有会计作假行为，而接替者王某在会计工作交替时并未发现这一问题。财政部门在调查时，原会计张某说，已经办理会计交接手续，现任会计王某和财务科长均在移交清册上签了字，自己不再承担任何责任。

请问：(1) 张某的说法是否正确? 简要说明理由。

(2) 公司负责人是否对会计作假行为承担责任? 简要说明理由。

(3) 公司出纳赵某兼管会计档案保管工作是否符合法律规定?

(4) 出纳人员不得兼任哪些会计岗位工作?

案例评析：(1) 张某的说法不正确。《会计法》规定，交接工作完成后，移交人员所移交的会计凭证、会计账簿、财务会计报告和其他会计资料是在经办会计工作期间内发生的，应当对这些会计资料的真实性、完整性负责，即便接替人员在交接时因疏忽没有发现会计资料真实性、完整性方面的问题，如事后发现仍应由原移交人员负责，原移交人员不应以会计资料已移交而推脱责任。

(2) 公司负责人应当对会计作假行为承担责任。《会计法》规定："单位负责人对本单位的会计工作和会计资料的真实性、完整性负责"、"单位负责人应当保证会计机构、会计人员依法履行职责，不得授意、指使、强令会计机构、会计人员违法办理会计事项。"

(3) 公司出纳赵某兼管会计档案保管工作是违反会计法规的。

(4)《会计法》规定：出纳人员不得兼任稽核、会计档案保管和收入、支出、费用、债权债务账目的登记工作。

任务驱动

任务内容：教师提供案例，学生分析案例中会计机构及会计人员的违法行为。

任务布置：教师将学生分成若干小组，分发案例；各小组参考本节知识分析案例中会计机构和会计人员违法的行为；讨论完成后进行小组展示，选出优胜小组；教师给予专业指导。

知识链接

会计机构是各单位办理会计事务的职能部门，会计人员是直接从事会计工作的人员。建立、健全会计机构，配备数量和素质都相当的、具有会计从业资格的人员从事会计工作，是各单位做好会计工作，充分发挥会计职能作用的重要保证。

5.2.1 会计机构

1. 会计机构的设置

根据《会计法》的规定，各单位应当根据会计业务的需要设置会计机构，或者在有关机构中设置会计人员并指定会计主管人员。

一个单位是否单独设置会计机构，往往取决于以下几个因素：一是单位规模的大小；二是经济业务和财务收支的繁简；三是经营管理的要求。根据上述要求，一般来说，大、中型企业和具有一定规模的行政、事业单位，以及财务收支数额较大、会计业务较多的社会团体和其他经济组织，应单独设置会计机构，以便及时组织本单位各项经济活动和财务收支的核算，实行有效的会计监督。对于不具备单独设置会计机构条件的单位，如财务收支数额不大、会计业务比较简单的企业、机关、团体、事业单位等，可以在有关机构中配备专职会计人员，也可依法委托中介机构代理记账。

会计机构负责人（会计主管人员）是指在一个单位内具体负责会计工作的中层领导人员。会计机构负责人（会计主管人员）在单位负责人的领导下负责组织、管理本单位所有会计工作。《会计法》规定："担任单位会计机构负责人（会计主管人员）的，除取得会计从业资格证书外，还应当具备会计师以上专业技术职务资格或者从事会计工作3年以上经历。"这是对本单位会计机构负责人（会计主管人员）任职资格作出的特别规定。

根据《会计法》的规定，担任单位会计机构负责人的，除取得会计从业资格证书外，还应当具备会计师以上专业技术职务资格或者具有一定年限会计工作经历。该年限是(　　)。

A. 1年以上　　B. 2年以上

C. 3年以上　　D. 4年以上

【答案】C

《会计基础工作规范》规定："国家机关、国有企业、事业单位任用会计人员应当实行回避制度。单位负责人的直系亲属不得担任本单位的会计机构负责人、会计主管人员，会计机构负责人、会计主管人员的直系亲属不得在本单位会计机构中担任出纳工作。"

根据《会计工作基础规范》的规定，单位负责人的直系亲属不得担任本单位的(　　)。

A. 单位的会计机构负责人　　B. 单位的会计主管人员

C. 单位的会计　　D. 出纳

【答案】AB

2. 代理记账

代理记账是指从事代理记账业务的中介机构接受委托人的委托办理会计业务。委托人是指委托代理记账机构办理会计业务的单位。代理记账机构是指从事代理记账业务的中介机构。

根据2005年3月1日实施的《代理记账管理办法》的规定，在我国从事代理记账业务的机构应当具备下列条件：至少有3名持有会计从业资格证书的专职从业人员；主管代理记账业务的负责人必须具有会计师以上专业技术资格；有固定的办公场所；有健全的代理记账业务规范和财务会计管理制度。

代理记账机构的业务范围包括：根据委托人提供的原始凭证和其他资料，按照国家统一的会计制度的规定进行会计核算，包括审核原始凭证、填制记账凭证、登记会计账簿、编制财务会计报告等；对外提供财务会计报告；向税务机关提供税务资料；委托人委托的其他会计业务。

委托代理记账的委托人的义务有：对本单位发生的经济业务事项，应当填制或者取得符合国家统一的会计制度规定的原始凭证；应当配备专人负责日常货币收支和保管；及时向代理记账机构提供真实、完整的凭证和其他相关资料；对于代理记账机构退回的要求按照国家统一会计制度的规定进行更正、补充的原始凭证，应当及时予以更正、补充。

代理记账机构及其从业人员的义务有：按照委托合同办理代理记账业务，遵守有关法律、行政法规和国家统一的会计制度的规定；对在执行业务中知悉的商业秘密应当保密；对委托人示意其作出不当的会计处理，提供不实会计资料，以及其他不符合法律、行政法规和国家统一的会计制度规定的要求的，应当拒绝；对委托人提出的有关会计处理原则问题应当予以解释。

根据会计法律制度的规定，下列各项中，代理记账机构可以接受委托，代表委托人办理的业务事项的有(　　)。

A. 登记会计账簿　　　　B. 编制财务会计报告

C. 出具审计报告　　　　D. 向税务机关提供纳税资料

【答案】ABD

5.2.2　会计人员

1. 会计从业资格

会计从业资格，是指进入会计职业、从事会计工作的一种法定资质，是进入会计职业的门槛。凡是从事会计工作的会计人员，必须取得会计从业资格证书，才能从事会计工作。会计从业资格证书不得涂改、转让，一经取得，在全国范围内有效。

在国家机关、社会团体、公司、企业、事业单位和其他组织从事会计工作的人员（包括香港特别行政区、澳门特别行政区、台湾地区人员，以及外籍人员在中国大陆境内从事会计工作的人员），必须取得会计从业资格，持有会计从业资格证书。各单位不得任用不具备会计从业资格的人员从事会计工作。下列岗位必须取得会计从业资格证书：会计机构负责人（会计主管人员）；出纳；稽核；资本、基金核算；收入、支出、债权债务核算；工资、成本费用、财务成果核算；财产物资的收发、增减核算；总账；财务会计报告编制；会计机构内会计档案管理。

会计从业资格的取得实行考试制度。考试科目为财经法规与会计职业道德、会计基础、初级会计电算化（或者珠算五级）。会计从业资格考试大纲由财政部统一制定并公布。省、自治区、直辖市、计划单列市财政厅（局），新疆生产建设兵团财务局，中共中央直属机关事务管理局、国务院机关事务管理局、铁道部（编者注：2013年3月，根据第十二届全国人民代表大会第一次会议审议的《国务院关于提请审议国务院机构改革和职能转变方案》的议案，铁道部实行铁路政企分开。将铁道部拟订铁路发展规划和政策的行政职责划入交通运输部；组建国家铁路局，由交通运输部管理，承担铁道部的其他行政职责；组建中国铁路总公司，承担铁道部的企业职责；不再保留铁道部。)、中国人民武装警察部队后勤部和中国人民解放军总后勤部负责组织实施会计从业资格考试有关工作。

申请参加会计从业资格考试的人员，应当符合下列基本条件：遵守会计和其他财经法律、法规；具备良好的道德品质；具备会计专业基础知识和技能。申请人符合基本报名条件且具备国家教育行政主管部门认可的中专以上（含中专）会计类专业学历（或学位）的，自毕业之日起2年内（含2年），免试会计基础、初级会计电算化（或者珠算五级）。会计类专业包括会计学、会计电算化、注册会计师专门化、审计学、财务管理、理财学。

小知识

不得参加会计从业资格考试的情形有：被依法吊销会计从业资格证书的人员自被吊销之日起5年内不得参加会计从业资格考试，不得重新取得会计从业资格证书。因有提供虚假财务会计报告，做假账，隐匿或者故意销毁会计凭证、会计账簿、财务会计报告，贪污、挪用公款，职务侵占等与会计职务有关的违法行为，被依法追究刑事责任的人员，不得参加会计从业资格考试，不得取得或者重新取得会计从业资格证书。

会计人员继续教育，是指取得会计从业资格的人员持续接受一定形式的、有组织的理论知识、专业技能和职业道德的教育和培训活动，不断提高和保持其专业胜任能力和职业道德水平。会计人员继续教育的内容主要包括：会计理论与实务；财务、会计法规制度；会计职业道德规范；其他相关的知识与法规。会计人员继续教育的形式以接受培训为主，在职自学是会计人员继续教育的重要补充。会计人员应当接受继续教育，每年接受培训（面授）的时间累计不得少于24小时。

做一做

根据会计法律制度规定，会计人员继续教育的形式包括接受培训和自学两种，会计人员继续教育每年接受培训（面授）的时间累计最少应为(　　)。

A. 20小时　　B. 24小时

C. 48小时　　D. 68小时

【答案】B

2. 会计专业职务与会计专业技术资格

会计专业职务是区别会计人员业务技能的技术等级。会计专业职务分为高级会计师、会计师、助理会计师和会计员。高级会计师为高级职务，会计师为中级职务，助理会计师和会计员为初级职务。

根据《会计专业职务试行条例》的规定，下列各项中，属于会计专业职务的有(　　)。

A. 助理会计师　　B. 会计师

C. 高级会计师　　D. 注册会计师

【答案】ABC

会计专业技术资格分为初级资格、中级资格和高级资格三个级别。初级、中级会计资格的取得实行全国统一考试制度。初级、中级会计资格考试实行全国统一组织、统一考试时间、统一考试大纲、统一考试命题、统一合格标准的考试制度。中级会计资格考试成绩以2年为一个周期，单科成绩采取滚动计算的方法；初级会计资格考试不实行单科成绩滚动的方法，而实行1年内一次通过全部科目考试的方法。高级会计师资格实行考试与评审相结合制度。

3. 会计工作岗位设置

会计工作岗位，是指一个单位会计机构内部根据业务分工而设置的职能岗位。在会计机构内部设置会计工作岗位应遵循以下基本原则：

（1）根据本单位会计业务的需要设置会计工作岗位。

（2）符合内部牵制制度的要求。根据规定，会计工作岗位可以一人一岗、一人多岗或者一岗多人，但出纳人员不得兼任稽核、会计档案保管和收入、支出费用、债权债务账目的登记工作。

（3）对会计人员的工作岗位要有计划地进行轮岗。

（4）要建立岗位责任制。会计工作岗位一般分为：总会计师（或行使总会计师职权）岗位；会计机构负责人（会计主管人员）岗位；出纳岗位；稽核岗位；资本、基金核算岗位；收入、支出、债权债务核算岗位；工资核算、成本核算、财务成果核算岗位；财产物资的收发、增减核算岗位；总账岗位；对外财务会计报告编制岗位；会计电算化岗位；会计档案管理岗位。

根据《会计法》的规定，下列各项中，出纳员不得兼任的工作有(　　)。

A. 登记收入、支出账目　　B. 登记债权、债务账目

C. 保管会计档案　　D. 保管人事档案

【答案】ABC

4. 会计人员的工作交接

会计人员调动工作、离职或者因病暂时不能工作，应与接管人员办理工作交接手续。根据《会计基础工作规范》的规定，会计人员在办理交接之前必须做好如下准备工作：

（1）已经受理的经济业务尚未填制会计凭证的，应当填制完毕。

（2）尚未登记的账目应当登记完毕，结出余额，并在最后一笔余额后加盖经办人员印章。

（3）整理应该移交的各项资料，对未了事项和遗留问题要写出书面说明材料。

（4）编制移交清册，列明移交凭证、账簿、会计报表、公章、现金、有价证券、支票簿、发票、文件、其他会计资料和物品等内容；实行会计电算化的单位，从事该项工作的移交人员应在移交清册上列明会计软件及密码、会计软件数据盘、磁带等内容。

（5）会计机构负责人、会计主管人员移交时，应将财务会计工作、重大财务收支问

题和会计人员的情况等向接替人员介绍清楚。

一般会计人员办理交接手续，由单位的会计机构负责人、会计主管人员负责监交。会计机构负责人、会计主管人员办理交接手续时，由单位领导人负责监交，必要时，主管单位可以派人会同监交。移交人员在办理移交时，要按移交清册逐项移交，接替人员要逐项核对点收。①现金、有价证券要根据会计账簿有关记录进行点交。②会计凭证、会计账簿、会计报表和其他会计资料必须完整无缺。如有短缺，必须查清原因，并在移交清册中注明，由移交人员负责。③银行存款账户余额要与银行对账单核对，如不一致，应当编制银行存款余额调节表调节相符。各种财产物资和债权债务的明细账户余额要与总账有关账户余额核对相符。④移交人员经管的票据、印章和其他实物等，必须交接清楚；移交人员从事会计电算化工作的，要对有关电子数据在实际操作状态下进行交接。

会计机构负责人、会计主管人员移交时，还必须将全部财务会计工作、重大财务收支和会计人员的情况等，向接替人员详细介绍。对需要移交的遗留问题，应当写出书面材料。交接完毕后，交接双方和监交人员要在移交清册上签名或者盖章，并应在移交清册上注明：单位名称，交接日期，交接双方和监交人员的职务、姓名，移交清册页数以及需要说明的问题和意见等。移交清册一般应当填制一式三份，交接双方各执一份，存档一份。接替人员应当继续使用移交的会计账簿，不得自行另立新账，以保持会计记录的连续性。

根据《会计基础工作规范》的规定，会计机构负责人办理会计工作交接手续时，负责监交的人员应当是(　　)。

A. 一般会计人员　　B. 主管会计工作负责人

C. 单位负责人　　D. 单位负责人指定的人员

【答案】C

课后练习

一、选择题

1. 对于不具备设置会计机构条件的单位，应当(　　)。

A. 不记账　　B. 代理记账

C. 简化记账　　D. 随便处理

2. 代理记账的机构必须是按规定经过批准设立的(　　)。

A. 社会中介机构　　B. 主管部门

C. 税务部门　　D. 财政部门

3. 国有大、中型企业(　　)设置总会计师。

A. 可以　　B. 不必

C. 必须　　D. 应根据要求

4. 会计人员继续教育的对象不包括(　　)。

A. 持有会计从业资格证书，分管单位会计工作的单位负责人

B. 持有会计从业资格证书，取得高级专业技术资格的会计人员

C. 没有持有会计从业资格证书，但目前在会计岗位的人员

D. 持有会计从业资格证书，但目前不在会计岗位的人员

5. 下列不属于会计专业职务的是(　　)。

A. 助理会计师　　B. 会计师

C. 高级会计师　　D. 注册会计师

6. 国家机关、国有企业、事业单位的会计主管人员的直系亲属不得在本单位会计机构中担任(　　)工作。

A. 稽核　　B. 会计档案管理

C. 会计　　D. 出纳

7. 会计资料移交后，如果发现是移交人员经办会计工作期间内所发生的问题，由(　　)负责。

A. 原移交人员　　B. 当时的移交人员

C. 单位负责人　　D. 会计机构负责人

8. 会计人员在办理会计工作交接手续时，要有专人负责监交，(　　)可负责监交。

A. 单位的会计机构负责人　　B. 单位负责人

C. 单位的会计主管人员　　D. 其他会计人员

9. 根据《会计基础工作的规范》的规定，移交人对自己经办且已移交的(　　)的真实性、完整性承担法律责任。

A. 会计凭证　　B. 会计账簿

C. 会计报表　　D. 其他会计资料

二、判断题

1. 担任单位会计机构负责人的，除取得会计从业资格证书外，还应当具备初级会计师职称。(　　)

2. 会计人员工作交接，是指会计人员工作调动、离职或因病暂时不能工作，应与接替人员办理交接手续的一种工作程序。(　　)

3. 会计工作实行回避制度的范围包括国家机关、社会团体、个体工商户。(　　)

4. 报名参加会计专业技术资格考试的人员，必须具备会计从业资格，持有会计从业资格证书。(　　)

三、简答题

1. 什么是代理记账？代理记账机构应具备哪些条件？

2. 回避制度的内容是什么？

5.3 法律责任

案例导入

2012 年，某市国有东英机械公司，因市场变化导致产品销售不畅大量积压，厂长李某为了粉饰其原有经营业绩，会同会计科长张某、会计王某多次伪造会计凭证、变造会计账簿并盖章后报出。事后财政部门调查时，厂长李某、会计科长张某、会计王某对上述行为均供认不讳。

请问：(1) 上述行为属于《会计法》规定的哪种违法行为？

（2）如上述行为尚不构成犯罪，将如何处罚？

案例评析：（1）上述行为属于《会计法》规定的伪造、变造会计凭证、会计账簿，编制虚假财务会计报告的行为。

（2）伪造、变造会计凭证、会计账簿或者编制虚假财务会计报告，如情节较轻、社会危害不大，根据《中华人民共和国刑法》（以下简称《刑法》）的有关规定尚不构成犯罪的，应当按照《会计法》的规定予以处罚。具体措施包括：通报，由县级以上人民政府财政部门采取通报的方式对违法行为人予以批评、公告；罚款，县级以上人民政府财政部门对违法行为视情节轻重，在予以通报的同时，可以对单位并处5 000元以上10万元以下的罚款，对其直接负责的主管人员和其他直接责任人员，可以处3 000元以上5万元以下的罚款；行政处分，如上述所列违法行为直接负责的主管人员和其他直接责任人员为国家工作人员，应当由其所在单位或者上级单位或者行政监察部门给予撤职、留用察看直至开除的行政处分；吊销会计从业资格证书。

任务驱动

任务内容：准备一次会计法律责任知识竞赛。

任务布置：将学生分成若干小组，每组分配一项内容，利用课余时间搜集《会计法》以及《刑法》中有关会计法律责任相关规定，编制成抢答题。教师组织各小组进行知识抢答，得分最多的小组即为胜出者，由教师奖励。

知识链接

1. 违法进行会计管理、核算和监督的法律责任

违反《会计法》第42条的规定，有下列行为之一的，由县级以上人民政府财政部门责令限期改正，可以对单位并处3 000元以上5万元以下的罚款；对其直接负责的主管人员和其他直接责任人员，可以处2 000元以上2万元以下的罚款；属于国家工作人员的，还应当由其所在单位或者有关单位依法给予行政处分：

（1）不依法设置会计账簿的；

（2）私设会计账簿的；

（3）未按照规定填制、取得原始凭证或者填制、取得的原始凭证不符合规定的；

（4）以未经审核的会计凭证为依据登记会计账簿或者登记会计账簿不符合规定的；

（5）随意变更会计处理方法的；

（6）向不同的会计资料使用者提供的财务会计报告编制依据不一致的；

（7）未按照规定使用会计记录文字或者记账本位币的；

（8）未按照规定保管会计资料，致使会计资料毁损、灭失的；

（9）未按照规定建立并实施单位内部会计监督制度或者拒绝依法实施的监督或者不如实提供有关会计资料及有关情况的；

（10）任用会计人员不符合本法规定的。

根据《会计法》的规定，有上述行为之一，构成犯罪的，依法追究刑事责任。会计人员有上述所列行为之一，情节严重的，由县级以上人民政府财政部门吊销会计从业资格证书。有关法律对上述所列行为的处罚另有规定的，依照有关法律的规定办理。

下列各项中，属于违反《会计法》规定的有(　　)。

A. 以未经审核的会计凭证为依据登记会计账簿的行为

B. 随意变更会计处理方法的行为

C. 未在规定期限办理纳税申报的行为

D. 未按规定建立并实施单位内部会计监督制度的行为

【答案】ABD

2. 伪造、变造会计凭证、会计账簿，编制虚假财务会计报告的法律责任

伪造、变造会计凭证、会计账簿，编制虚假财务会计报告尚不构成犯罪的，由县级以上人民政府财政部门予以通报，可以对单位并处5 000元以上10万元以下的罚款；对其直接负责的主管人员和其他直接责任人员，可以处3 000元以上5万元以下的罚款；属于国家工作人员的，还应当由其所在单位或者有关单位依法给予撤职直至开除的行政处分；对其中的会计人员，并由县级以上人民政府财政部门吊销会计从业资格证书。

3. 隐匿或者故意销毁依法应当保存的会计资料的法律责任

隐匿或者故意销毁依法应当保存的会计凭证、会计账簿、财务会计报告，构成犯罪的，依法追究刑事责任。《刑法》第162条规定，“隐匿或者故意销毁依法应当保存的会计凭证、会计账簿、财务会计报告，情节严重的，处5年以下有期徒刑或者拘役，并处或者单处2万元以上20万元以下罚金。单位犯此罪的，对单位判处罚金，并对其直接负责的主管人员和其他直接责任人员，处5年以下有期徒刑或者拘役，并处或者单处2万元以上20万元以下罚金。”

4. 授意、指使、强令会计机构、会计人员及其他人员伪造、变造、编制、隐匿、故意销毁会计资料的法律责任

授意、指使、强令会计机构、会计人员及其他人员伪造、变造会计凭证、会计账簿、编制虚假财务会计报告或者隐匿、故意销毁依法应当保存的会计凭证、会计账簿、财务会计报告，构成犯罪的，依法追究刑事责任；尚不构成犯罪的，可以处5 000元以上5万元以下的罚款；属于国家工作人员的，还应当由其所在单位或者有关单位依法给予降级、撤职、开除的行政处分。

5. 单位负责人对会计人员进行打击报复的法律责任

单位负责人对依法履行职责、抵制违反《会计法》规定行为的会计人员以降级、撤职、调离工作岗位、解聘或者开除等方式实行打击报复，构成犯罪的，依法追究刑事责任。我国《刑法》第255条规定，“公司、企业、事业单位、机关、团体的领导人，对依法履行职责、抵制违反会计法、统计法行为的会计、统计人员实行打击报复，情节恶劣的，处3年以下有期徒刑或者拘役。”尚不构成犯罪的，由其所在单位或者有关单位依法给予行政处分。对受打击报复的会计人员，应当恢复其名誉和原有职务、级别。

6. 其他违法行为的法律责任

其他违法行为的法律责任主要指两种情况：一是财政部门及有关行政部门的工作人员在实施监督管理中滥用职权、玩忽职守、徇私舞弊或者泄露国家秘密、商业秘密，构成犯罪的，依法追究刑事责任；二是指违反《会计法》第30条的规定，将检举人姓名和检举

材料转给被检举单位和被检举人个人的，由所在单位或者有关单位依法给予行政处分。

下列各项中，属于《会计法》规定的行政处罚形式有(　　)。

A. 行政拘留　　B. 罚款

C. 暂时停业整顿　　D. 吊销会计从业资格证书

【答案】BD

课后练习

一、选择题

1. 某公司的会计人员甲伪造会计账簿，尚不构成犯罪。根据《会计法》的规定，甲的违法行为的法律后果是(　　)。

A. 予以警告，并处3 000元以上5万元以下的罚款

B. 予以警告，并处2 000元以上2万元以下的罚款

C. 处以3 000元以上5万元以下的罚款，并吊销会计从业资格证书

D. 处以5 000元以上10万元以下的罚款，并吊销会计从业资格证书

2. 当会计人员违反会计法律制度的有关规定时，应当由(　　)作出吊销其会计从业资格证书的决定。

A. 县级以上工商行政管理部门　　B. 县级以上人民政府财政部门

C. 县级以上审计部门　　D. 县级以上人民法院

3. 违反《会计法》规定，向不同的会计资料使用者提供的财务会计报告编制依据不一致的行为，尚不构成犯罪的，由县级以上人民政府财政部门责令限期改正，可以对单位并处(　　)的罚款。

A. 3 000元以上5万元以下　　B. 5 000元以上10万元以下

C. 2 000元以上2万元以下　　D. 5 000元以上8万元以下

4. 各单位不得任用（聘用）不具备会计从业资格的人员从事(　　)。

A. 会计咨询工作　　B. 财务工作

C. 审计工作　　D. 会计工作

5. 单位负责人不得指使会计机构、会计人员(　　)。

A. 伪造会计凭证　　B. 变造会计凭证

C. 伪造、变造会计账簿　　D. 提供虚假财务会计报告

6. 根据《会计法》第42条规定，发生(　　)行为，对单位直接负责的主管人员和其他直接责任人员可以处2 000元以上2万元以下的罚款。

A. 私设会计账簿

B. 以未经审核的会计凭证为依据登记会计账簿

C. 未按照规定填制、取得原始凭证

D. 伪造和变造会计凭证、账簿和会计报告

二、判断题

1. 会计从业人员故意销毁依法应当保存的会计凭证、会计账簿、财务会计报告，构成犯罪的，依法追究刑事责任。(　　)

2. 所谓责令限期改正，是指要求违法行为人在一定期限内将其违法行为恢复到合法状态。（　）

3. 变造会计凭证的行为，是指以虚假的经济业务或者资金往来为前提，编造虚假的会计凭证的行为。（　）

4. 伪造会计凭证的行为，是指采取涂改、挖补以及其他方法改变会计凭证真实内容的行为。（　）

5. 所谓销毁，是指故意将依法应当保存的会计凭证、会计账簿、财务会计报告予以毁灭的行为。（　）

6. 单位应当保证会计机构、会计人员依法履行职责，不得授意、指使、强令会计机构、会计人员违法办理会计事项。（　）

三、简答题

《会计法》规定了哪些违法进行会计管理、核算和监督的行为？

四、案例分析

2012 年 9 月 10 日，光华公司收到一张原始凭证，该凭证应由光华公司与宏伟公司共同承担，光华公司会计人员李某以本公司应承担的费用进行账务处理，并保存该原始凭证；同时提供给宏伟公司该原始凭证复印件做账务处理。年末，宏伟公司打算销毁保管期满的会计档案一批，其中有一张原始凭证未结清债权债务，李某认为既然保管期满，会计档案就可以销毁。试分析：

（1）会计档案是否保管期满就可以销毁？

（2）宏伟公司用共同承担费用的原始凭证复印件进行账务处理的做法是否正确？

模块六

支付结算法律制度

学习目标

知识目标

1. 认知银行体系的基本结构。
2. 熟知票据结算在整个经济运行中的意义。
3. 掌握支付结算工具的使用程序（票据结算方式和票据之外的结算方式）。

技能目标

1. 会正确地填写各种票据。
2. 具备根据不同的经济业务判断使用何种结算方式最佳的能力。
3. 能够熟练地对各种票据进行相应的处理。

6.1 支付结算概述

案例导入

开成公司因购货向浩新公司签发了一张汇票，金额记载为20万元，签章为开成公司公章，出票日期为2月12日。浩新公司收到汇票后在规定期限内向付款人银行提示承兑，但银行以票据不符合要求而拒绝受理。

请问：(1) 该汇票上的出票日期的填写是否符合要求？说明理由。

(2) 该汇票上的签章是否符合要求？说明理由。

(3) 银行拒绝受理的行为是否合法？

案例评析：(1) 该汇票上的出票日期的填写不符合要求。根据央行颁布的《支付结算办法》的规定，票据的出票日期必须使用中文大写。其规范写法应为“零贰月壹拾贰日”。

(2) 该汇票上的签章不符合要求。根据《支付结算办法》的规定,单位在票据上的签章和单位在结算凭证上的签章,为该单位的盖章加其法定代表人或其授权的代理人的签名或盖章。

(3) 银行拒绝受理的行为合法。因票据填写不符合要求，导致票据无效，银行有权不予受理。

任务驱动

任务内容：学会填写转账支票。

任务布置：教师将学生分成若干小组，各小组根据教师提供的材料，参考本节知识填写转账支票；任务完成后进行小组课堂展示，评选出优胜小组；教师应给予专业指导。

教师提供的材料：(1) 业务内容：2012年8月15日，佳佳食品厂从太原油脂厂购入植物油300千克，每千克4.0元，税率为13%，以转账支票支付该税费。佳佳食品厂开户行及账号：工行五一路支行，125-830080573，预留印鉴为佳佳食品厂公章及法人代表赵一涛的名章。太原油脂厂开户行及账号：工行解放路支行，125-830080798。

(2) 结合本节知识有关票据和结算凭证填写要求，完成图6-1转账支票的填写。

西安西钞证券有限责任公司·2005年印制

中国工商银行
转账支票存根 ( )

A B
0 2

附加信息

出票日期 年 月 日

收款人：

金 额：

用 途：

单位主管 会计

本支票付款期限十天

中国工商银行 转账支票 A B

出票日期（大写） 年 月 日 付款行名称：

收款人： 出票人账号：

人民币（大写）	亿	千	百	十	万	千	百	十	元	角	分

用途________

以上款项请从
我账户内支付
出票人签章

复核 记账

图6-1 转账支票

知识链接

6.1.1 支付结算概述

想一想

在企业的日常经营活动中，会用到哪些支付结算方式？这些支付方式都是通过什么中介机构来完成呢？

1. 支付结算的概念

根据《支付结算办法》规定，支付结算是指单位、个人在社会经济活动中使用票据、信用卡和汇兑、托收承付、委托收款等结算方式进行货币给付及其资金清算的行为，其主要功能是完成资金从一方当事人向另一方当事人的转移。

银行、城市信用合作社、农村信用合作社（以下简称银行）以及单位（含个体工商户）和个人是办理支付结算的主体。其中，银行是支付结算和资金清算的中介机构。未经中国人民银行批准的非银行金融机构和其他单位不得作为中介机构经营支付结算业务。但法律、行政法规另有规定的除外。

单位、个人和银行办理支付结算必须遵守下列原则：

（1）恪守信用，履约付款；

（2）谁的钱进谁的账，由谁支配；

（3）银行不垫款。

支付结算的主要法律依据有《中华人民共和国票据法》《票据管理实施办法》《支付结算办法》《中国人民银行银行卡业务管理办法》《人民币银行结算账户管理办法》等。

2. 支付结算的相关规定

在银行开立存款账户的单位和个人办理支付结算，账户内须有足够的资金保证支付，《支付结算办法》另有规定的除外。没有开立存款账户的个人向银行交付款项后，也可以通过银行办理支付结算。

票据和结算凭证是办理支付结算的工具。单位、个人和银行办理支付结算，必须使用按中国人民银行统一规定印制的票据凭证和统一规定的结算凭证。未使用按中国人民银行统一规定印制的票据，票据无效；未使用中国人民银行统一规定格式的结算凭证，银行不予受理。填写票据和结算凭证时应注意以下问题：

（1）中文大写金额数字应用正楷或行书填写，不得自造简化字。如果金额数字书写中使用繁体字，也应受理。

（2）中文大写金额数字到“元”为止的，在“元”之后应写“整”（或“正”）字；到“角”为止的，在“角”之后可以不写“整”（或“正”）字。大写金额数字有“分”的，“分”后面不写“整”（或“正”）字。

（3）中文大写金额数字前应标明“人民币”字样，大写金额数字应紧接“人民币”字样填写，不得留有空白。票据和凭证金额栏前未印“人民币”字样的，应加填“人民币”三字。

（4）填写票据和结算凭证应当规范，做到要素齐全，数字正确，字迹清晰，不错不漏，不潦草，防止涂改。单位和银行的名称应当记载全称或者规范化的简称。票据和结算凭证金额应以中文大写和阿拉伯数字同时记载，两者必须一致，两者不一致的票据无效，两者不一致的结算凭证，银行不予受理。

小知识

1. 阿拉伯数字中间有“0”时，中文大写金额要写“零”字。如￥1 409.50，应写成人民币壹仟肆佰零玖元伍角。

2. 阿拉伯数字中间连续有几个“0”，中文大写金额中间只写一个“零”字。如￥6 007.14，应写成人民币陆仟零柒元壹角肆分。

3. 阿拉伯数字万位或元位是“0”或者数字中间连续有几个“0”，万位、元位也是“0”，但千位、角位不是“0”时，中文大写金额中可以只写一个“零”字，也可以不写零字。

4. 阿拉伯金额数字角位是“0”分位不是“0”时，中文大写金额“元”后面应写“零”字。

5. 阿拉伯小写金额数字前面，均应填写人民币符号“￥”。阿拉伯小写金额数字要认真填写，不得连写以免分辨不清。

6. 票据的出票日期必须使用中文大写。在填写月、日时，月为壹、贰和壹拾的，日为壹至玖和壹拾、贰拾和叁拾的，应在其前加“零”；日为拾壹至拾玖的，应在其前面加“壹”。票据出票日期使用小写填写的，银行不予受理。大写日期未按要求规范填写的，银行可予受理；但由此造成损失的，由出票人自行承担。

票据和结算凭证上的签章，为签名、盖章或者签名加盖章。单位、银行在票据上的签章和单位在结算凭证上的签章，为该单位、银行的盖章加其法定代表人或其授权的代理人的签名或盖章。个人在票据和结算凭证上的签章，应为该个人本名的签名或盖章。

票据和结算凭证的金额、出票或签发日期、收款人名称不得更改，更改的票据无效；更改的结算凭证，银行不予受理。对票据和结算凭证上的其他记载事项，原记载人可以更改，更改时应当由原记载人在更改处签章证明。

下列关于票据填写要求的表述中，不正确的是(　　)。

A. 单位名称应当记载全称或者规范化简称

B. 银行名称应当记载全称或者规范化简称

C. 出票日期可以选择使用中文大写或阿拉伯数字

D. 金额以中文大写和阿拉伯数码同时记载，二者必须一致

【答案】C

6.1.2　支付结算的主要工具

支付结算工具的分类如图6-2所示。下面简要介绍一下其中的托收承付、委托收款、汇兑、国内信用证和信用卡这几种票据之外的结算方式。

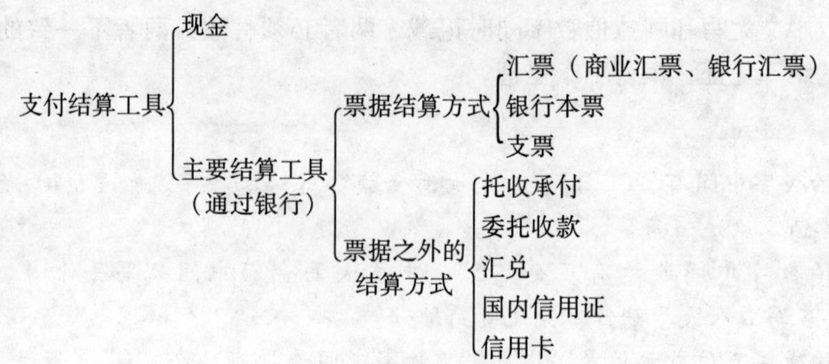

图6-2　支付结算工具

1. 托收承付

托收承付，是指根据购销合同由收款人发货后委托银行向异地付款人收取款项，由付款人向银行承认付款的结算方式。托收承付的适用范围是：

（1）结算款项必须是商品交易以及因商品交易而产生的劳务供应款项。代销、寄销、赊销商品的款项不得办理托收承付结算。

（2）使用托收承付结算方式的收款单位和付款单位必须是国有企业、供销合作社以及经营管理较好并经开户银行审查同意的城乡集体所有制工业企业。

（3）收付双方使用托收承付结算必须签有符合《合同法》规定的购销合同，并在合同上订明使用托收承付结算方式。

（4）收款人对同一付款人发货托收累计 3 次收不回货款的，收款人开户银行应暂停收款人向该付款人办理托收；付款人累计 3 次提出无理拒付的，付款人开户银行应暂停其向外办理托收。

下列业务中，国有企业之间不能采用托收承付结算方式的有(　　)。

A. 商品寄销　　B. 由商品交易产生的劳务供应

C. 商品赊销　　D. 商品代销

【答案】ACD

托收承付遵循的程序如图 6-3 所示：

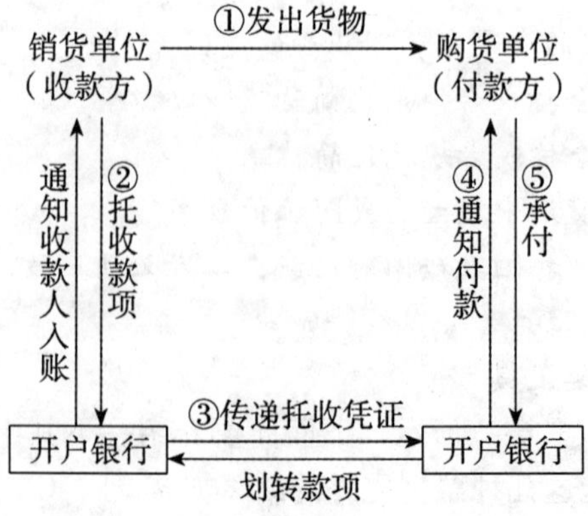

图6-3　托收承付的程序

当事人签发委托收款凭证时必须记载下列事项：表明“托收承付”的字样；确定的金额；付款人名称及账号；收款人名称及账号；付款人开户银行名称；收款人开户银行名称；托收附寄单证张数或册数；合同名称、号码；委托日期；收款人签章。

收款人应将托收凭证并附发运证件或其他符合托收承付结算要求的证明送交银行。

付款人开户银行收到托收凭证及其附件后，应当及时通知付款。验单付款的承付期为3天，从付款人开户银行发出承付通知的次日算起（承付期内遇法定休假日顺延）；验货付款的承付期为10天，从运输部门向付款人发出提货通知的次日算起。付款人在承付期内，未向银行表示拒绝付款，银行即视作承付，并在承付期满的次日（遇法定休假日顺延）上午银行开始营业时，将款项划给收款人。

甲、乙均为国有企业，甲向乙购买一批货物，约定采用托收承付验货付款结算方式。2013年3月1日，乙办理完发货手续，发出货物；3月2日，乙到开户行办理托收手续；3月10日，铁路部门向甲发出提货通知；3月14日，甲向开户行表示承付，通知银行付款。那么承付期的起算时间是(　　)。

A. 3月2日　　B. 3月3日

C. 3月11日　　D. 3月15日

【答案】C

下列情况发生时，付款人可向银行提出全部或部分拒绝付款：①没有签订购销合同或者购销合同未订明托收承付结算方式的款项。②未经双方事先达成协议，收款人提前交货或因逾期交货付款人不再需要该项货物的款项。③未按合同规定的到货地址发货的款项。④代销、寄销、赊销商品的款项。⑤验单付款，发现所列货物的品种、规格、数量、价格与合同规定不符；或者货物已到，经查验货物与合同规定或与发货清单不符的款项。⑥验货付款，经查验货物与合同规定或与发货清单不符的款项。⑦货款已经支付或计算错误的款项。

收款人对被无理拒绝付款的托收款项，在收到退回的结算凭证及其所附单证后，需要委托银行重办托收。经开户银行审查，确属无理拒绝付款的，可以重办托收。

2. 委托收款

委托收款是收款人委托银行向付款人收取款项的结算方式。单位和个人，同城、异地均可以使用委托收款方式。

委托收款适用的程序是：

（1）签发托收凭证。签发托收凭证必须记载下列事项：表明“托收”的字样；确定的金额；付款人名称；收款人名称；委托收款凭据名称及附寄单证张数；委托日期收款人签章。

（2）委托。收款人办理委托收款应向银行提交委托收款凭证和有关的债务证明。

（3）付款。银行接到寄来的委托收款凭证及债务证明，审查无误后办理付款。以银行为付款人的，银行应当在当日将款项主动支付给收款人。以单位为付款人的，银行应及时通知付款人。需要将有关债务证明交给付款人的，应交给付款人。付款人应于接到通知的当日书面通知银行付款。

甲公司委托乙银行向丙企业收取款项，丙企业开户银行在债务证明到期日办理划款时，发现丙企业存款账户不足支付的，可以采取的行为是(　　)。

A. 直接向甲公司出具拒绝支付证明

B. 应通过乙银行向甲公司发出未付款通知书

C. 先按委托收款凭证及债务证明标明的金额向甲公司付款，然后向丙企业追索

D. 应通知丙企业存足相应款项，如果丙企业在规定的时间内未存足款项的，再向乙银行出具拒绝支付证明；付款人应当于接到通知的当日书面通知银行付款，如果付款人未在接到通知的次日起3日内通知银行付款的，视为同意付款

【答案】B

（4）拒绝付款。付款人审查有关债务证明后，对收款人委托收取的款项需要拒绝付款的，可以办理拒绝付款。以银行为付款人的，应自收到委托收款及债务证明的次日起3日内出具拒绝证明，连同有关债务证明、凭证寄给被委托银行，转交收款人。以单位为付款人的，应在付款人接到通知的次日起3日内出具拒绝证明，持有债务证明的，应将其送交开户银行。

3. 汇兑

汇兑是汇款人委托银行将其款项支付给收款人的结算方式。单位和个人各种款项异地结算均可使用此方式。

汇兑适用的程序是：

（1）签发。签发汇兑凭证必须记载下列事项：表明“信汇”或“电汇”的字样；无条件支付的委托；确定的金额；收款人名称；汇款人名称；汇入地点、汇入行名称；汇出地点、汇出行名称；委托日期；汇款人签章。汇款人与收款人均为个人的，需要在汇入银行支取现金的，应填写“现金”字样。

（2）银行受理。汇款回单只能作为汇出银行受理汇款的依据，不得作为该笔汇款已转入收款人账户的证明。

（3）汇入处理。收账通知是银行将款项确已收入收款人账户的凭证。

（4）撤销。汇款人对汇出银行尚未汇出的款项可以申请撤销，申请撤销时，应出具正式函件或本人身份证件及原信、电汇回单。

（5）退汇。汇入银行对于向收款人发出取款通知，经过2个月无法交付的汇款，应主动办理退汇。

4. 国内信用证

国内信用证，是指开证银行依照申请人（购货方）的申请向受益人（销货方）开出一定金额、并在一定期限内凭信用证规定的单据支付款项的书面承诺。只适用于国内企业之间商品交易产生的货款结算，且只能用于转账结算，不得支取现金。我国信用证属于具有不可撤销、不可转让特点的跟单信用证。

信用证有效期为受益人向银行提交单据的最迟期限，最长不得超过6个月。

开证行在决定受理该项业务时，应向申请人收取不低于开证金额20%的保证金。并可根据申请人资信情况要求其提供抵押、质押或由其他金融机构出具保函。

付款人应当于接到通知的当日书面通知银行付款，如果付款人未在接到通知的次日起3日内通知银行付款的，视为同意付款。

申请人交存的保证金和其存款账户余额不足支付的，开证行仍应在规定的付款时间内进行付款。对不足支付的部分作逾期贷款处理。

关于国内信用证特征的表述中，不符合法律规定的是(　　)。

A. 国内信用证为不可撤销信用证

B. 受益人可以将国内信用证权利转让给他人

C. 国内信用证结算方式只适用于国内企业商品交易的货款结算

D. 国内信用证只能用于转账结算，不得支取现金

【答案】B

5. 信用卡

信用卡是指商业银行向个人和单位发行的，凭以向特约单位购物、消费和向银行存取现金，且具有消费信用的特制载体卡片。信用卡按使用对象分为单位卡和个人卡；按信誉等级分为金卡和普通卡。

凡在中国境内金融机构开立基本存款账户的单位可申领单位卡。单位卡可申领若干张，持卡人资格由申领单位法定代表人或其委托的代理人书面指定和注销。凡具有完全民事行为能力的公民可申领个人卡。个人卡的主卡持卡人可为其配偶及年满18周岁的亲属申领附属卡，申领的附属卡最多不得超过两张，也有权要求注销其附属卡。

信用卡在使用时应注意以下问题：

（1）单位卡账户的资金一律从其基本存款账户转账存入，不得交存现金，不得将销货收入的款项存入其账户。单位卡一律不得支取现金。个人卡账户的资金以其持有的现金存入或以其工资性款项及属于个人的劳务报酬收入转账存入。严禁将单位的款项存入个人卡账户。

（2）单位人民币卡可办理商品交易和劳务供应款项的结算，但不得透支。单位卡不得提现。持卡人可持信用卡在特约单位购物、消费。单位卡不得用于10万元以上的商品交易、劳务供应款项的结算。

（3）信用卡透支期限最长为60天，持卡人使用信用卡不得发生恶意透支（恶意透支是指持卡人超过规定限额或规定期限，并且经发卡银行催收无效的透支行为）。

根据《银行卡业务管理办法》的规定，发卡银行给予持卡人一定的信用额度，持卡人可在信用额度内先消费、后还款的银行卡是(　　)。

A. 贷记卡　　B. 专用卡

C. 转账卡　　D. 储值卡

【答案】A

在进行支付结算时，我们选用某一种结算工具的依据是什么？

课后练习

一、选择题

1. 下列情形中，可以办理退汇的是(　　)。

A. 该汇款尚未汇出　　B. 汇款人与收款人未达成一致退汇意见

C. 经过1个月无法交付的汇款　　D. 收款人拒绝接受的汇款

2. 根据支付结算法律制度的规定，下列有关汇兑的表述中，不正确的是(　　)。

A. 汇兑分为信汇和电汇两种

B. 汇兑每笔金额1万元起

C. 汇兑适用于单位和个人各种款项的结算

D. 汇兑是汇款人委托银行将其款项支付给收款人的结算方式

3. 下列各项中，信用卡持卡人可以使用单位卡的情形是(　　)。

A. 购买价值9万元的电脑　　B. 存入销货收入的款项

C. 支付12万元劳务费用　　D. 支取现金

4. 下列属于非票据结算方式的有(　　)。

A. 银行本票　　B. 汇兑

C. 信用卡　　D. 委托收款

5. 下列关于票据金额的填写，说法正确的是(　　)。

A. 阿拉伯小写金额数字中有“0”的，中文大写应按汉语语言规律、金额数字和防止涂改的要求进行书写

B. 大写金额数字有“分”的，“分”后面可以写“整”（或“正”）字

C. 大写金额数字应紧接“人民币”字样填写，不得留有空白

D. 大写金额数字前未印“人民币”字样的，应加填“人民币”字样

二、判断题

1. 中文大写金额数字到“元”为止的，在“元”之后，可以写“整”（或“正”）字，在“角”之后不能写“整”（或“正”）字。(　　)

2. 支付结算是指单位在社会经济活动中使用票据、银行卡和汇兑、托收承付、委托收款等结算方式进行货币给付及其资金清算的行为。个人在社会经济活动中使用票据、银行卡等方式进行资金清算的行为不属于支付结算的范畴。(　　)

3. 根据《支付结算办法》的规定，除法律、行政法规另有规定外，未经中国人民银行批准的非银行金融机构和其他单位，不得作为中介机构经营银行支付结算业务。(　　)

4. 单位卡可申领若干张。(　　)

5. 单位卡账户的资金一律从其一般存款账户转入。(　　)

6. 票据出票日期使用小写的，银行可以受理，但由此造成的损失由出票人承担。(　　)

三、案例分析

A企业某会计人员于2012年11月在其开户银行B银行为单位开立了一个单位人民币借记卡账户，并从基本账户转入款项100万元。2012年12月3日，异地C企业业务人员

随身携带现金4万元与A企业洽谈生意。洽谈结束后，C企业按照洽谈意见，需要预付货款5万元。C企业业务人员交付携带的4万元现金后，A企业授意其将剩余的1万元从C企业的异地账户直接汇入A企业银行卡账户。2012年12月10日，A企业银行卡中收到C企业的1万元预付货款，同日，A企业会计人员到开户银行B银行将银行卡账户中的2万元转入该企业总经理在D银行开立的个人银行卡账户。请分析：以上做法中哪些违反了信用卡业务管理的有关规定？

6.2　现金管理制度

案例导入

中山兴中企业库存现金限额为50 000元，3月20日库存现金为100 000元。出纳员按总经理的批示从中提取20 000元存入个人信用卡，从中借给兄弟单位50 000元发工资，将其中10 000元存入单位信用卡3月25日，直接从当天的现金收入中提取30 000元向农户收购农副产品。

请问：根据现金、银行结算法律制度，企业的做法是否正确？

案例评析：（1）3月20日库存现金超过库存限额，违反了《现金管理暂行条例》。根据规定，企业必须严格遵守开户银行核定的库存限额。

（2）将单位现金20 000元存入个人信用卡，违反以下现金管理规定：不得将单位的收入以个人的名义存入个人信用卡。

（3）直接从现金收入中支取现金，是坐支行为。违反现金管理的不得坐支的规定。

（4）《现金管理暂行条例》规定，单位之间不得相互借用现金。

对该企业的处理：责令停止违法活动，并可以予以罚款，情节严重的可在一定期限内停止对该单位的贷款或停止现金支付。

任务驱动

任务内容：利用课余时间查找资料，阅读《现金管理暂行条例》。

任务布置：请同学利用课余时间找出最新的《现金管理暂行条例》（最好是纸质的，并带到课堂上来）。阅读该条例，回答以下问题：

（1）《现金管理暂行条例》是针对解决什么样的问题而制定的？

（2）该条例可以起到什么样的作用？

（3）《现金管理暂行条例》规定的现金使用范围为什么基本上针对的都是个人？

知识链接

6.2.1　现金管理概述

1. 开户单位使用现金的范围

现金的使用范围，是指按照国家规定，可以使用现金进行结算的范围。根据国务院发布的《现金管理暂行条例》的规定，开户单位可以在下列范围内使用现金：

（1）职工工资、津贴；

（2）个人劳务报酬；

(3) 根据国家规定颁发给个人的科学技术、文化艺术、体育等各种奖金;

(4) 各种劳保、福利费用以及国家规定的对个人的其他支出;

(5) 向个人收购农副产品和其他物资的价款;

(6) 出差人员必须随身携带的差旅费;

(7) 结算起点(1 000 元)以下的零星支出;

(8) 中国人民银行确定需要支付现金的其他支出。

除上述第(5)项和第(6)项外,开户单位支付给个人的款项,超过使用现金限额的部分,应当以支票或者银行本票支付;确需全额支付现金的,经开户银行审核后,予以支付现金。

2. 现金使用的限额

库存现金限额,是指为保证各单位日常零星支付的需要,按规定允许留存的现金的最高数额。开户单位之间的经济往来,除按《现金管理暂行条例》规定的范围可以使用现金外,应当通过开户银行进行转账结算。

库存现金的限额,由开户银行根据开户单位的实际需要予以核定。库存现金的限额一般按照单位3~5天日常零星开支所需的现金数额确定。远离银行机构或交通不便的开户单位,其库存现金的限额核定天数可适当放宽到5天以上,但最多不得超过15天的日常零星开支需要量。

一个单位在几家银行开户的,只能在一家银行开设现金结算户支取现金,由该家开户银行负责核定开户单位的库存现金限额和进行现金管理监督。库存现金限额一般每年核定一次。

小知识

现金的坐支,简称"坐支",是指各单位从本单位的现金收入中直接用于支付的现金。

6.2.2 现金收支管理的基本要求

1. 现金收支

各单位的现金收入,除由出纳人员按规定从开户银行提取外,还包括:职工报销差旅费时交回的剩余借款、备用金退回款、收取结算起点以下的零星收入款、收取不能到账的单位或个人的销售收入、收取个人的罚款、无法查明原因的现金溢余等。其他收款业务必须通过开户银行进行转账结算。

开户单位支付现金,可以从本单位库存现金限额中支付或者从开户银行提取,不得从本单位的现金收入中直接支付(即坐支)。因特殊情况需要坐支现金的,应当事先报经开户银行审查批准,由开户银行核定坐支范围和限额。坐支单位应当定期向开户银行报送坐支金额和使用情况。

现金支出主要用于支付职工工资及津贴、支付农副产品收购价款、本单位出差人员差旅费、支付备用金、零星购置办公用品等。

2. 建立健全现金核算和内部控制

1) 钱账分管制度

钱账分管制度即管钱的不管账,管账的不管钱。一方面,专职出纳人员负责办理现金收付业务和现金保管业务，非出纳人员不得经管现金收付业务和现金保管业务；另一方面，出纳人员不得兼管稽核、会计档案保管和收入、费用、债权债务账目的登记工作。

2）现金收支授权批准制度

明确本单位现金开支范围；制定各种报销凭证，规定报销手续和具体办法；确定各种现金开支业务的授权批准权限；严格执行现金支付业务办理程序。

3）日清月结制度

日清月结是出纳员办理现金出纳工作的基本原则和要求，也是避免出现长款、短款的重要措施。所谓日清月结，就是出纳员办理现金出纳业务，必须做到按日清理，按月结账。这里所说的按日清理，是指出纳员应对当日的经济业务进行清理，全部登记日记账，结出库存现金账面余额，并与库存现金实地盘点数核对相符。

4）现金清查制度

出纳员自身对库存现金进行检查清查的基础上，还应指定专人定期或不定期地进得核查，以确保库存现金的完整，防止不法行为的发生。现金清查一般采用突击盘点法，不预先通知出纳人员，以防其预先做手脚，清查时出纳人员应始终在场。

5）现金管理制度

超过库存限额的现金应当在当日下班前送存开户银行；日常业务收付的现金及限额内的库存现金，一律存放在专用保险柜内；单位的库存现金不准以个人名义存入银行，不准保留账外公款；不准用不符合制度规定的凭证顶替库存现金，即不得“白条抵库”；对库存现金应实行分类保管；保险柜的配备使用制度，主要由出纳人员保管、开启，保险柜内不得存放私人财物。更换出纳人员，应相应更换保险柜密码。

在现金管理制度上实行钱账分管的目的是什么？

小知识

库存现金的其他内部牵制制度包括：

（1）签发收据和发票应与收取现金的职责分开。即开票与收款应由两人分工办理。

（2）建立收据的领销制度。

（3）一切现金收入，都应开具收款收据或发票；一切现金支出，都应取得有关原始凭证。

（4）现金支票和银行印鉴必须由两人分别保管。

（5）定期或不定期进行出纳岗位轮换。

课后练习

一、选择题

1. 因采购地点不确定，办理转账结算不够方便，必须使用现金的开户单位，要向开户银行提出书面申请。由(　　)签字盖章，开户银行审查批准后，予以支付现金。

A. 本单位财会部门负责人　　B. 本单位负责人

C. 总会计师　　D. 董事长

2. 关于现金收支的基本要求，下列表述正确的是(　　)。

A. 开户单位收入现金一般应于当日送存开户银行

B. 开户单位支付现金，可以从本单位的现金收入中直接支付

C. 开户单位对于符合现金使用范围规定，从开户银行提取现金的，应写明用途，由本单位财会部门负责人签字盖章，并经开户银行审查批准

D. 不准单位之间相互借用现金

3. 开户单位可以在一定范围内使用现金，按照有关规定，对于零星支出的结算起点是(　　)元以下。

A. 1 000　　　　B. 1 500

C. 2 000　　　　D. 500

4. 关于现金管理中现金使用的限额，下列表述不正确的是(　　)。

A. 开户银行应当根据实际需要，核定开户单位3~5天的日常零星开支所需的库存现金限额

B. 边远地区和交通不便地区的开户单位的库存现金限额，可以多于5天，但不得超过10天

C. 开户单位需要增加或减少库存现金限额的，应当向开户银行提出申请，由开户银行核定

D. 商业和服务行业的找零备用现金也要根据营业额核定定额，但不包括在开户单位的库存现金限额之内

二、判断题

1. 单位现金结算的限额，由单位所对应开户银行决定。　(　　)

2. 开户单位支付现金，可以从本单位库存现金限额中支付或者从开户银行提取，也可以从本单位的现金收入中直接支付。　(　　)

3. 使用现金结算的起点为1 000元，需要增加时由中国人民银行总行确定后，报国务院备案。　(　　)

三、简答题

1. 根据《现金管理暂行条例》规定，开户单位在哪些范围内可以使用现金?

2. 简要说明现金管理的制度有哪些?

6.3 银行结算账户管理制度

案例导入

2012年10月9日，甲企业的财务科长持有关证明到乙商业银行某营业部办理基本存款账户开立手续，乙银行工作人员审查了其开户的证明文件，并留存了相关证件的复印件，为其办理了基本存款账户开户手续。当天，该财务科长持以上证件和丙银行的贷款合同到丙银行开立了一个一般存款账户。10月10日，该财务科长携带该企业的印鉴到乙银行某营业部购买了转账支票一本，并当场签发了金额10 000元的转账支票，填写了进账单。支票和进账单的收款人为在乙银行开户的开成公司，乙银行的工作人员审查完毕后当场办理了该支票的转账手续。10月11日，乙银行账户工作人员携带甲企业的基本存款账

户开户资料向当地人民银行报送，申请核准。

请问：乙银行和丙银行的做法是否符合有关账户管理的规定？

案例评析：(1) 本案例中涉及的乙银行工作人员没有严格执行《人民币银行结算账户管理办法》关于“存款人开立单位银行结算账户，自正式开立之日起3个工作日后，方可使用该账户办理付款业务”的规定，在甲企业开户的次日就为其办理了转账手续，违反了规定。

(2) 丙银行的工作人员在甲企业没有基本账户登记证的情况下，就为甲企业办理了开户手续，属于开户审查不严的行为。根据《人民币银行结算账户管理办法》规定，开立一般存款账户应向银行出具其开立基本存款账户规定的证明文件、基本存款账户开户登记证和借款合同或其他证明。本案例中，甲企业的财务科长10月9日在乙银行开立基本存款账户，而乙银行的工作人员10月11日到当地人民银行办理核准手续，因此，丙银行为甲企业开立一般存款账户时，人民银行尚未核发乙银行为甲企业基本存款账户的登记证。

任务驱动

任务内容：请根据本节知识完成表6-1。

表6-1　**不同类型账户的相关事项**

账户类型	账户开立方式	账户用途	是否能支取现金	是否能存入现金
基本存款账户	核准制			
一般存款账户	备案制			
专用存款账户	备案制：其他专用账户 核准制： 1. 预算单位专用存款账户 2. QFII 专用存款账户			
临时存款账户	备案制：注册验资或增资验资 核准制：其他			
个人存款账户	备案制			
异地存款账户				

知识链接

6.3.1　中国金融机构体系概述

我国金融体系结构如图6-4所示。

同学们的家里肯定都会有一定的银行存款，想一想你们的家长都把钱存在哪些金融机构里了？

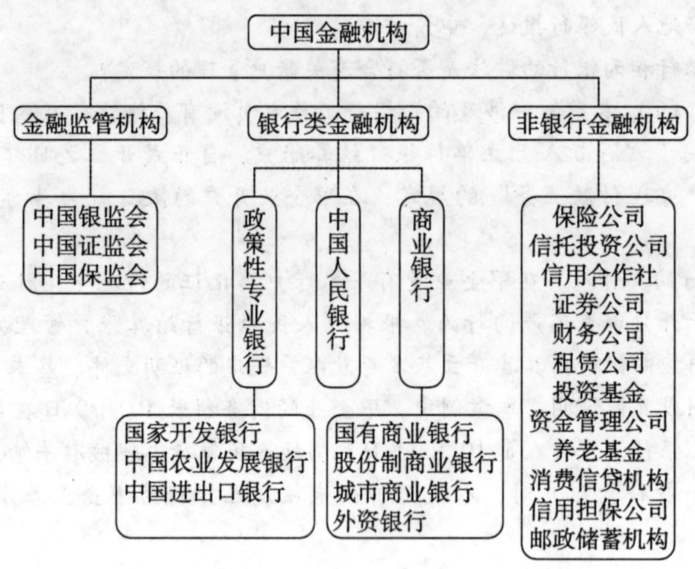

图 6-4　我国金融体系结构图

1. 银行类金融机构

1）中国人民银行

中央银行是一国金融机构体系的核心和主导环节，是专门从事货币发行，负责制定和执行国家货币金融政策，调节货币供给、货币流通与信用活动，实行金融监管的特殊金融部门。

中国人民银行是我国的中央银行，是货币发行的银行、银行的银行、政府的银行、管理的银行。根据新修订的《中华人民共和国中国人民银行法》，央行被重新定位于国家的中央银行和宏观调控部门，肩负“制定和执行货币政策，维护金融稳定，提供金融服务”三大支柱职能，担负十三项主要职责。

2）商业银行

商业银行是金融机构体系中的骨干和核心，在银行体系乃至金融体系中占据其他金融机构所不能替代的基础和主体地位。我国商业银行的体系结构如图 6-5 所示。

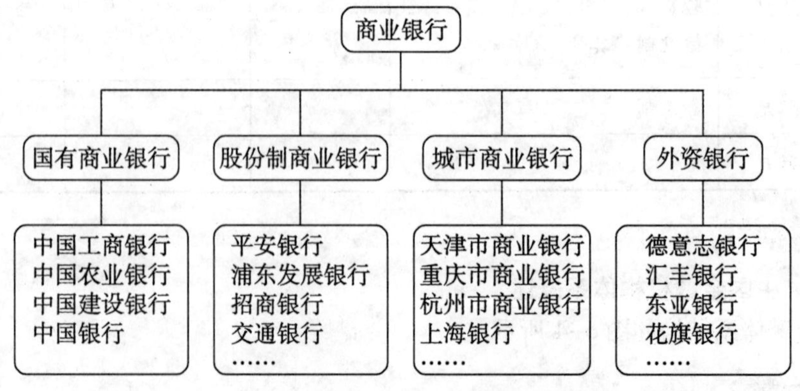

图 6-5　我国商业银行体系结构图

3）政策性专业银行

政策性专业银行一般是指由政府设立、不以营利为目的，而以贯彻国家产业政策或区域发展政策为目标的银行。其成立宗旨在于促进某一行业和部门的发展，为应该扶植的行业和部门提供发展条件。我国从 1994 年起相继成立了 3 家政策性银行，即国家开发银行、中国农业发展银行、中国进出口银行。

商业银行和政策性银行的本质性的区别是什么？

2. 非银行金融机构

非银行金融机构是指不以吸收存款为主要负债，而以某种特殊方式吸收资金并运用资金，能够提供特色金融服务的金融机构。

1）保险公司

保险公司是经营保险业务的金融机构。

2）信托投资公司

信托投资公司也称信托公司，是以资金及其他财产为信托标的，根据委托者的意愿，以受托人的身份管理及运用信托资产的金融机构。

3）信用合作社

信用合作社是一种互助合作性质的金融机构，一般由个人集资联合组成，并办理放款业务。城市商业银行是在城市信用社的基础上建立起来的，是继国有商业银行、股份制商业银行之后的“第三梯队”。

4）证券机构

证券机构是从事证券业务的机构，包括证券公司、证券交易所、证券登记结算公司、证券投资公司、评估公司等。

5）财务公司

财务公司即金融公司，指以加强企业集团资金集中管理和提高企业集团资金使用效率为目的，为企业集团成员单位提供财务管理服务的非银行金融机构。

6）租赁公司

租赁公司是经营融资租赁业务的金融机构，它通过融物的形式发挥融资的作用，实现了融资与融物的有效结合。租赁公司所经营的租赁业务可划分为融资租赁、经营租赁和综合租赁三大类，当前以融资租赁为主。

7）投资基金

投资基金是指通过发行基金股票或基金受益凭证将众多投资者的资金集中起来，直接或委托他人将集中起来的资金投资于各类有价证券或其他金融商品，并将投资收益按原始投资者的基金股份或基金收益凭证的份额进行分配的一种金融中介机构，是一种广泛吸收社会资金并将其投资有价证券和股权的专业金融机构。

8）资产管理公司

资产管理公司是一种专门经营银行不良资产的金融机构。

9）养老基金

养老基金在西方国家比较发达，它是一种向加入基金计划的人们提供养老金的金融机构。

10）消费信贷机构

消费信贷机构是为了促进消费而建立的一种信用组织，目前我国消费信贷品种呈现多元化发展趋势。从消费领域看，已发展到住房、汽车、助学等多个消费领域；从信贷工具看，已出现信用卡、存单质押、国库券质押等多种信贷方式。

想一想

你的家庭除在商业银行有存款之外，还有没有其他活动与非银行的金融机构相关？

3. 金融监管机构

金融监管机构是根据法律规定对一国的金融体系进行监督管理的机构。其职责包括按照规定监督管理金融市场；发布有关金融监督管理业务的命令和规章；监督管理金融机构的合法合规运作等。我国目前的金融监管机构包括“一行三会”，即中国人民银行、中国银监会、中国证监会和中国保监会。

1）中国银监会

中国银行业监督管理委员会简称“中国银监会”，自2003年4月28日起正式履行职责。根据授权统一监督管理银行、金融资产管理公司、信托投资公司以及其他存款类金融机构，维护银行业的合法、稳健运行。中国银监会的成立，使中国金融监管的三驾马车真正齐备，标志着我国“一行三会”分业监管的金融格局的正式确立，对于增强银行、证券、保险三大市场的竞争能力、更大范围地防范金融风险起到了非常重要的作用，从而确立了我国央行宏观监管和银监会微观监管的新型银行监管体系。

2）中国证监会

中国证券监督管理委员会简称“中国证监会”，是国务院直属机构，是全国证券期货市场的主管部门，按照国务院授权履行行政管理职能，依照法律、法规对全国证券、期货业进行集中统一监管，维护证券市场秩序，保障其合法运行。

3）中国保监会

中国保险监督管理委员会简称“中国保监会”，于1998年11月18日成立，是全国商业保险的主管部门，为国务院直属正部级事业单位。根据国务院授权履行行政管理职能，依照法律、法规统一监督管理全国保险市场。

6.3.2 银行结算账户概述

1. 银行结算账户的概念

银行结算账户，是指存款人在经办银行开立的办理资金收付结算的人民币活期存款账户。

2. 银行结算账户的分类

我国银行结算账户的分类如图6-6所示。

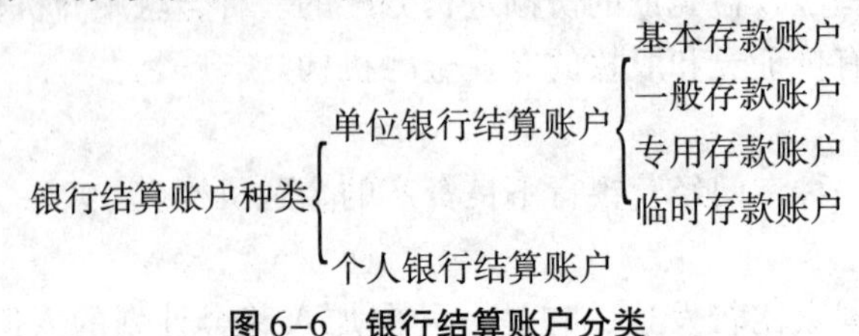

图6-6 银行结算账户分类

1）按照用途划分

按照用途的不同，可分为基本存款账户、一般存款账户、专用存款账户、临时存款账户。

存款人开立基本存款账户、临时存款账户和预算单位开立专用存款账户实行核准制，必须经过中国人民银行核准后由开户银行核发开户许可证方可办理。但存款人因注册验资需要而开立的临时存款账户不需要中国人民银行核准。

财政部门为实行财政国库集中支付的预算单位在商业银行开设的零余额账户（简称预算单位零余额账户）按专用存款账户管理。

2）按照存款人划分

按照存款人的不同，可分为单位银行结算账户和个人银行结算账户。

单位银行结算账户以单位名称开立。个体工商户凭营业执照以字号或者经营者姓名开立的银行结算账户纳入单位银行结算账户管理。

个人银行结算账户凭个人身份证以自然人名称开立。个人因投资、消费使用各种支付工具，包括借记卡、信用卡在银行开立的银行结算账户，纳入个人银行结算账户管理。

3. 银行结算账户管理应当遵守的基本原则

1）一个基本账户原则

单位银行结算账户的存款人只能在银行开立一个基本存款账户。

2）自主选择银行原则

存款人可以根据需要自主选择银行，除国家法律、行政法规和国务院另有规定外，任何单位和个人不得强令存款人到指定银行开立银行结算账户。

3）守法合规原则

不得利用银行结算账户进行偷逃税款、逃避债务、套取现金及其他违法犯罪活动。

4）存款信息保密原则

除国家法律、行政法规另有规定外，银行有权拒绝任何单位或个人查询存款信息。

4. 银行结算账户的开立、变更和撤销

银行结算账户开立应遵循下列程序：提交开户申请书、有关证明材料；签订账户管理协议；开户银行审查；向人民银行当地支行备案或核准；经人民银行核准，资料退回报送银行；开户银行颁发开户许可证。

银行应将存款人的开户申请书、相关的证明文件和银行审核意见等开户资料报送人民银行当地分行，经其核准后办理开户手续；对符合开立一般存款账户、其他专用存款账户和个人银行结算账户条件的，银行应办理开户手续，并于开户之日起5个工作日内通过账户管理系统向人民银行当地分行备案。

银行应建立存款人预留签章卡片。存款人为单位的，其预留签章为该单位的公章或财务专用章加其法定代表人（单位负责人）或其授权的代理人的签名或者盖章。

当存款人的账户信息等资料发生变化或改变时，银行结算账户是否也相应改变？银行和存款人分别应作出哪些处理？

银行结算账户的变更，是指存款人的账户信息资料发生了变化或改变，主要是存款人名称、单位法定代表人、住址以及其他开户资料的变更。存款人更改名称，但不改变开户银行及账号的，应于5个工作日内向开户银行提出银行结算账户的变更申请，并出具有关部门的证明文件。单位的法定代表人或主要负责人、住址以及其他开户资料发生变更时，应于5个工作日内书面通知开户银行并提供有关证明。银行接到存款人的变更通知后，应及时办理变更手续，并于2个工作日内向中国人民银行报告。

银行结算账户有下列情形之一的，即可撤销：被撤并、解散、宣告破产或关闭的；注销、被吊销营业执照的；因迁址需要变更开户银行的；其他原因需要撤销银行结算账户的。

存款人尚未清偿其开户银行债务的，不得申请撤销银行结算账户。开户银行对已开户1年，但未发生任何业务的账户，应通知存款人自发出通知30日内到开户银行办理销户手续，逾期视同自愿销户。

6.3.3 银行结算账户

1. 基本存款账户

基本存款账户，是指存款人因办理日常转账结算和现金收付需要开立的银行结算账户。

基本存款账户是存款人的主要账户。一个单位只能选择一家银行的一个营业机构开立基本存款账户，开立基本存款账户是开立其他银行结算账户的前提。其使用范围包括：存款人日常经营活动的资金收付及其工资、奖金和现金的支取。

可以申请开立基本存款账户的单位是：凡是具有民事权利能力和民事行为能力，并依法独立享有民事权利和承担民事义务的法人和其他组织，均可以开立基本存款账户。下列存款人，可以申请开立基本存款账户：企业法人、非法人企业、机关、事业单位、团级（含）以上军队、武警部队及分散执勤的支（分）队、社会团体、民办非企业组织、异地常设机构、外国驻华机构、个体工商户、居民委员会、村民委员会、社区委员会、单位设立的独立核算的附属机构、其他组织。

根据规定，下列存款人不能申请开立基本存款账户的是（　　）。

A. 单位附属独立核算的食堂　　B. 外国驻华机构

C. 个人独资企业　　D. 自然人

【答案】D

2. 一般存款账户

一般存款账户，是指存款人因借款或其他结算需要，在基本存款账户开户银行以外的银行营业机构开立的银行结算账户。

一般存款账户用于办理存款人借款转存、借款归还和其他结算的资金收付。该账户可以办理现金缴存，但不得办理现金支取。

存款人开立一般存款账户没有数量限制。存款人开立一般存款账户，应向开户银行出具下列证明文件：开立基本存款账户规定的证明文件；基本存款账户开户许可证；存款人因向银行借款需要，应出具借款合同；存款人因资金结算需要，应出具有关证明。开立一般存款账户，实行备案制，无需中国人民银行核准。

3. 专用存款账户

专用存款账户，是指存款人按照法律、行政法规和规章，对有特定用途的资金进行专项管理和使用而开立的银行结算账户。

专用存款账户的使用范围：基本建设资金；更新改造资金；财政预算外资金；粮、棉、油收购资金；证券交易结算资金；期货交易保证金；信托基金；金融机构存放同业资金；政策性房地产开发资金；单位银行卡备用金；住房基金；社会保障基金；收入汇缴资金和业务支出资金；党、团、工会设在单位的组织机构经费和其他需要专项管理和使用的资金。

单位银行卡账户的资金必须由其基本存款账户转账存入，该账户不得办理现金收付业务。财政预算外资金、证券交易结算资金、期货交易保证金和信托基金专用存款账户不得支取现金。基本建设资金、更新改造资金、政策性房地产开发资金、金融机构存放同业资金账户需要支取现金的，应在开户时报人民银行当地分支行批准。收入汇缴账户除向其基本存款账户或预算外资金财政专用存款账户划缴款项外，只收不付，不得支取现金。

业务支出账户除从其基本存款账户拨入款项外，只付不收，其现金支取必须按照国家现金管理的规定办理。粮、棉、油收购资金、社会保障基金、住房基金和党、团、工会经费等专用存款账户支取现金应按照国家现金管理的规定办理。

4. 临时存款账户

临时存款账户，是指存款人因临时需要并在规定期限内使用而开立的银行结算账户。有下列情况的，存款人可以申请开立临时存款账户：设立临时机构，如设立工程指挥部、摄制组、筹备领导小组等；异地临时经营活动，如建筑施工及安装（不超过项目合同个数）单位等在异地的临时经营活动；注册验资；境外（含港澳台地区）机构在境内从事经营活动等。

临时存款账户支取现金，应按照国家现金管理的规定办理。注册验资的临时存款账户在验资期间只收不付。注册验资的资金汇缴人应与出资人的名称一致。临时存款账户的有效期最长不得超过2年。

5. 个人银行结算账户

个人银行结算账户用于办理个人转账收付和现金存取，而储蓄账户仅限于办理现金存取业务，不得办理转账结算。

使用支票、信用卡等信用支付工具的，办理汇兑、定期借记、定期贷记、借记卡等结算业务的，可以申请开立个人银行结算账户，需出具的证明文件有身份证、户口簿、驾驶执照、护照等有效证件。

个人银行结算账户使用中应注意下列问题：单位从其银行结算账户支付给个人银行结算账户的款项，每笔超过5万元的，应向其开户银行提供付款依据；从单位银行结算账户支付给个人银行结算账户的款项应纳税的，税收代扣单位付款时应向其开户银行提供完税证明；储蓄账户仅限于办理现金存取业务，不得办理转账结算。

6. 异地银行结算账户

存款人有下列情形之一的，可以在异地开立有关银行结算账户：营业执照注册地与经营地不在同一行政区域（跨省、市、县）需要开立基本存款账户的；办理异地借款和其他结算需要开立一般存款账户的；存款人因附属的非独立核算单位或派出机构发生的收入汇缴或业务支出需要开立专用存款账户的（如回笼异地货款、支付异地营销开支）；异地临时经营活动需要开立临时存款账户的（如文艺团体在异地的演出活动、生产厂家在异地的展销活动等）；自然人根据需要在异地开立个人银行结算账户的。

6.3.4 银行结算账户的管理

在银行结算账户的管理中，中国人民银行、开户银行、存款人分别负有哪些职责？

1. 中国人民银行的职责规定

中国人民银行负责监督、检查银行结算账户的开立和使用，对存款人、银行违反银行结算账户管理规定的行为予以处罚；中国人民银行对银行结算账户的开立和使用实施监控和管理；中国人民银行负责基本存款账户、临时存款账户和预算单位专用存款账户开户登记证的管理。任何单位及个人不得伪造、变造及私自印制开户登记证。

2. 开户银行的职责规定

银行负责所属营业机构银行结算账户开立和使用的管理，监督和检查其执行《人民币银行结算账户管理办法》的情况，纠正违规开立和使用银行结算账户的行为；银行应明确专人负责银行结算账户的开立、使用和撤销的审查和管理，负责对存款人开户申请资料的审查，并按照规定及时报送存款人开销户信息资料，建立健全开销户登记制度，建立银行结算账户管理档案，按会计档案进行管理。银行结算账户管理档案的保管期限为银行结算账户撤销后10年；银行应对已开立的单位银行结算账户实行年检制度，检查开立的银行结算账户的合规性，核实开户资料的真实性；对不符合规定开立的单位银行结算账户，应予以撤销。对经核实的各类银行结算账户的资料变动情况，应及时报告中国人民银行当地分支行。

3. 存款人的义务

存款人应加强对预留银行签章的管理。单位遗失预留公章或财务专用章的，应向开户银行出具书面申请、开户登记证、营业执照等相关证明文件；更换预留公章或财务专用章时，应向开户银行出具书面申请、原预留签章的式样等相关证明文件。个人遗失或更换预留个人印章或更换签字人时，应向开户银行出具经签名确认的书面申请，以及原预留印章或签字人的个人身份证件。银行应留存相应的复印件，并凭以办理预留银行签章的变更。

关于存款人银行结算账户管理的下列表述中，不符合法律规定的是(　　)。

A. 存款人应以实名开立银行结算账户

B. 存款人不得出租银行结算账户

C. 存款人可以出借银行结算账户

D. 存款人不得利用银行结算账户套取银行信用

【答案】C

课后练习

一、选择题

1. 下列情形不可以开立临时存款账户的是(　　)。

A. 设立临时机构　　B. 异地临时经营活动

C. 期货交易保证金　　D. 注册验资

2. 银行结算账户的监督管理部门是(　　)。

A. 各级财政部门　　B. 中国人民银行

C. 各开户银行　　D. 国务院及地方各级人民政府

3. 存款人违反规定将单位款项转入个人银行结算账户的，对于经营性的存款人，给予警告并处以(　　)的罚款。

A. 1 000 元　　B. 10 000 元

C. 5 000 元以上 3 万元以下　　D. 1 万元以上 3 万元以下

4. 一般存款账户的使用范围不包括(　　)。

A. 借款转存　　B. 借款归还

C. 现金缴存　　D. 现金支取

5. 银行结算账户的变更不包括(　　)的变更。

A. 存款人名称　　B. 单位法定代表人

C. 单位主要负责人　　D. 住址

二、判断题

1. 存款人尚未清偿开户银行债务的，不得申请撤销银行结算账户。(　　)

2. 个人银行结算账户是指自然人、法人和其他组织因投资、消费、结算等而开立的可办理支付结算业务的存款账户。(　　)

3. 异地银行结算账户只能是单位开立。(　　)

4. 注册验资的临时存款账户在验资期间只付不收。(　　)

5. 临时存款账户有效期最长不得超过 5 年。(　　)

三、简答题

1. 可以申请开立基本存款账户的存款人资格是什么？

2. 银行结算账户变更时，开户银行和存款人应做如何处理？

6.4 票据法律制度

案例导入

三星公司某采购人员持有该公司开户银行签发的、不能用于支取现金的银行本票，前往某销售公司购置一批价值 100 万元的商品。在前往途中，由于该采购人员保管不慎，银行本票被盗。随后，三星公司根据该采购人员的报告，将银行本票被盗事宜通知该银行本票的付款银行，要求挂失止付。但该银行对上述情况进行审查后拒绝办理挂失止付。

请问：(1) 该银行拒绝挂失止付是否正确？为什么？

(2) 三星公司在被银行拒绝挂失止付后，可以采取哪些措施维护自己的权益？

案例评析：(1) 该银行拒绝挂失止付是正确的。因为《票据法》规定：未填明“现金”字样的银行本票丧失，不得挂失止付。

（2）三星公司可以采取向人民法院申请公示催告或向人民法院提出普通诉讼的措施维护其权益。

任务驱动

任务内容：请根据本节内容完成表6–2。

表6–2 **不同种类票据的特点**

票据种类	适用地域（同城/异地）	出票人	提示付款期	用途（转账/提现）
银行汇票				
商业汇票				
银行本票				
支票				

知识链接

6.4.1 票据的一般规定

1. 票据的概念

票据是指《中华人民共和国票据法》（以下简称《票据法》）所规定的由出票人依法签发的、约定自己或者委托付款人在见票时或指定的日期向收款人或持票人无条件支付一定金额并可转让的有价证券。在我国，票据包括银行汇票、商业汇票、银行本票及支票。

2. 票据当事人

票据法律关系基本当事人包括出票人、付款人和收款人；非基本当事人包括承兑人、背书人、被背书人、保证人（见表6–3）。

表6–3 **票据当事人的构成**

<table>
<tr><th>票据</th><th colspan="2">具体类别</th><th>出票人</th><th>付款人</th><th>收款人</th></tr>
<tr><td rowspan="3">汇票</td><td colspan="2">银行汇票</td><td>银行</td><td>银行（出票人）</td><td rowspan="5">不得更改事项</td></tr>
<tr><td rowspan="2">商业汇票</td><td>银行承兑汇票</td><td>单位</td><td>承兑人（银行）</td></tr>
<tr><td>商业承兑汇票</td><td>单位</td><td>承兑人（单位）</td></tr>
<tr><td>本票</td><td colspan="2">银行本票</td><td>银行</td><td>银行（出票人）</td></tr>
<tr><td>支票</td><td colspan="2">现金、转账及普通支票</td><td>单位、个人</td><td>出票人的开户行</td></tr>
</table>

甲签发一张银行承兑汇票给乙，乙将该汇票背书转让给丙。下列有关票据关系当事人的表述中，正确的有（　　）。

A. 甲是出票人　　B. 乙是收款人，也是背书人

C. 丙是被背书人　　D. 银行是承兑人，也是付款人

【答案】ABCD

3. 票据权利

1）付款请求权

付款请求权是票据的第一顺序权利，指的是持票人向主债务人要求付款的权利。

2）追索权

追索权是票据的第二顺序权利，指的是向其前手请求偿还票据金额及其他法定费用的权利。

持票人指的是收款人或最后的被背书人，主债务人指的是汇票的承兑人、本票的出票人、支票的付款人。付款请求权和追索权不是可选择的，而是有顺序的，即只有付款请求权不能实现时，才能行使追索权。行使追索权的前提条件是：一是要在票据权利时效期限内，二是要持有相关的拒绝付款的证明或退票理由书等证明。

以下行使付款请求权对持票人负有付款义务的是(　　)。

A. 汇票的承兑人　　B. 银行本票的出票人

C. 支票的付款人　　D. 汇票的背书人

【答案】ABC

3）票据权利丧失的补救

票据权利丧失，是指持票人并非出于本人的意愿而丧失对票据的占有。票据丧失后可以有以下几种补救措施：挂失止付、公示催告、普通诉讼。

挂失止付，是指丧失票据的人将票据丧失的事实通知票据的付款人，并且要求付款人停止支付票据款项的一种票据丧失的补救办法。挂失止付适用于已承兑的商业汇票、支票、填明“现金”字样的银行汇票、填明“现金”字样的银行本票。挂失止付只是一种暂时的预防措施，申请挂失止付的3天内仍应公示催告或提起普通诉讼。

下列各项票据中，可以挂失止付的包括(　　)。

A. 已承兑的商业汇票　　B. 支票

C. 填明“现金”字样的银行汇票　　D. 未填明代理付款人的银行汇票

【答案】ABC

公示催告，是指在票据丧失后由失票人向人民法院提出申请，请求人民法院以公告方式通知不确定的利害关系人限期申报权利，逾期未申报者，则权利失效，而由法院通过除权判决宣告所丧失的票据无效的制度或程序。申请公示催告的主体必须是可以背书转让票据的最后持票人。付款人或代理付款人收到人民法院发出的止付通知，应当立即停止支付，直至公示催告程序终结。非经过发出止付通知的人民法院许可，擅自解付的，不得免除票据责任。

普通诉讼，是指丧失票据的人为原告，以承兑人或出票人为被告，请求法院判决其向失票人付款的诉讼活动。如果与票据上的权利有利害关系的人是明确的，无须公示催告，可按一般的票据纠纷向法院提起诉讼。

下列各项中，属于票据丧失后可以采取的补救措施有(　　)。

A. 挂失止付　　B. 公示催告

C. 普通诉讼　　D. 仲裁

【答案】ABC

4. 票据责任

票据责任有以下情形：汇票承兑人因承兑而应承担付款义务；本票出票人因出票而承担自己付款的义务；支票付款人因与出票人有资金关系时承担付款义务；汇票、本票、支票的背书人，汇票、支票的出票人、保证人，在票据不获承兑或不获付款时承担付款清偿义务。

见票即付的票据，自出票日起1个月内向付款人提示付款；定日付款、出票后定期付款或者见票后定期付款的票据，自到期日起10日内向承兑人提示付款。

持票人未按照规定期限提示付款的，在作出说明后，承兑人或者付款人仍应当继续对持票人承担付款责任。通过委托收款银行或者通过票据交换系统向付款人提示付款的，视同持票人提示付款。

5. 票据行为

票据行为包括出票、承兑、背书和保证。

1）出票

出票指的是由出票人签发票据并将其交付给收款人的票据行为。出票人必须与付款人具有真实的委托付款关系，并且具有支付票据金额的可靠资金来源。不得签发无对价的票据用以骗取银行或者其他票据当事人的资金。出票时的记载事项见表6-4。

表6-4　**出票时的记载事项**

必须记载事项	如不记载，票据行为即为无效（各类票据有具体事项的必须记载事项），例如签章：①出票人在票据上的签章不符合《票据法》等规定的，票据无效；②承兑人、保证人在票据上的签章不符合《票据法》等规定的，其签章无效，但不影响其他符合规定签章的效力；③背书人在票据上的签章不符合《票据法》等规定的，其签章无效，但不影响其前手符合规定签章的效力
相对记载事项	如果未记载，由法律另作相应规定予以明确，并不影响票据的效力
任意记载事项	不记载时不影响票据效力，记载时则产生票据效力
不发生《票据法》上效力的事项	不具有票据效力，银行不负审查责任效力

2）承兑

承兑是指汇票付款人承诺在汇票到期日支付汇票金额并签章的行为。承兑仅适用于商业汇票。承兑应遵循以下程序：

（1）提示承兑。提示承兑是指持票人向付款人出示汇票并要求付款人承诺付款的行为。定日付款或者出票后定期付款的汇票，持票人应当在汇票到期日前向付款人提示承兑；见票后定期付款的汇票，持票人应当自出票日起1个月内向付款人提示承兑。

（2）受理承兑。付款人收到持票人提示承兑的汇票时，应当向持票人签发收到汇票的回单，回单上应当记明汇票提示承兑日期并签章。付款人对向其提示承兑的汇票，应当自收到提示承兑的汇票之日起3日内承兑或者拒绝承兑。

下列关于商业汇票提示承兑期限的表述中，符合法律规定的有(　　)。

A. 商业汇票的提示承兑期限，为自汇票到期日起10日内

B. 定日付款的商业汇票，持票人应该在汇票到期日前提示承兑

C. 出票后定期付款的商业汇票，提示承兑期限为自出票日起1个月内

D. 见票后定期付款的商业汇票，持票人应该自出票日起1个月内提示承兑

【答案】BD

承兑时应记载以下事项：付款人承兑汇票的，应当在汇票正面记载“承兑”字样和承兑日期并签章；见票后定期付款的汇票，应当在承兑时记载付款日期。汇票上未记载承兑日期的，应当以收到提示承兑的汇票之日起3日内的最后一日为承兑日期。

付款人承兑汇票，不得附有条件；承兑附有条件的，视为拒绝承兑。付款人承兑汇票后，应当承担到期付款的责任。

3）背书

背书是指在票据背面或者粘单上记载有关事项并签章的行为。背书时应记载以下事项：由背书人签章并记载背书日期（背书未记载日期的，视为在票据到期日前背书）；背书人未记载被背书人名称即将票据交付他人的，持票人在票据背书人栏内记载自己的名称与背书人记载具有同等法律效力；委托收款背书应记载“委托收款”字样、被背书人和背书人签章；质押背书应记载“质押”字样、质权人和出质人签章。

背书人以背书转让票据后，即承担保证其后手所持票据承兑和付款的责任。

甲将一张汇票背书转让给乙，并在汇票上记载有“不得转让”字样，下列表述中正确的是(　　)。

A. 若乙将此票据再行背书转让，该背书行为无效

B. 乙不可以将此票据再行背书转让

C. 若乙再行背书转让，甲对乙不承担保证责任

D. 若乙再行背书转让，甲对乙的后手不承担保证责任

【答案】D

4）保证

保证是指票据债务人以外的人，为担保特定债务人履行票据债务而在票据上记载有关事项并签章的行为。

具备保证人资格的有：国家机关、以公益为目的的事业单位、社会团体、企业法人的分支机构和职能部门作为票据保证人的，票据保证无效。但经国务院批准为使用外国政府或者国际经济组织贷款进行转贷，国家机关提供票据保证的，以及企业法人的分支机构（在法人书面授权范围内提供票据保证的除外）。

保证时应记载以下事项：保证人必须在票据或者粘单上记载表明“保证”的字样、保证人名称和住所、被保证人的名称、保证日期、保证人签章。其中，保证人在票据或者粘单上未记载“被保证人名称”的，已承兑的票据，承兑人为被保证人；未承兑的票据，出票人为被保证人。保证人在票据或者粘单上未记载“保证日期”的，出票日期为保证

日期。保证人未在票据或者粘单上记载“保证”字样而另行签订保证合同或者保证条款的，不属于票据保证。

6.4.2 汇票

汇票是出票人签发的，委托付款人在见票时或者在指定日期无条件支付确定的金额给收款人或者持票人的票据。汇票分为银行汇票和商业汇票。汇票必须记载下列事项：表明“汇票”的字样；无条件支付的委托；确定的金额；付款人名称；收款人名称；出票日期；出票人签章。汇票上未记载前述事项之一的，汇票无效。汇票上未记载付款日期的，为见票即付。

汇票上可以记载规定事项以外的其他出票事项，但是该记载事项不具有汇票上的效力。

1. 银行汇票

银行汇票是出票银行签发的，由其在见票时按照实际结算金额无条件支付给收款人或者持票人的票据。银行汇票可以用于转账，填明“现金”字样的银行汇票也可以用于支取现金。单位和个人各种款项结算均可使用银行汇票。

使用银行汇票应遵循以下程序：

（1）申请。申请需要填写“银行汇票申请书”。

（2）出票。出票银行受理银行汇票申请书，收妥款项后签发银行汇票，并将银行汇票和解讫通知一并交给申请人。签发现金银行汇票，申请人和收款人必须均为个人。申请人或者收款人为单位的，银行不得为其签发现金银行汇票。

下列选项中，属于银行汇票必须记载事项的是（　　）。

A. 背书日期　　B. 付款日期

C. 保证日期　　D. 出票日期

【答案】D

（3）结算。收款人应在出票金额内根据实际款项结算。收款人受理申请人交付的银行汇票时，应在出票金额以内，根据实际需要的款项办理结算，并将实际结算金额和多余金额准确、清晰地填入银行汇票和解讫通知的有关栏内。银行汇票的实际结算金额低于出票金额的，其多余金额由出票银行退交申请人。未填明实际结算金额和多余金额或实际结算金额超过出票金额的，银行不予受理。银行汇票的实际结算金额一经填写不得更改，更改实际结算金额的银行汇票无效。

关于银行汇票的下列表述中，正确的有（　　）。

A. 银行汇票的实际结算金额不得更改，且不得超过出票金额

B. 持票人向银行提示付款时，须同时提交银行汇票和解讫通知

C. 银行汇票的提示付款期限自出票日起1个月

D. 申请人或者收款人为单位的，可以申请使用现金银行汇票

【答案】ABC

银行汇票的背书转让以不超过出票金额的实际结算金额为准。未填写实际结算金额或

实际结算金额超过出票金额的银行汇票不得背书转让。

银行汇票的提示付款期限自出票日起 1 个月。持票人超过付款期限提示付款的，代理付款人不予受理。持票人向银行提示付款时，须同时提交银行汇票和解讫通知，缺少任何一联，银行不予受理。

申请人因银行汇票超过付款提示期限或其他原因要求退款时，应将银行汇票和解讫通知同时提交到出票银行。申请人为单位的，应出具该单位的证明，申请人为个人的，应出具该本人的身份证件。

2. 商业汇票

商业汇票是出票人签发的，委托付款人在指定日期无条件支付确定的金额给收款人或者持票人的票据。商业汇票适用于在银行开立存款账户的法人以及其他组织之间，必须具有真实的交易关系或债权债务关系。商业汇票又分为商业承兑汇票（由银行以外的付款人承兑）和银行承兑汇票（由银行承兑）。商业汇票的期限最长不得超过 6 个月。

小知识

银行承兑汇票是我国商业汇票的一种，而商业汇票的使用主体，目前在我国仅限于在银行开立存款账户的法人以及其他组织，自然人不能使用商业汇票。

使用商业汇票应遵循以下程序：

（1）出票。商业承兑汇票的出票人，为在银行开立存款账户的法人以及其他组织，并与付款人具有真实的委托付款关系，具有支付汇票金额的可靠资金来源。商业承兑汇票可以由付款人签发并承兑，也可以由收款人签发交由付款人承兑。银行承兑汇票的出票人必须是在承兑银行开立存款账户的法人以及其他组织，并与承兑银行具有真实的委托付款关系，资信状况良好，具有支付汇票金额的可靠资金来源。银行承兑汇票应由在承兑银行开立存款账户的存款人签发。

某公司签发商业汇票时出现的下列情形中，导致该汇票无效的是(　　)。

A. 汇票上未记载付款日期

B. 汇票上金额记载为“不超过 50 万元”

C. 汇票上记载了该票据项下交易的合同号码

D. 签章时加盖了本公司公章，公司负责人仅签名而未盖章

【答案】B

（2）承兑。商业汇票可以在出票时向付款人提示承兑后使用，也可以在出票后先使用再向付款人提示承兑。付款人拒绝承兑的，必须出具拒绝承兑的证明。付款人承兑汇票后，应当承担到期付款的责任。银行承兑汇票的出票人或持票人向银行提示承兑时，符合规定和承兑条件的，与出票人签订承兑协议。银行承兑汇票的承兑银行，应按票面金额向出票人收取万分之五的手续费。

（3）提示付款。商业汇票的提示付款期限，自汇票到期日起 10 日。持票人超过提示付款期限提示付款的，持票人开户银行不予受理，但在作出说明后，承兑人或者付款人仍应当继续对持票人承担付款责任。持票人依照规定提示付款的，付款人必须在当日足额付款。

下列关于商业汇票说法中，正确的是(　　)。

A. 商业汇票的付款人为承兑后的承兑人

B. 商业汇票的出票人为付款人

C. 商业汇票提示付款期限为自汇票到期日起 10 日

D. 商业汇票提示付款期限为自汇票到期日起 6 日

【答案】AC

(4) 办理付款或拒绝付款。①商业承兑汇票的付款。付款人开户银行收到通过委托收款寄来的商业承兑汇票，将商业承兑汇票留存并及时通知付款人；付款人收到开户银行的付款通知，应在当日通知银行付款。付款人在接到通知日的次日起 3 日内（遇法定休假日顺延），未通知银行付款的，视同付款人承诺付款；付款人存在合法抗辩事由拒绝支付的，应自接到通知日的次日起 3 日内作成拒绝付款证明送交开户银行，银行将拒绝付款证明和商业承兑汇票邮寄持票人开户银行转交持票人。②银行承兑汇票的付款。出票人应于汇票到期前将票款足额交存其开户银行；承兑银行应在汇票到期日或到期日后的见票当日支付票款；承兑银行存在合法抗辩事由拒绝支付的，应自接到商业汇票的次日起 3 日内作成拒绝付款证明，连同银行承兑汇票邮寄持票人开户银行转交持票人。

学完上述内容，请同学们比较一下银行汇票和商业汇票有什么不同之处？商业承兑汇票和银行承兑汇票又有什么不同？

6.4.3 银行本票

银行本票是由银行签发的，承诺自己在见票时无条件支付确定的金额给收款人或者持票人的票据。单位和个人在同一票据交换区域需要支付各种款项，均可以使用银行本票。银行本票可以用于转账，注明“现金”字样的银行本票可以用于支取现金。

使用银行本票应遵循以下程序：

(1) 申请。申请人使用银行本票，应向银行填写“银行本票申请书”，申请人或收款人为单位的，不得申请签发现金银行本票。

(2) 签发。必须记载事项包括：表明“银行本票”的字样；无条件支付的委托；确定的金额；收款人名称；出票日期；出票人签章。

(3) 交付。申请人应将银行本票交付给本票上记明的收款人。收款人可以将银行本票背书转让给被背书人。

(4) 提示付款。银行本票见票即付。银行本票的提示付款期限自出票日起最长不得超过 2 个月。持票人超过提示付款期限不获付款的，在票据权利时效内向出票银行作出说明并提供本人身份证件或单位证明，可持银行本票向出票银行请求付款。

下列关于银行本票性质的表述中，不正确的是(　　)。

A. 银行本票的付款人见票时必须无条件付款给持票人

B. 持票人超过提示付款期限不获付款的，可向出票银行请求付款

C. 银行本票不可以背书转让

D. 注明“现金”字样的银行本票可以用于支取现金

【答案】C

6.4.4　支票

支票是指出票人签发的、委托办理支票存款业务的银行在见票时无条件支付确定的金额给收款人或者持票人的票据。单位和个人在同一票据交换区域的各种款项结算，均可以使用支票。现金支票只能用于支取现金；转账支票，只能用于转账；普通支票，可以用于支取现金，也可以用于转账。

支票的绝对记载事项有：表明“支票”的字样；无条件支付的委托；确定的金额；付款人名称；出票日期；出票人签章。

做一做

根据《票据法》的规定，下列属于支票必须记载的事项有(　　)。

A. 付款人名称　　B. 确定的金额

C. 付款地　　D. 付款日期

【答案】AB

使用支票应遵循以下程序：

（1）签发。支票的出票人签发支票的金额不得超过付款时在付款人处实有的存款金额。出票人在付款人处的存款不足以支付支票金额时，则属于签发空头支票行为，应承担法律责任。支票的金额、收款人名称，可以由出票人授权补记；未补记前不得背书转让和提示付款。支票上未记载付款地的，付款人的营业场所为付款地。支票上未记载出票地的，出票人的营业场所、住所或者经常居住地为出票地。出票人可以在支票上记载自己为收款人。

（2）提示付款。支票的提示付款期限是自出票日起10天内，见票即付。

小知识

签发空头支票或签发与其预留的签章不符的支票，不以骗取财产为目的的，由中国人民银行处以票面金额5%但不低于1 000元的罚款；持票人有权要求出票人赔偿支票金额的2%的赔偿金。屡次签发空头支票，银行有权停止其支票或全部结算业务；构成犯罪的，依法追究刑事责任。支票的“付款人”为支票上记载的出票人开户银行。

做一做

关于支票，说法错误的是(　　)。

A. 支票的提示付款期限自出票日起10日

B. 支票的出票人预留银行签章是银行审核支票付款的依据。出票人不得签发与其预留银行签章不符的支票

C. 支票的金额、收款人名称、出票日期，可以由出票人授权补记

D. 出票人签发的支票金额超过其签发时在付款人处实有的存款金额的，为空头支票

【答案】CD

拓展阅读

票据贴现

票据贴现是指资金的需求者，将自己手中未到期的商业票据、银行承兑票据或短期债券向银行要求变成现款，银行收进这些未到期的票据或短期债券，按票面金额扣除贴现日以后的利息后付给现款，到票据到期时再向出票人收款。因此，对持票人来说，贴现是将未到期的票据卖给银行获得流动性的行为，这样可提前收回垫支于商业信用的资本，而对于银行或贴现公司来说，贴现是与商业信用结合的放款业务。

银行在贴现票据时，贴现付款额的计算公式如下：

贴现值＝票据到期值－贴现息

贴现息＝票据到期值×贴现率×（贴现天数÷360）

其中，贴现天数是指自贴现日期至票据到期前一日止的实际天数，在贴现日和票据到期日这两天中，只计算其中的一天。

下面举例说明：

甲公司向乙企业购买一批原材料，开出一张票面金额为30万元的银行承兑汇票。出票日期为2月10日，到期日为5月10日。4月6日，乙企业持此汇票及有关发票和原材料发运单据复印件向银行办理了贴现。已知同期银行年贴现率3.6%。一年按360天计算，贴现银行与承兑银行在同一城市。根据票据法律制度的有关规定，银行实付乙企业贴现金额为多少元？

解析：贴现日是4月6日，汇票到期前1日是5月9日，一共是34天。

企业从银行取得的贴现金额＝300 000－300 000×3.6%×（34÷360）＝298 980（元）

课后练习

一、选择题

1. 下列关于支票的提示付款期限的表述中，正确的是(　　)。

A. 自出票日起10日内　　B. 自出票日起20日内

C. 自出票日起30日内　　D. 自出票日起60日内

2. 单位和个人在(　　)的各种款项结算，可以使用支票。

A. 异地　　B. 同一票据交换区域

C. 同城和异地　　D. 同城或异地

3. 下列关于票据提示付款期限的表述中，正确的是(　　)。

A. 银行汇票的提示付款期限为自出票日起1个月

B. 商业汇票的提示付款期限为自出票日起10日

C. 银行本票的提示付款期限为自出票日起最长不得超过2个月

D. 支票的提示付款期限为自出票日起10日

4. 甲将一张100万元的汇票分别背书转让给乙70万元，丙30万元。下列有关该背书效力的表述中，正确的是(　　)。

A. 背书无效　　B. 背书有效

C. 乙和丙中数额较大的有效　　D. 乙和丙中签章在前的有效

二、判断题

1. 支票的出票人签发支票的金额不得超过出票时在付款人处实有的金额。　（　）

2. 根据规定，汇票上未记载付款日期的，为见票即付。　（　）

3. 支票上的收款人名称不得更改，更改的支票无效。　（　）

4. 票据上的非基本当事人在各种票据行为中都有自己特定的名称，所以，同一当事人可以有两个名称，即双重身份。　（　）

5. 支票的金额、收款人名称，可由出票人授权补记，未补记前不得背书转让和提示付款。　（　）

三、简答题

1. 出现哪些情况时，票据或结算凭证就归于无效？

2. 票据丧失后的补救措施有哪些？

模块七

会计职业道德

学习目标

知识目标

1. 认知职业道德的概念、主要内容和作用。
2. 理解会计职业道德的概念、特征和功能；理解并掌握会计职业道德与会计法律制度的联系和区别。
3. 理解会计职业道德教育的含义、内容、途径、方法。
4. 理解并掌握会计职业道德修养的含义、内容、方法。
5. 理解会计职业道德建设的目标、组织和实施。

技能目标

1. 熟悉会计职业道德规范的具体内容，准确把握每条规范的含义和基本要求，从而把理论的要求内化为自觉的行为，自发地提高会计人员道德修养水平。
2. 运用善恶标准对自己和他人的会计职业行为进行道德评价，进一步规范会计人员的职业行为；充分认识会计职业道德建设的意义，做会计职业道德建设的促进者。

7.1 会计职业道德概述

案例导入

一位自称是某运输公司司机的顾客，走进一家汽车维修店对店主张老板说：“在我的账单上多写点零件、多开点费用，我回公司报销后，有你一份好处。”“不行!”张老板拒绝了他的要求。顾客纠缠说：“我的生意不算小，会常来的，你肯定能赚很多钱!”张老板郑重地告诉他，这事无论如何也不会做。顾客气急败坏地嚷道：“谁都会这么干的，我看你是太傻了。”张老板火了，他请那位顾客马上离开。这时顾客露出微笑，并满怀敬佩地握住张老板的手说：“我就是那家运输公司的老板。我一直在寻找一个固定的、信得过的维修店，今天我找到了，就是你的店了!”

请问：张老板为什么要拒绝顾客的要求？体现了他什么样的职业道德品质？顾客将张老板的店作为将来定点维修店，说明了什么？

案例评析：张老板拒绝顾客的要求，是因为诚实守信是做人、做事的基本准则，是职业道德的基本要求之一。这体现了张老板具有诚实守信的职业道德品质。他明知这样做可以给自己带来好处，但这是违反诚信职业道德规范的，他坚决拒绝，表明他是一个原则性很强的人。

顾客将张老板的店作为定点维修店，说明诚实守信品质的重要性。因为一个人或企业的信誉是其立足之本，是无形的资产，是各行各业的生存之道。只有做到了诚实守信，才能确立其在消费者心目中的形象，才能在长久而激烈的市场竞争中站稳脚跟，最终赢得市场。

任务驱动

任务内容：列举生活中的职业道德榜样并讲述其事迹。

任务布置：通过网络、报刊、书籍、观察日常生活等途径搜集职业道德榜样及其事迹，先在小组内交流，每名同学谈自己的心得体会，然后每组推荐 1 名同学在全班进行交流。

知识链接

7.1.1 职业道德

1. 职业道德的概念

不同的职业、不同的岗位，有不同的道德要求和不同的行为准则。职业活动中，我们应当遵循的这些具有职业特征的道德要求和行为准则，就是职业道德。职业道德渗透在职业活动的方方面面，具有明显的行业特征、时代性、历史继承性和相对稳定性。职业道德采用制度、条例、守则、公约、承诺、誓言以及标语口号等形式，与职业纪律紧密结合，要求从业者接受和实行，并且形成一种职业习惯，又具有明确的规范性。

2. 职业道德的主要内容

由于各行各业的职业活动内容和职业特征不同，不同职业的职业道德内容不尽相同，但是各种不同职业的职业道德都有共同的基本内容。我国《公民道德建设实施纲要》提出了职业道德的主要内容是：爱岗敬业、诚实守信、办事公道、服务群众、奉献社会。其中，爱岗敬业是职业道德的基础，是职业道德所倡导的首要规范；诚实守信是职业道德的最基本准则，也是职业道德的精髓；奉献社会是职业道德的出发点和归宿。

3. 职业道德的作用

职业道德是我们所从事的行业对社会所承担的道德责任和义务，是我们职业成功的保证。思想支配行动，职业道德水平决定着人们的职业行为。从这个意义上说，职业道德是职业的灵魂。

职业道德规范从业人员的行为，调节从业人员内部及从业人员与服务对象的关系，促进人际关系的和谐。

职业道德有效保证产品和服务的高质量，维护和提高企业的信誉，促进行业的发展。

职业道德规范整个行业全体人员的行为。行业道德水平提高，对整个社会道德水平的提高具有重要作用。

想一想

“职业道德是一纸空文，社会上很多违背职业道德的人生意很火，所以谁遵守谁吃亏。”

你如何看待以上观点？

7.1.2 会计职业道德

1. 会计职业道德的概念

会计职业道德，是指在会计职业活动中应当遵循的、体现会计职业特征、调整会计职业关系的职业行为准则和规范。

会计职业道德规范的对象，既有单位会计人员，也有注册会计师。会计职业道德的含义应从以下几个方面来把握：

1）会计职业道德是调整会计职业活动中各种利益关系的手段

会计工作的性质决定了在会计职业活动中要处理方方面面的经济关系，包括单位与单位、单位与国家、单位与投资者、单位与债权人、单位与职工、单位内部各部门之间及单位与社会公众之间等经济关系。当各经济主体的利益与国家利益、社会公众利益发生冲突的时候，会计职业道德不允许通过损害国家和社会公众利益而获取违法利益，但允许个人和各经济主体获取合法的自身利益。会计职业道德可以配合国家法律制度，调整职业关系中的经济利益关系，维护正常的经济秩序。

2）会计职业道德具有相对稳定性

会计是一种专业技术性很强的职业。会计人员在从事会计职业的过程中，必须遵循其内在的客观经济规律和要求。由于人们面对的是共同的客观经济规律，因此，会计职业道德在社会经济关系的变迁中，始终保持自己的相对稳定性。比如诚实守信、客观公正等是对会计人员的普遍要求。没有任何一个社会制度能够容忍虚假会计信息，也没有任何一个经济主体会允许会计人员私自向外界提供或者泄露单位的商业秘密。

3）会计职业道德具有广泛的社会性

会计职业道德的社会性是由会计职业活动所生成的产品决定的。会计不仅要为政府机构、企业管理层、金融机构等提供符合质量要求的会计信息，而且要为投资者、债权人及社会公众服务，因其服务对象涉及面很广，提供的会计信息是公众产品，所以会计职业道德的优劣将影响国家和社会公众利益。会计信息质量直接影响着社会经济的发展和社会经济秩序的健康运行，会计职业道德必然受社会关注，具有广泛的社会性。

2. 会计职业道德的特征

会计职业道德除了具有职业道德的一般特征外，与其他职业道德相比还具有如下特征：

1）具有一定的强制性

在我国，由于会计职业道德的许多内容都直接纳入到会计法律制度当中，使得它具有一定的强制性。如我国的《会计法》《会计基础工作规范》等都规定了会计职业道德的内容和要求。会计职业道德的这种独特的强制性，是由会计工作在市场经济活动中的特殊地位所决定的。

2）较多关注公众利益

会计职业的一个显著特征是会计职业活动与社会公众利益密切联系。在发生道德冲突时，要求会计人员要坚持准则，把社会公众利益放在第一位。

3. 会计职业道德的功能

1）指导功能

指导功能，即指导会计人员行为的功能。会计职业道德规范作为一种指引或劝诫，表达了社会对会计人员行为的期望和要求，如爱岗敬业、诚实守信、廉洁自律、客观公正等。这种期望和要求如果被会计人员所认同就会转变为会计人员自觉的行为；即使不被会计人员所认同，由于道德舆论的强大压力，也往往会被会计人员接受和遵循。会计职业道德通过对会计的行为动机提出相应的要求，引导、规范、约束会计人员树立正确的职业观念，遵循职业道德要求，从而达到规范会计行为的目的。

2）评价功能

评价功能，即对会计人员的行为，根据一定的道德标准进行评价。这一功能又可分解为褒扬的功能和谴责的功能。前者通过引起主体的自豪感和光荣感，对主体的动机和行为起鼓舞、激励的作用；后者通过引起主体的羞愧、内疚等情感，对主体的动机和行为起抑制和纠错的作用。通过开展会计职业道德的评价，倡导、赞扬、鼓励自觉遵守会计职业道德规范的行为，贬抑、鞭挞、谴责、查处会计造假等不良行为，对会计人员起着引导或威慑的作用，有助于督促会计人员在行为上遵守职业道德规范。

3）教化功能

道德具有引导人的行为的功能，这种引导的特点是，劝善戒恶，并辅之以社会舆论的赞扬或谴责，进而作用于人的道德良心和道德情感。这对于会计人员的思想、感情和行为，有一种潜移默化的塑造作用，不但能够影响会计人员当下的动机和行为，而且能够改造会计人员的道德品质，提高会计人员的道德境界。

下列关于会计职业道德调整对象的表述中，正确的是(　　)。

A. 调整会计职业关系

B. 调整会计职业中的经济利益关系

C. 调整会计职业内部从业人员之间的关系

D. 调整与会计活动有关的所有关系

【答案】B

7.1.3 会计职业道德与会计法律制度

1. 会计职业道德与会计法律制度的联系

会计职业道德与会计法律制度有着共同的目标、相同的调整对象、承担着同样的职责，二者联系密切。主要表现在：

1）两者在作用上相互补充

在规范会计行为中，人们不可能完全依赖会计法律制度的强制功能而排斥会计职业道德的教化功能，会计行为不可能都由会计法律制度进行规范，不需要或不宜由会计法律制度进行规范的行为，可通过会计职业道德规范来实现；同时，那些基本的会计行为必须运用会计法律制度强制规范。

2）两者在内容上相互渗透、相互重叠

会计法律制度中包含有会计职业道德规范的内容，同时，会计职业道德规范中也包含会计法律制度的某些条款。

3）两者在地位上相互转化、相互吸收

最初的会计职业道德规范就是对会计职业行为约定俗成的基本要求，后来制定的会计法律制度吸收了这些基本要求，便形成了会计法律制度。可以说，会计法律制度是会计职业道德的最低要求。

4）两者在实施过程中相互作用

会计职业道德是会计法律制度正常运行的社会和思想基础，会计法律制度是促进会计职业道德规范形成和遵守的重要保障。

2. 会计职业道德与会计法律制度的主要区别

1）性质不同

会计法律制度体现统治阶级的愿望和意志，通过国家机器强制执行，具有很强的他律性。在同一社会里，只允许存在一种会计法律制度。会计职业道德主要依靠会计从业人员的自觉性，并依靠社会舆论和良心来实现，基本上是非强制执行的，具有很强的自律性。在同一社会里，会计职业道德不是唯一的。

2）作用范围不同

会计法律制度侧重于调整会计人员的外在行为和结果，具有较强的客观性。会计职业道德不仅要求调整会计人员的外在行为，还要调整会计人员内在的精神世界，具有较强的主观性。会计法律制度是对会计从业人员行为的最低限度的要求，会计职业道德调节的范围比会计法律制度广泛。违反会计职业道德的行为，不一定违反会计法律制度。

3）表现形式不同

会计法律制度是通过一定的程序由国家立法部门或行政管理部门制定的，其表现形式是具体的、明确的、正式形成文字的成文规定。而会计职业道德出自会计人员的职业生活和职业实践，其表现形式既有明确的成文规定，也有不成文的规范，它存在于人们的意识和信念之中。即使是那些成文的会计职业道德与会计法律制度相比，在表现形式上也缺乏具体性和准确性，通常只是指出会计人员应当做或不应当做某种行为的一般原则和要求。

4）实施保障机制不同

会计法律制度由国家强制力保障实施；会计职业道德既有国家法律的相应要求，又需要会计人员自觉地遵守。

3. 会计行为的法治与德治

法律和道德相互联系、相互补充。要把法制建设与道德建设紧密结合起来，把依法治国与以德治国紧密结合起来。会计行为的规范化不仅要以会计法律、法规作保证，还要依赖会计人员的道德信念、道德品质来实现。会计职业道德准则只有转化为人们的内在信念和内在品质，才能在会计行为中真正扎下根，达到治本的目的。为此，既要坚持不懈地加强会计法制建设，依法规范会计行为，同时也要坚持不懈地加强会计职业道德建设，以德治理会计行为。

做一做

关于会计职业道德和会计法律制度两者关系的观点中，错误的是(　　)。

A. 两者在实施过程中相互作用、相互补充

B. 会计法律制度是会计职业道德的最低要求

C. 违反会计法律制度一定违反会计职业道德

D. 违反会计职业道德一定违反会计法律制度

【答案】D

拓展阅读

“道德银行”引发的争论

道德银行，是储蓄学生良好道德行为习惯的银行，仿照银行的形式，学生把自己在学校、社会、家庭的优秀道德行为兑换成一定的道德币，存入“道德银行”，如有不良的行为习惯，将消费一定的道德币，其目的在于通过这一活动培养学生良好的道德行为习惯。

2007 年 10 月，长沙理工大学城南学院成立了湖南省高校第一家“道德银行”，推行了有“约束性”的考评管理机制。长沙理工大学城南学院成立的“道德银行”是参照银行运作模式，将学生志愿者参加的志愿服务、好人好事等以“道德币”这一虚拟货币的形式，记录在学院开办的“道德银行”的存折上。在城南学院，做了志愿服务的同学需要留名和签字认定的证明来证实自己的参与。随后，学生干部将活动参与者的行为和服务对象的认定交给辅导员，统一进行打分、评定应该给予的“道德”。其量化的具体标准为：各类志愿服务 1 ~ 3 个/小时；无偿献血 6 个/次；拾金不昧 2 ~ 15 个/次；爱心捐助 2 ~ 20 个/次；其他未尽的视具体情况而定。学生干部再将本班同学的“道德币”于每周一、周三、周四晚上和周二下午，到学院的道德银行登记存入。“道德银行”的存折采取户名即人名，账号即学号的方式设计，每名学生免费发放一张存折，凭用户名和密码可以很轻松地在学院团委网站及时查询自己的“道德币”。学生在活动中获得的“道德币”，成为自己的“道德资产”。“道德币”是非常重要的考评标准，将左右期末开始的各种评优评奖。按照《学生手册》的规定，学院将每一学年获得 10 个“道德币”作为学生评优评奖的基本条件。满一学年后，所有“道德币”将清空为零。城南学院认为，奖励和约束的两重推动作用让学院学生的道德观念有了明显变化。但是，自“道德银行”创办之日起，各界争议不止。

正方认为，“道德银行”此举不虚，其做法是借助“银行存取”这种形式，将无形的道德资本变成有形的道德资产，鼓励学生积累“道德资本”，形成良好的道德习惯，其实是为道德建设提供了一个很好的平台。一方面，它改变了原有的空喊道德口号的教育方式，化无形为有形，将崇高的道德品质量化成看得见、摸得着的东西，形式新颖，能够吸引学生参加，并营造一个良好的氛围；另一方面，“道德银行”与学生互利互惠，对学生做好事产生激励，平时，学生可以凭借积攒的“道德币”获得评先评优的资格，还可以支取“道德币”换取听讲座、看演出的门票，何乐而不为？

反方认为，“道德银行”解决不了道德问题。道德的行为不是为了“私利”，而“道德银行”会让一些人为了“私利”而去完成“道德任务”，或者说是为了完成“道德任务”而去做一些道德的事，这样致使道德行为含有水分。同时，本来自愿去做道德的事的一些人，因为附加了“利益”，反而失去了原有意义，可能导致对“道德行为”的反感。“道德银行”带有变相的强迫性，这似乎也预示着：道德可以强迫，你不道德就强迫你道德，强迫的道德还是道德吗？道德观念是一种综合素质，是良好的修养形成的人生价值观。也就是说，道德本质上是一种精神体验，它只接受信仰的驱动。因此，道德是不可作等价交换的。当道德以斤两评判的时候，道德已不再是道德。将“道德”与“银行”这两个毫不相干的范畴结合在一起，有哗众取宠之嫌。由此看来，“道德银行”非但不能为道德建设提供一个平台，反而背离了道德，甚至有可能会走向道德的反面。

课后练习

一、选择题

1. 职业道德的出发点和归宿是(　　)。

A. 秉公执法　　B. 服务社会

C. 奉献社会　　D. 有法可依

2. 下列各项中，属于《公民道德建设实施纲要》中提出的职业道德主要内容有(　　)。

A. 诚信为本、依法治国、民主理财、科学决策、奉献社会

B. 爱岗敬业、诚实守信、办事公道、服务群众、奉献社会

C. 文明礼貌、助人为乐、爱护公物、保护环境、遵纪守法

D. 爱岗敬业、诚实守信、廉洁自律、客观公正、坚持准则、提高技能、参与管理、强化服务

3. 会计职业道德是指在会计职业活动中应当遵循的、体现(　　)特征的和调整会计职业关系的职业行为准则和规范。

A. 会计工作　　B. 会计职业

C. 会计活动　　D. 会计人员

4. 会计职业道德与会计法律制度存在很大区别，下列表述错误的有(　　)。

A. 会计职业道德不仅要求调整会计人员的外在行为，还要求调整会计人员内在的精神世界

B. 会计职业道德主要依靠会计人员的自觉性

C. 会计法律制度既有成文的规定，也有不成文的规范

D. 会计职业道德侧重于调整会计人员的外在行为和结果的合法化

二、案例分析

中国青春宝集团有限公司董事长，正大青春宝药业有限公司总裁冯根生出身于医药世家，14 岁时进入著名的国药号“江南药王”胡庆余堂做学徒。在做学徒的三年多时间里，冯根生经常能够在扫地的时候捡到钱，每次他都把钱交给师傅。十几年以后，他才知道原来是师傅用这种方式在考他。一共考了 15 次，每次都是满分。15 次以后，师傅就说了，这个小孩很诚实，他捡来的钱都不要，还会去偷吗?

冯根生的行为体现了什么样的品质? 这样的道德品质对人的成长有什么作用?

7.2 会计职业道德规范的主要内容

案例导入

朱镕基总理先后三次为我国新成立的会计学院题写校训：“不做假账”。2001 年 4 月 16 日，朱镕基在视察上海国家会计学院时，为该校题写的校训是：“不做假账”。同年 10 月 29 日，朱镕基视察北京国家会计学院后，题字是“诚信为本，操守为重，坚持准则，不做假账”。第三个获此殊荣的是厦门国家会计学院。2002 年 11 月 19 日，朱镕基在第 16 届世界会计师大会闭幕式上的演讲时指出：“在现代市场经济中，会计师的执业准则和职业道德极为重要。诚信是市场经济的基石，也是会计执业机构和会计人员安身立命之本。”

请问：(1) 会计职业道德规范的主要内容是什么?

(2) “诚实守信”、“坚持准则” 的基本要求是什么?

(3) 为什么说“诚信是市场经济的基石，也是会计执业机构和会计人员安身立命之本”?

案例评析：

(1) 会计职业道德规范的主要内容是：爱岗敬业、诚实守信、廉洁自律、客观公正、坚持准则、提高技能、参与管理、强化服务。

(2) “诚实守信” 的基本要求：做老实人，说老实话，办老实事，不弄虚作假；实事求是，如实反映；保守秘密，不为利益所诱惑；执业谨慎，信誉至上。

“坚持准则” 的基本要求：熟悉准则；遵循准则办事；坚持准则，敢于同违反会计法律法规和财务制度的现象作斗争。

(3) 市场经济是信用经济、契约经济，注重诚实守信。可以说，诚信是维护市场经济步入良性发展轨道的前提和基础，是市场经济社会赖以生存的基石。没有信用，就没有秩序，市场经济就不能健康发展。正是因为会计工作在经济建设中的特殊地位和作用，会计诚信更加重要，也更加必要。会计人员诚实守信的道德观念如何，将直接影响会计信息的真实性和完整性。朱镕基同志讲话既是对《会计法》等法律要求的高度概括，抓住了会计工作存在的主要问题，又是会计人员应当遵循的基本原则和道德规范。

任务驱动

任务内容：就会计职业道德规范的某方面内容，撰写演讲稿并在小组内进行演讲。

任务布置：将学生分成若干小组，在学习会计职业道德规范的基础上，搜集相关资料，就会计职业道德规范的某方面内容，撰写演讲稿并在小组内进行演讲。

知识链接

7.2.1 爱岗敬业

1. 爱岗敬业的含义

爱岗敬业是爱岗与敬业的总称。爱岗就是会计人员应该热爱自己的本职工作，安心于本职岗位，忠于职守。敬业就是会计人员要用恭敬严肃的态度对待自己的职业，即对自己的工作要专心、认真、负责任。爱岗和敬业互为前提，相互支持、相辅相成。爱岗是敬业的基石，敬业是爱岗的升华。

爱岗敬业是职业道德的基础，是否爱岗敬业是判断每个从业者职业道德水准的首要标志。

2. 爱岗敬业的基本要求

1）热爱会计工作，敬重会计职业

一般来说，只要人们是根据自己的爱好、兴趣和特长来选择职业，通常都对所选职业充满情感，喜爱这一职业。但是，任何社会、任何时候都难以绝对保证人们所选择的职业是自己满意的。因而，当所从事的职业与自己的兴趣、爱好不一致时，基于对职业重要性的认识，应逐渐培养起对职业的感情。如果做了会计，就应该热爱会计工作，敬重会计职业。

各行各业的无数职业道德标兵的先进事迹告诉人们，对自己的工作是否热爱，对自己的岗位是否敬重，是做好本职工作的前提。会计人员只要树立了“干一行爱一行”的思想，就会发现会计职业中的乐趣；只有树立“干一行爱一行”的思想，才会刻苦钻研会计业务技能，才会努力学习会计业务知识。有了对本职工作的热爱，就会激发一种敬业精神，自觉自愿地执行职业道德的各种规范，不断改进自己的工作，在平凡的岗位上作出不平凡的业绩。

2）严肃认真，一丝不苟

从业者对自己本职工作的热爱，必定会体现在对工作所必需的职业技能的态度上，体现在对自己工作成果的追求上，这就是对工作严肃认真、一丝不苟，对技术精益求精。会计工作是一项严肃细致的工作，没有严肃认真的工作态度和一丝不苟的工作作风，就容易出现偏差。对一些损失浪费、违法乱纪的行为和一切不合法、不合理的业务开支，要严肃认真地对待，把好费用支出关。严肃认真、一丝不苟的职业作风贯穿于会计工作的始终，不仅要求数字计算准确，手续清楚完备，而且绝不能有“都是熟人不会错”的麻痹思想和“马马虎虎”的工作作风。

3）忠于职守，尽职尽责

忠于职守表现为三个方面，即忠实于国家、忠实于服务主体、忠实于社会公众。忠于职守要求在各种复杂的情况下，能够抵制各种诱惑，忠实地履行岗位职责。尽职尽责表现为会计人员对自己应承担的责任和义务所表现出的一种责任感和义务感。会计人员在进行会计事项的处理中，当集体利益与职工个人利益或国家利益与单位利益发生冲突时，会计人员应该承担起维护国家利益或集体利益的责任。

想一想

美国石油大王洛克菲勒曾在信中告诫儿子：“如果你视工作为一种快乐，人生就是天堂；如果你视工作为一种义务，人生就是地狱。”

你赞同洛克菲勒的“天堂”和“地狱”之说吗？你怎么看？

7.2.2 诚实守信

1. 诚实守信的含义

诚实，是指言行跟内心思想一致，不弄虚作假，不欺上瞒下，做老实人，说老实话，办老实事。守信，就是遵守自己所作出的承诺。讲信用，重信用，信守诺言，保守秘密。诚实与守信具有内在的因果联系，一般来说，诚实即为守信，守信就是诚实。有诚无信，道德品质得不到推广和延伸；有信无诚，信就失去了根基，德就失去了依托。诚实必须守信。

诚实守信是会计职业道德内容中的主要规范，是会计职业活动和职业道德的精髓。中国现代会计学之父潘序伦先生认为，“立信，乃会计之本，没有信用，也就没有会计”。诚实守信要求会计人员在职业活动中讲求信用，保守秘密，对实际发生的经济业务进行真实、完整的会计核算。

2. 诚实守信的基本要求

1）做老实人，说老实话，办老实事，不弄虚作假

做老实人，要求会计人员言行一致，表里如一，光明正大。说老实话，要求会计人员说话诚实，是一说一，是二说二。办老实事，要求会计人员工作踏踏实实，不弄虚作假，不欺上瞒下。

2）实事求是，如实反映

实事求是就是要求会计人员从实际情况出发，按实际情况办事。如实反映就是要求会计人员客观反映事物的本来面貌，不夸大，不缩小，不隐瞒，如实反映和披露单位经济业务事项。《会计法》规定：各单位必须根据实际发生的经济业务事项，进行会计核算，填制会计凭证，登记会计账簿，编制会计报告。总之，会计人员在工作中，应实事求是，正确核算，尽量减少和避免各种失误；不得为了个人和小集团利益，伪造账目，弄虚作假，损害国家和社会公众利益。

3）保守秘密，不为利益所诱惑

所谓保守秘密，就是指会计人员在履行自己的职责时，应树立保密观念，做到保守商业秘密，对机密资料不外传、不外泄，守口如瓶。

秘密主要有国家秘密、商业秘密和个人隐私三类。会计人员保守的主要是单位的商业秘密。在市场经济中，商业秘密可以带来经济利益，有些甚至关系到单位的生死存亡。会计人员因职业特点经常接触到单位和客户的商业秘密，如单位的财务状况、经营状况、成本资料及重要单据、经济合同等。因而，会计人员应依法保守单位秘密，这是会计人员应尽的义务，也是诚实守信的具体体现。

泄密，不仅是一种不道德的行为，也是违法行为。我国有关法律制度对会计人员保守

秘密作了相关的规定。如《注册会计师法》第19条规定："注册会计师对执行业务中知悉的商业秘密，负有保密义务"；财政部印发的《会计基础工作规范》第23条规定："会计人员应当保守本单位的商业秘密。除法律规定和单位领导人同意外，不能私自向外界提供或者泄露单位的会计信息。"

会计人员要做到保密守信，就应该注意不在工作岗位以外的场所谈论、评价企业的经营状况和财务数据。此外，在日常生活中也应保持必要的警惕，防止无意泄密。俗话说，说者无意，听者有心。人们在日常交流中经常会对熟知的事情脱口而出，而没有想到后果。为了防止这种情况的发生，会计人员要了解自己所知的信息中，哪些是商业秘密，哪些是无关紧要的事项，以防止无意泄密的情况发生。并且，会计人员要抵制住各种各样的利益诱惑，绝对不能用商业秘密作为谋利的手段。

4）执业谨慎，信誉至上

诚实守信，要求注册会计师在执业中始终保持应有的谨慎态度，对客户和社会公众尽职尽责，形成"守信光荣，失信可耻"的氛围，以维护职业信誉。首先，注册会计师在选择客户时应当谨慎，不要一味地为追求营业收入，迎合客户的不正当要求，接受违背职业道德的附加条件。其次，要注意评估自身的业务能力，正确判断自身的知识、经验和专业能力能否胜任所承担的委托业务。再次，要严格按照独立审计准则和执业规范、程序实施审计，对审计中发现的违反国家统一的会计制度及国家相关法律制度的经济业务事项，应当按照规定在审计报告中予以充分反映。最后，在接受委托业务后，应积极完成所委托的业务，认真履行合同，维护委托人的合法权益，不得擅自终止合同、解除委托，不得超出委托人委托范围从事活动，以免当事人的利益受到损害。

中国现代会计学之父潘序伦先生创办的立信会计学院的校训是什么？

【答案】信以立志、信以守身、信以处事、信以待人、毋忘'立信'、当必有成

7.2.3 廉洁自律

1. 廉洁自律的含义

廉洁就是不贪污钱财，不收受贿赂，保持清白。自律是指自律主体按照一定的标准，自己约束自己、自己控制自己的言行和思想的过程。廉洁是自律的基础，自律是廉洁的保证。自律性不强就很难做到廉洁，不廉洁就谈不上自律。廉洁自律是会计职业道德的前提和内在要求。会计人员整天与钱财打交道，只有首先做到自身廉洁，严格约束自己，才能要求别人廉洁，才能理直气壮地阻止或防止别人侵占集体利益，正确行使反映和监督的会计职责，保证各项经济活动正常进行。

2. 廉洁自律的基本要求

1）树立正确的人生观和价值观

人生观是人们对人生的目的和意义的总的观点和看法。价值观是指人们对于价值的根本观点和看法，它是世界观的一个重要组成部分。会计人员要树立科学的人生观和价值观，自觉抵制享乐主义、个人主义和拜金主义等错误的思想，这是在会计工作中做到廉洁自律的思想基础。

2）公私分明，不贪不占

公私分明是指严格划分“公”与“私”的界线，公是公，私是私。如果公私分明，就能够廉洁奉公，一尘不染。如果公私不分，就会出现以权谋私的腐败现象，甚至出现违法违纪行为。

廉洁自律的天敌就是“贪”、“欲”。在会计工作中，由于大量的钱财要经过会计人员之手，所以，很容易诱发会计人员的“贪”、“欲”。一些会计人员贪图金钱和物质上的享受，利用职务之便，自觉或不自觉地行“贪”。有的被动受贿，有的主动索贿，有的贪污、挪用公款，有的监守自盗，有的集体贪污。究其根本原因，是这些会计人员忽视了世界观的自我改造，放松了道德的自我修养，弱化了职业道德的自律。

“清心寡欲克己奉公，戒奢崇俭自警自醒”

“廉洁是为人之本，廉洁乃做人之基，廉洁是修身之道，廉洁乃正身之旗”

……

你还能举出哪些廉洁自律的格言？

7.2.4 客观公正

1. 客观公正的含义

客观是指会计人员在处理经济业务时必须以实际发生的交易或事项为依据，如实反映企业的财务状况、经营成果和现金流量情况；公正是指会计人员应该具备正直诚实的品质，不偏不倚地对待有关利益各方。客观是公正的基础，公正是客观的反映。

客观公正是会计职业道德的灵魂。对于会计职业和会计工作而言，客观主要包括以下两层含义：一是真实性，即以客观事实为依据，真实地记录和反映实际经济业务事项；二是可靠性，即会计核算要准确，记录要可靠，凭证要合法。公正主要包括以下三层含义：一是国家的会计准则、会计制度要公正；二是执行会计准则、会计制度的人，即单位的管理层和会计人员应公正地开展会计核算和会计监督工作；三是注册会计师在进行审计鉴证时应以超然独立的姿态，进行公平公正的判断和评价，出具客观、适当的审计意见。

2. 客观公正的基本要求

1）依法办事

依法办事是会计工作保证客观公正的前提。会计人员记账、算账、报账和进行财产清查，需要熟悉并依据《会计法》《企业会计准则》《企业会计制度》等法律、法规和制度进行业务处理；注册会计师开展独立审计时，应依据《会计法》《注册会计师法》《中国注册会计师独立审计准则》等法律法规的规定实施审计活动。总之，只有熟练掌握并严格遵守会计法律法规，才能客观公正地处理会计业务。

2）实事求是，不偏不倚

在实际生活中，要做到“客观公正”，最根本的是要有“实事求是”的科学态度。没有实事求是的严谨态度，主观、片面地看问题，就无法根据客观情况来公正地处理问题。

客观公正应贯穿于会计活动的整个过程：一是会计核算的过程要客观公正，即会计人员在具体业务处理时，或进行职业判断时，应保持客观公正的态度，实事求是、不偏不倚；二是最终处理结果要公正，即会计人员对经济业务的处理结果是公正的。

3）保持独立性

会计人员对会计业务的处理，对会计政策和会计方法的选择，以及对财务会计报告的编制、披露和评价必须独立进行职业判断，做到客观、公平、理智、诚实。

根据《中国注册会计师职业道德规范指导意见》，注册会计师保持其独立性应当做到以下两点：一是注册会计师应当回避可能影响独立性的审计事项，实现形式上的独立。具体是指注册会计师必须与被审计企业或个人没有任何特殊的利益关系；二是注册会计师应当恪守职业道德，保持实质上的独立。实质上独立就是要求注册会计师能在审计过程中始终保持不偏不倚的态度。

将来你走上工作岗位，你会怎样过好“权势关”和“人情关”？

7.2.5 坚持准则

1. 坚持准则的含义

坚持准则，要求会计人员在处理业务过程中，严格按照会计法律制度办事，不为主观或他人意志左右。这里所说的“准则”，不仅指会计准则，而且包括会计法律、国家统一的会计制度以及与会计工作相关的法律制度。

会计人员在进行核算和监督的过程中，只有坚持准则，才能以准则作为自己的行动指南；在发生道德冲突时，应坚持准则，以维护国家利益、社会公众利益和正常的经济秩序。注册会计师在进行审计业务时，应严格按照独立审计准则的有关要求和国家统一会计制度的规定，出具客观公正的审计报告。

2. 坚持准则的基本要求

1）熟悉准则

熟悉准则是指会计人员应了解和掌握《会计法》和国家统一的会计制度及与会计相关的法律制度，这是遵循准则、坚持准则的前提。只有熟悉准则，才能按准则办事，才能遵纪守法，才能保证会计信息的真实性、完整性。

2）遵循准则

遵循准则即执行准则。会计人员在会计核算和监督时要自觉地严格遵守各项准则、自律在先，同时也要求他人遵守准则，将单位具体的经济业务事项和经济行为与国家统一的会计制度相对照，作出是否合法合规的判断，对不合法的经济业务不予受理。在实际工作中，由于科技的发展和社会环境的变化，会计业务日趋复杂，因而准则规范的内容也会不断变化和完善。这就要求会计人员要经常学习，准确地理解和执行准则。

3）坚持准则

会计人员在履行职责时，如果发生道德冲突，应坚持准则，敢于同违反会计法律法规和财务制度的现象作斗争，确保会计信息的真实性和完整性。

在实践中，如果会计人员坚持准则，往往会受到单位负责人和其他方面的阻挠、刁难甚至打击报复。《会计法》规定，单位负责人对本单位会计信息的真实性和完整性负责。这就强化了单位负责人对单位会计工作的法律责任，改善了会计人员的执法环境。

公司为获得一项工程合同，拟向工程发包方的有关人员支付好处费8万元，公司市场部持公司的批示到财务部领取该笔款项。财务部经理谢某认为该项支出不符合有关规定，但考虑到公司主要领导已做了批示，遂同意拨付了款项。下列对谢某做法的认定中正确的是(　　)。

A. 谢某违反了爱岗敬业的会计职业道德要求

B. 谢某违反了参与管理的会计职业道德要求

C. 谢某违反了客观公正的会计职业道德要求

D. 谢某违反了坚持准则的会计职业道德要求

【答案】D

7.2.6　提高技能

1. 提高技能的含义

提高技能是指会计人员通过学习、培训和实践等途径，持续提高会计职业技能，以达到和维持足够的专业胜任能力的活动。会计职业技能包括会计理论水平、会计实务操作能力、职业判断能力、自动更新知识能力、提供会计信息的能力、沟通交流能力以及职业经验等。

会计人员不断提高其职业技能既是会计人员的义务，也是在职业活动中做到客观公正、坚持准则的基础，是参与管理的前提。

2. 提高技能的基本要求

1）要有不断提高会计专业技能的意识和愿望

随着市场经济的发展、全球经济一体化以及科学技术的日新月异，会计在经济发展中的作用越来越明显，对会计的要求也越来越高，会计人才的竞争也越来越激烈。会计人员只有具备不断提高会计专业技能的意识和愿望，才能不断进取，才会主动地求职、求学，勤学苦练，精益求精，使自身的专业技能不断提高，使自己的知识不断更新，从而掌握过硬的本领，在会计人才的竞争中立于不败之地。

2）要有勤学苦练的精神和科学的学习方法

专业技能的提高和学习不可能是一劳永逸的事，必须持之以恒，不间断地学习、充实和提高。只有具有锲而不舍的“勤学”精神，才能不断提高自己的业务水平、理论水平、操作技能和职业判断能力，以适应不断变化的新形势和新情况的需要。同时，还要掌握科学的学习方法，在学中思，在思中学，通过积极参加社会实践活动，在实践中提高职业技能，真正做到学以致用。

不符合会计职业道德“提高技能”要求的是(　　)。

A. 出纳人员向银行工作人员请教辨别假钞的技术

B. 会计人员向计算机专家学习会计电算化操作方法

C. 会计主管与其他单位财务人员交流隐瞒业务收入的做法

D. 总会计师通过自学提高会计专业判断、财务分析和政策水平

【答案】C

7.2.7 参与管理

1. 参与管理的含义

参与管理，简单地讲就是间接参加管理活动，为管理者当参谋，为企业管理活动服务。参与管理要求会计人员积极主动地向单位领导反映本单位的财务、经营状况及存在的问题，主动提出合理化建议，积极参与市场调研和预测，参与决策方案的制订和选择，参与决策的执行、检查和监督，为领导者的经营管理和决策活动当好助手和参谋。

2. 参与管理的基本要求

1）努力钻研业务，熟悉财经法规和相关制度，提高业务技能，为参与管理打下基础

娴熟的业务，精湛的技能，是会计人员参与管理的前提。会计人员只有努力钻研业务，不断提高业务技能，深刻领会财经法规和相关制度，才能有效地参与管理；会计人员只有业务娴熟，并具有精湛的技能，才能更好地参与管理，为改善经营管理、提高经济效益服务。

2）熟悉服务对象的经营活动和业务流程，使参与管理的决策更具针对性和有效性

会计人员应当熟悉本单位的生产经营、业务流程和管理情况，掌握单位的生产经营能力、设备条件、产品市场及资料状况等情况。只有如此，才能充分利用会计工作的优势，为改善单位内部管理、提高经济效益服务。

下列各项中，符合会计职业道德“参与管理”的行为有(　　)。

A. 参加公司重大投资项目的可行性研究和投资效益论证

B. 对公司财务会计报告进行综合分析并提交风险预警报告

C. 分析现金流量状况，查找存在的问题，提出改进措施

D. 分析坏账形成原因，提出加强授信管理、加快货款回收的建议

【答案】ABCD

7.2.8 强化服务

1. 强化服务的含义

强化服务就是要求会计人员具有文明的服务态度、强烈的服务意识和优良的服务质量。在工作中，会计人员不仅要有热情、耐心、诚恳的工作态度，待人平等礼貌，而且遇到问题要以商量的口吻，充分尊重服务对象和其他部门的意见，努力做到“大事讲原则，小事讲风格，沟通讲策略，用语讲准确，建议看场合”。

强化服务的结果，就是奉献社会。强化服务、奉献社会是会计职业道德的出发点和归宿。

2. 强化服务的基本要求

1）强化服务意识

会计人员要树立强烈的服务意识，要摆正自己的工作位置，管钱管账是自己的工作职责，参与管理是自己的义务。切不可养成“官大办的快，官小办的慢，无官拖着办”，“利多马上办，利少慢慢办，无利事不办”的工作作风。

2）提高服务质量

提高服务质量是强化服务的关键。单位会计人员的服务质量表现在，是否真实地记录

单位的经济活动，向有关方面提供可靠的会计信息，是否积极主动地向单位领导反映经营活动情况和存在的问题，提出合理化建议，协助领导决策，参与经营管理活动。注册会计师的服务质量表现在，是否以客观、公正的态度正确评价委托单位的财务状况、经营成果，出具恰当的审计报告，为社会公众及信息使用者提供优质的服务。

会计职业道德是会计人员在会计工作中应当遵守的纪律和标准。属于会计人员职业道德规范的内容有(　　)。

A. 谦虚谨慎　　　　B. 开拓进取

C. 客观公正　　　　D. 爱岗敬业

【答案】CD

拓展阅读

安然事件

安然公司曾是一家位于美国休斯敦市的能源类公司。在2001年宣告破产之前，安然拥有约21 000名雇员，是世界上最大的电力、天然气以及电讯公司之一，2000年披露的营业额达1 010亿美元之巨。公司名列《财富》杂志“美国500强”的第7名；掌控着美国20%的电能和天然气交易；安然股票是所有的证券评级机构都强力推荐的绩优股，股价高达70多美元并且仍然呈上升之势；公司连续6年被《财富》杂志评选为“美国最具创新精神公司”。

2001年年初，一家有着良好声誉的短期投资机构老板吉姆·切欧斯指出，虽然安然的业务看起来很辉煌，但实际上赚不到什么钱，也没有人能够说清安然是怎么赚钱的。这一点引发了人们对安然的怀疑，并开始真正追究安然的盈利情况和现金流向。到了8月中旬，人们对于安然的疑问越来越多，并最终导致了股价下跌。8月9日，安然股价已经从年初的80美元左右跌到了42美元。2001年10月16日，安然公司公布该年度第三季度的财务报告，宣布公司亏损总计达6.18亿美元，引起投资者、媒体和管理层的广泛关注，从此拉开了“安然事件”的序幕。在政府监管部门、媒体和市场的强大压力下，2001年11月8日，安然向美国证监会递交文件，承认做了假账：从1997年到2001年间共虚报利润5.86亿美元，并且未将巨额债务入账。2001年11月30日，安然股价跌至0.26美元，市值由峰值时的800亿美元跌至2亿美元。2001年12月2日，安然公司正式向法院申请破产保护，破产清单所列资产达498亿美元，成为当时美国历史上最大的破产企业。2002年1月15日，纽约证券交易所正式宣布，将安然公司股票从道·琼斯工业平均指数成分股中除名，并停止安然股票的相关交易。至此，“安然大厦”完全崩溃。

短短两个月，能源巨擘轰然倒地。那么究竟是什么因素使安然公司倒闭的呢？“安然事件”中最主要的问题就是公司的财务舞弊行为。当安然舞弊丑闻发生后，负责对安然财务报表进行审计的安达信也成为传媒焦点。事实上，正是安达信违规操作，帮助安然虚报利润，隐瞒巨额债务，误导投资者投资。从20世纪80年代到90年代，安达信负责安然审计、做账、提供咨询服务。2000年，在安达信从安然公司获得的5 200万美元收入中，咨询服务收入就高达2 700万美元，可见安达信与安然之间有着密切的物质利益关系。由于怕得罪这些大客户，安达信面对安然的弄虚作假“睁一只眼闭一只眼”，加上顾及巨额的咨询收入，在财务审计方面自然是网开一面。并且，安然公司的许多高级管理人员也有不少来自安达信，两者的关系牢不可破。就在这种自己人审自己人的关系中，安然舞弊的行为更加肆无忌惮，甚至在丑闻暴露后，还要求安达信审计师将造假的账目销毁。

在安然事件发生之时，正是中国证券市场多起造假事件曝光之时，银广夏和中天勤、蓝田和华伦、麦科特和深圳华鹏引发了投资人对上市公司和会计师事务所的诚信危机，我国同样面临会计职业的监管体系的建设问题。

课后练习

一、选择题

1. (　　)是做人的基本准则，是人们在古往今来的交往中产生出的最根本的道德规范，也是会计职业道德的精髓。

A. 爱岗敬业　　B. 诚实守信
C. 坚持准则　　D. 奉献社会

2. 会计从业人员是否具有职业道德的首要标准是(　　)。

A. 爱岗敬业　　B. 竞业禁止
C. 诚实守信　　D. 客观公正

3. 会计工作特点决定，(　　)是会计职业道德的前提，也是会计职业道德的内在要求。

A. 提高技能　　B. 坚持准则
C. 客观公正　　D. 廉洁自律

4. 要求会计人员应具备“参与管理”的职业道德，简单地讲就是(　　)，为管理者当参谋，为管理活动服务。

A. 直接参加管理活动　　B. 间接参加管理活动
C. 经常直接参加管理活动　　D. 偶尔间接参加管理活动

二、思考题

针对“安然事件”，请你谈谈对“诚实守信”会计职业道德规范的理解。

7.3 会计职业道德教育与修养

案例导入

王某，23岁，大学专科毕业后分配到某市一国债服务部，担任柜台出纳兼任金库保管员。1999年5月11日，王某偷偷从金库中取出1997年国库券30万元，4个月后，王某见无人知晓，胆子开始大了起来，又取出50万元，通过证券公司融资回购方法，拆借人民币89.91万元，用来炒股，没想到赔了钱。王某在无力返还单位债券的情况下，索性于1999年12月14、15日，将金库里剩余的14.03万元国库券和股市上所有的73.7万元人民币全部取出后潜逃，用化名在该市一处民房租住隐匿。至此，王某共贪污1997年国库券94.03万元，折合人民币118.51万元。案发后，当地人民检察院立案侦查，王某迫于各种压力，于2000年1月8日投案自首，检察院依法提起公诉。

根据上述案例回答下列问题：

（1）上述案例中，犯罪嫌疑人王某年轻、有学历，在比较重要岗位工作，但胆大妄为，从学校刚刚走上工作岗位就犯罪。这说明了什么？

（2）结合上述案例，简述会计职业道德教育的意义。

（3）简述会计职业道德教育的层次及具体内容。

案例评析：（1）这说明该会计人员在学校缺乏会计职业道德教育，没有丝毫会计职业道德观念和法制观念，内心深处没有构筑道德的防线，或者说道德防线十分脆弱，不堪一击。从会计职业道德规范的角度分析，该会计人员违背了“爱岗敬业”、“诚实守信”、“廉洁自律”等会计职业道德规范。此外，此案也说明了建立单位内部控制制度的重要性。

（2）会计职业道德教育有利于提高会计职业道德水平；会计职业道德教育有利于培养会计人员会计职业道德情感；会计职业道德教育有利于树立会计职业道德信念。

（3）会计职业道德教育的层次及具体内容包括：职业道德观念教育；职业道德规范教育；职业道德警示教育。

任务驱动

任务内容：编写《会计职业道德简报》。

任务布置：将班级学生分为若干小组，以小组为单位编写《会计职业道德简报》，其中必须有会计行业先进人物的事迹介绍、会计行业职业道德现状及案例分析、学习会计职业道德的体会与取得的进步等几类文章。由教师和学生代表共同评选出优秀作品，在班级中展示。

知识链接

7.3.1　会计职业道德教育

1. 会计职业道德教育的含义

会计职业道德教育，是指为了促使会计人员正确履行会计职能，而对其施行的有目的、有计划、有组织、有系统的道德教育活动。它通过一定的教育方式和方法，把会计职业道德观念灌输到会计人员的头脑中，逐渐培养其职业道德情感。通过会计职业道德教育，培养会计职业情感，树立会计职业道德信念，引导会计人员加强自我修养，将法制的外在约束和道德的内在约束相结合，共筑法律和道德的防线。

2. 会计职业道德教育的内容

1）职业道德观念教育

普及会计职业道德基础知识，是会计职业道德教育的基础，也是重要的一环。要广泛宣传会计职业道德基本常识，使广大会计人员懂得什么是会计职业道德，它对社会经济秩序、会计信息质量有何重要影响；懂得一旦违反会计职业道德，除了受到良心和道义上的谴责外，还会受到行业惩戒和惩罚。把会计职业道德教育同社会教育、学校教育、家庭教育结合起来，采取广播、电视、报刊等媒介普及会计职业道德知识，形成会计人员遵守职业道德光荣，不遵守职业道德可耻的社会氛围，树立会计人员的职业道德观念。

2）职业道德规范教育

职业道德规范教育是指对会计人员开展以会计职业道德规范为内容的教育。会计职业道德规范的主要内容是爱岗敬业、诚实守信、廉洁自律、客观公正、坚持准则、提高技能、参与管理和强化服务等。这是会计职业道德教育的核心内容，涵盖的内容非常广泛，应贯穿于会计职业道德教育的始终。

3）职业道德警示教育

职业道德警示教育是指通过开展对违法会计行为典型案例的讨论，给会计人员以启发和警示。根据不同的教育对象，选择一些会计违法行为的典型案例和违反会计职业道德的典型案例，开展广泛深入的讨论，从而提高会计人员的法律意识和会计职业道德观念，提高会计人员辨别是非的能力。

想一想

“市场经济鼓励人才流动，所以提倡爱岗敬业已不合时宜。”这种观点是否正确？为什么？

3. 会计职业道德教育的途径

我国会计职业道德教育途径主要包括以下两个方面：

1）岗前职业道德教育

岗前职业道德教育是指对将要从事会计职业的人们进行的道德教育。包括会计专业学历教育及获取会计从业资格中的职业道德教育。教育的侧重点应放在职业观念、职业情感及职业规范等方面。

（1）会计学历教育中的职业道德教育。这是对大中专院校会计专业的在校学生进行的会计职业道德教育。《公民道德建设实施纲要》中指出：“学校是进行系统道德教育的重要阵地。各级各类学校必须认真贯彻党的教育方针，全面推进素质教育。”在我国，大中专院校是培养会计人才的重要场所，也是对潜在会计人员进行系统会计职业道德教育的重要阵地。高等院校应把教书与育人紧密结合起来，不仅传授会计专业知识和业务技能，同时也应把会计职业道德教育渗透到学校教育的各个环节之中，使学生在校期间就开始学习和了解会计职业道德理论、规范，培养他们的会计情感和会计道德观念，增强社会责任感。会计职业道德教育必须从会计学历教育抓起。

（2）获取会计从业资格中的职业道德教育。这是对准备从事会计职业的人员进入会计职业前进行的职业道德教育。在我国，根据财政部门的有关规定，从事会计工作必须持证上岗。对于要从事会计工作的从业人员来说，必须通过考试取得会计从业资格。为了使从事会计职业的人员在进入会计岗位时具备一定的会计职业道德，财政部在会计从业资格考试中设置了《财经法规与会计职业道德》科目。会计职业道德教育作为会计从业人员岗前教育的一项必学内容，能够使会计人员熟悉并逐渐认知会计职业道德规范，形成良好的道德品质，以指引和约束自身的行为。

2）岗位职业道德继续教育

这是对已进入会计职业的会计人员进行的继续教育。《会计法》规定，“会计人员应当遵守职业道德，提高业务素质。对会计人员的教育和培训工作应当加强。”会计职业道德教育贯穿于整个会计人员继续教育的始终。在职业道德的继续教育中应体现出社会经济的发展变化对道德的要求，也就是说在不同的阶段，道德教育的侧重点应有所不同。就现阶段而言，会计人员继续教育中的会计职业道德教育目标是适应新的市场经济形势的发展变化，在不断更新、补充、拓展会计人员业务能力的同时，使其政治素质、职业道德水平不断提高。具体包括以下内容：

（1）形势教育。教育的重点是要贯彻“以德治国”重要思想和“诚信为本，操守为重，坚持准则，不做假账”的指示精神，进一步全面、系统地加强会计职业道德培训，提高广大会计人员的政治水平和思想道德意识。

（2）品德教育。教育的重点是引导会计人员自觉地用会计职业道德规范指导和约束自身的行为，提高职业道德自律能力，最终形成良好的、稳定的道德品行。

（3）法制教育。教育的重点是引导会计人员掌握现行的会计法律、法规及国家统一的会计制度，运用法律手段处理会计事务。

4. 会计职业道德教育的方法

1）理论教育与实际教育相结合

在职业活动中，对会计人员进行系统的会计道德基本知识和基本理论的教育，使他们树立正确的会计职业道德观，掌握相关的职业道德知识，辨别是非，明确方向，再结合实际工作，形成高尚的社会主义会计道德品质，以达到学以致用的目的。

2）采取典型示范与正面组织相结合

从提高认识，明确责任的高度入手，以会计领域先进模范人物的感人事迹作为教材，会计人员可以从中受到感染和熏陶，得到深刻的启迪和教育。

3）采取自律和舆论监督相结合

进行职业道德教育必须强调自律，从提高道德认识入手。舆论监督起着抑恶扬善的作用，这主要包括对遵守会计道德的人的褒奖，对违反会计道德的现象的批评教育，开展经常性的会计道德讲评活动，促进良好的会计道德观念和会计道德行为的形成和发展。会计道德教育，要摆事实讲道理，以理服人，以情动人，要从爱护出发，用批评和自我批评方法，进行耐心的说服教育，引导会计人员明辨是非美丑，自觉改正。

（　　）是会计职业道德教育的核心内容。

A. 会计职业道德观念教育　　B. 会计职业道德规范教育

C. 会计职业道德警示教育　　D. 其他与会计职业道德相关的教育

【答案】B

7.3.2 会计职业道德修养

1. 会计职业道德修养的含义

会计职业道德修养是指人们依照职业道德原则进行的自我教育、自我改造、自我锻炼、自我提高的活动。会计职业道德修养要求会计人员学习职业道德的知识，培养自己的职业情感，在履行义务时，克服困难障碍，磨炼职业道德意志，树立坚定的职业道德信念。职业道德修养的最终目的，在于把职业道德原则和规范逐步转化为自己的职业道德品质，从而将职业实践中对职业道德的意识情感和信念上升为职业道德习惯，使其贯穿于职业活动的始终。会计职业道德品质的形成过程，最终是在会计人员自我修养中得到升华。

2. 会计职业道德修养的内容

1）形成正确的会计职业道德认知

会计职业道德认知，主要是指对会计职业道德的行为、准则及其意义的理解和掌握。它包含两个方面：第一，对会计职业道德规范和概念的掌握；第二，对会计职业道德判断能力的提高。会计人员提高对会计职业道德的认知，是进行会计职业道德修养的起点。没有一定的会计职业道德认知，就不可能形成会计职业道德的行为和习惯，会计职业道德修养也将无法自觉地进行下去。

2）培养高尚的会计职业道德情感

会计职业道德情感，是指会计人员基于一定的道德认识，在处理职业活动中的各种道德关系和道德行为时所产生的情绪体验。我们平时所说的职业自豪感、荣誉感、责任感、幸福感等等，都是职业道德情感。缺乏高尚的职业道德情感，就不可能形成优良的职业道德品质。

3）树立坚定的会计职业道德信念

会计职业道德信念，是指会计人员对会计职业的道德义务具有的强烈责任感和对会计职业的理想目标的坚定信仰。由于道德信念往往以动机的形式使人的道德行为表现为坚定性和一贯性，成为道德品质形成的关键性因素，因此它是职业道德修养的核心内容。会计职业道德信念的树立，离不开会计人员在职业实践中深刻的道德认知、炽热的道德情感，这是形成会计职业道德信念的基础和保障。

4）养成良好的会计职业道德行为

会计职业道德行为，是指会计人员在会计职业道德规范的调节下所采取的行为，当这些行为反复持久、习以为常以后，就会形成职业习惯。职业习惯要通过职业道德修养才能养成。因此，会计人员在职业道德修养中，要特别注意培养自己良好的职业习惯。

会计职业道德修养的目的和归宿是(　　)。

A. 自我完善　　　　B. 积善修德

C. 社会实践　　　　D. 闭门思过

【答案】C

3. 会计职业道德修养的方法

道德修养的具体方法可以是多种多样的。进行会计职业道德修养，应综合运用以下几种具体方法：

1）进行“内省”

“内省”就是内心的自我审判，自我批评。会计人员要不断反思自己的言行，反省自己的缺点，严于自我剖析，敢于做到是非观、价值观的自我斗争，逐步树立起正确的道德观念，提高自己的精神境界。会计人员要反思自己处理的每一笔业务是否符合国家政策，是否有利于生产经营，是否勤俭节约，是否真实、准确等等，这样，才会养成细致的工作作风、良好的职业习惯，同时，也会不断增强职业责任感。

想一想

“合抱之木，生于毫末；九层之台，起于垒土；千里之行，始于足下。”

“冰冻三尺，非一日之寒；为山九仞，岂一日之功。”

……

这些箴言揭示了什么道理？

2）提倡“慎独”

“慎独”就是在一个人单独处事、无人监督的情况下，仍能自觉地按照道德准则去办事。

“慎独”的前提是坚定的职业信念和职业良心。会计职业道德修养的最高境界在于做到“慎独”。会计职业道德修养讲“慎独”，就是要求每个会计人员严格要求自己，在履行职责时自律谨慎，不管财经法规、制度是否有漏洞，也不管是否有人监督，领导管理是否严格，都应按照职业道德的要求去办。“慎独”是检验会计人员道德水平高低的试金石。

3）虚心向先进人物学习

榜样的力量是无穷的，良好的榜样对人们的思想和行为起着潜移默化的影响。会计职业道德先进楷模具有强大的示范和带动作用，特别是对树立良好的职业道德风尚，陶冶优良的职业道德品质，具有“熔炉”般的巨大作用。因此，在会计职业道德修养中，要努力向会计职业道德高尚、思想端正、业务精通的先进楷模学习。首先，要熟悉了解他们的动人事迹和美好形象，从感情上受到感染，引起共鸣，激发学习的决心和力量；其次，要以他们的言行为镜子，对照自己找差距，激励自己向更高的思想境界攀登；最后，要把学习先进人物的事迹落实到自己的具体行动中。

会计人员职业道德品质的高低主要依赖于(　　)。

A. 理论灌输　　B. 自我教育

C. 环境影响　　D. 同事关系

【答案】B

拓展阅读

蓝田事件

“蓝田事件”是中国证券市场一系列欺诈案之一，“老牌绩优”的蓝田巨大泡沫的破碎，是中国股市上演的一幕丑剧，也成为2002年中国经济界的一个重大事件。

一、“蓝田事件”的经过

蓝田股份有限公司成立于1992年。蓝田股份曾经创造了中国股市长盛不衰的绩优神话。这家以养殖、旅游和饮料为主的上市公司，一亮相就颠覆了行业规律和市场法则，1996年发行上市以后，在财务数字上一直保持着神奇的增长速度：总资产规模从上市前的2.66亿元发展到2000年末的28.38亿元，增长了9倍，历年年报的业绩都在每股0.60元以上，最高达到1.15元。即使遭遇了1998年特大洪灾以后，每股收益也达到了不可思议的0.81元，5年间股本扩张了360%，创造了中国农业企业罕见的“蓝田神话”。当时，最动听的故事之一就是蓝田的鱼鸭养殖每亩产值高达3万元，而同样是在湖北养鱼，武昌鱼的招股说明书的数字显示：每亩产值不足1 000元，稍有常识的人都能看出这个比同行养殖高出几十倍的奇迹的破绽。最先挑破这个破绽的是一名被称为“与神话较量的人”——中央财经大学财经研究所研究员刘姝威，她写了一篇文章《应立即停止对蓝田股份发放贷款》，用区区600字，粉碎了股市的一个神话！她为国家挽回的经济和政治损失不可估量。文章在对蓝田的资产结构、现金流向情况和偿债能力作了详尽分析后，得出结论是蓝田业绩有虚假成分，业绩神话完全依靠银行贷款，20亿元贷款蓝田根本无力偿还。一篇短文好似一根银针扎在了蓝天股份这个巨大的肥皂泡上。一幕股市丑剧由此开始被揭开，蓝田的贷款黑洞公布于众。此后不久，国家有关银行相继停止对蓝田股份发放新的贷款。由此，蓝田赖以生存的资金链条断裂。最早在公开场合提出蓝田资金链断裂的，是中国蓝田的掌门人瞿兆玉，2001年11月底，蓝田股份召开临时股东大会，瞿兆玉承认由于银行不再给蓝田发放贷款，导致蓝田陷入困境。2002年1月21日、22日以及23日上午，蓝田股份被强制停牌。

据报道，蓝田股份涉嫌业绩造假金额高达10亿元，相关各方借此从股市大肆“圈钱”。而生态农业、蓝田经济开发公司（蓝田股份原第一大股东）以及蓝田总公司（蓝田经济开发公司的母公司）所欠银行贷款的总数曾一度高达30亿元。“蓝田事件”爆发之后，证监会将2002年定为“公司治理年”。

二、“蓝田事件”对会计职业道德的启示

会计人员应当恪守职业道德，保持职业操守；审计工作需严谨，保持独立性。

从会计的角度而言，蓝田公司造假不是公司或其他相关部门会计标准和会计人员的专业水平问题，而是在实际工作中的职业道德和操守问题。在蓝田公司中，会计人员或者屈从上级压力，或者直接参与造假，根本忘记了作为一名会计人员应有的“诚信为本，操守为重”的职业道德和职业操守。此外，该公司为达到造假的目的根本就没建立应有的财会人员管理与奖惩、准入与退出实施机制。而在外部财会审计上，由于审计人员素质或审计部门受制于地方经济发展需要等种种原因也未能做到及时发现问题或及时披露所发现的问题，其中所暴露出来的会计师独立性问题是一世界性难题，彻底解决也是任重而道远。

课后练习

一、选择题

1. 下列选项中，作为会计职业道德教育的核心内容，并贯穿于会计职业道德教育始终的是(　　)。

A. 会计职业道德观念教育　　B. 会计职业道德规范教育

C. 会计职业道德警示教育　　D. 其他相关教育

2. 会计职业道德教育，在会计人员继续教育中应从(　　)方面入手。

A. 形势教育　　　　　　　B. 品德教育
C. 法制教育　　　　　　　D. 道德基本教育

3. 下列属于加强会计职业道德修养的方法有(　　)。

A. 不断地进行“内省”　　B. 虚心向先进人物学习
C. 要互相监督、指导　　　D. 要提倡“慎独”精神

4. 下列各项中，不属于会计职业道德教育内容的是(　　)。

A. 警示教育　　　　　　　B. 专业理论教育
C. 观念教育　　　　　　　D. 规范教育

二、思考题

“慎独”是我国古代儒家创造出来的具有我国民族特色的自我修身方法。请查一查儒家经典中对“慎独”的论述，并谈一谈自己的理解。

7.4 会计职业道德建设

案例导入

晓东电子公司会计李霞在工作中努力钻研业务，积极提出合理化建议，多次被公司评为先进会计工作者。李霞的男友在一家私营电子企业任总经理，在其男友的多次请求下，李霞将在工作中接触到的公司新产品研发计划及相关会计资料复印件提供给其男友，给公司带来一定的损失。公司认为李霞不宜继续担任会计工作。

根据以上材料回答下列问题：

(1) 李霞违反了哪些会计职业道德要求?

(2) 哪些部门可以对李霞违反会计职业道德行为进行处理?

案例评析：(1) 李霞违反了“诚实守信”、“廉洁自律”会计职业道德要求。诚实守信是指会计人员应当做老实人，说老实话，办老实事，执业谨慎，信誉至上，不为利益所诱惑，不弄虚作假，不泄露秘密。廉洁自律是指会计人员应当公私分明、不贪不占，遵纪守法，尽职尽责。李霞把在工作中接触到的公司新产品研发计划及相关会计资料复印件，提供给在一家私营电子企业任总经理的男友，这是因情感和利益诱惑等因素，违背了诚实守信、廉洁自律会计职业道德要求，泄露了公司商业秘密，给公司带来了一定的损失。

(2) 财政部门、会计职业组织、本单位均可以对李霞违反会计职业道德行为进行处理。①《会计法》规定，会计人员应当遵守会计职业道德。《会计从业资格管理办法》《会计专业技术资格考试暂行办法》等均把遵守会计职业道德作为取得会计从业资格、参加会计资格考试的前提条件。财政部门可以对会计职业道德进行监督检查，对违反职业道德行为可以在其会计从业资格证书上进行记载，情节严重的，将依法吊销其会计从业资格证书。②会计职业组织是行业自律性组织。如果会计职业组织会员违反了会计职业道德的要求，会计职业组织可以根据行业自律性监管的有关规定，对其会员采取行业内部惩戒，直至取消其会员资格等惩戒措施。③《会计法》规定，单位负责人对本单位的会计工作和会计资料的真实性、完整性负责。单位负责人有责任建立和完善内部控制制度，开展会

计职业道德教育，检查和考核本单位会计人员会计职业道德遵守情况，对违反会计职业道德行为，可以按照单位内部有关制度进行处罚直至除名的处理。

任务驱动

任务内容：分组讨论近年发生的会计职业道德重大案件。

任务布置：将班级学生分成若干小组，以小组为单位通过各种媒体搜集近年来会计职业道德建设中的重大案件，选取典型案件并将其制作成课件，采用课件展示的方式在班级进行交流。

知识链接

7.4.1 会计职业道德建设所要达到的目标

在我国社会主义市场经济条件下，会计人员职业道德的缺失，给社会和国家造成了严重的经济损失，给会计职业造成了不良影响，因此，必须加强会计职业道德建设。会计职业道德建设的途径，应当实行自我修养与外部督促相结合，宣传教育与检查惩戒相结合，行业自律与舆论监督、政府监督相结合，以德规范会计职业与依法监管会计职业相结合。抓好会计职业道德建设，关键在于加强和改善会计职业道德建设的组织和领导，并得到切实贯彻和实施。会计职业道德建设是一项复杂的系统工程，需要做到以下几点：

1. 会计职业道德建设要与社会主义市场经济相适应

市场经济条件下，企业具有自主经营、自负盈亏、自我发展的要求，并承担相应的义务和责任。所以，在企业追求最大利益的前提下，会计人员如何保持应有的职业道德水准是会计职业道德建设不得不考虑的问题。

2. 由“诉诸良心”走向“基于规范”

传统的“诉诸良心”的会计职业道德模式有它的积极作用，“受人之托，忠人之事”是“良心”主导下的会计职业道德的生动体现，但在这种观念的指导下，往往会产生社会利益、单位利益与个人利益相背离的现象，所以仅仅凭良心是不够的。因此，必须用会计法律、法规等来规范会计职业道德行为，使会计职业道德由“诉诸良心”走向“基于规范”。通过法律和法规来提示会计人员在会计行为的选择上更加理性和道德。

3. 净化会计职业道德环境

当前，加强社会主义精神文明建设，要求会计人员自觉抵制各种不良思潮的影响。全社会要提高道德觉悟，重视道德修养，不断营造高品位的会计职业道德环境。

搞好会计职业道德建设的关键在于(　　)。

A. 加强和改善会计职业道德建设的组织和领导

B. 制定完善的会计法律体系

C. 对违反会计职业道德的行为进行严厉制裁

D. 社会舆论监督，形成良好的社会氛围

【答案】A

7.4.2　会计职业道德建设的组织

1. 财政部门的组织推动

1）采用多种形式开展会计职业道德宣传教育

会计职业道德建设是会计管理工作的重要组成部分，应当列入财政部门管理会计工作的重要议事日程。各级财政部门应充分认识到新形势下加强会计职业道德建设的艰巨性、长期性和紧迫性，负起组织和推动本地区会计职业道德建设的责任，要充分结合本地区的实际情况，加大宣传力度，制定切实可行的宣传方案，采取灵活多样的宣传形式，如举办会计职业道德演讲、论坛、竞赛、有奖征文等活动，积极发挥思想文化阵地在职业道德建设中的作用，牢牢把握正确的理论导向，唱响主旋律，营造会计职业道德建设的良好氛围。

2）会计职业道德建设与会计从业资格证书注册登记管理相结合

会计从业资格证书注册登记制度，是指取得会计从业资格的人员，被单位聘用从事会计工作时，应由本人或本人所在单位提出申请，按照会计从业资格管理部门规定的时间到会计从业资格管理部门进行注册登记。《会计基础工作规范》第 24 条规定："财政部门、业务主管部门和各单位应当定期检查会计人员遵守职业道德情况，并作为会计人员晋升、晋级、聘任专业职务、表彰奖励的重要考核依据。会计人员违反职业道德的，由所在单位进行处罚；情节严重的，由会计从业资格证书发证机关吊销其会计从业资格证书。"因此，将会计从业资格证书注册登记制度与会计职业道德建设结合起来，有利于强化对会计人员行为的约束，强制引导会计人员遵守会计职业道德。如果会计人员不遵守会计职业道德，不按照要求完成规定的继续教育，不遵守财经法规，情节严重的，还将由财政部门依法吊销其会计从业资格证书。这样就会使会计人员像重视自己的从业资格一样重视自身的职业道德操守，自觉遵守会计职业道德规范的要求。

3）会计职业道德建设与会计专业技术资格考评、聘用相结合

我国会计专业技术资格分为初级资格、中级资格和高级资格三个级别。初级资格、中级资格通过全国会计专业技术资格考试取得。根据财政部、原人事部联合印发的《会计专业技术资格考试暂行规定》及其实施办法规定，报考初级资格、中级资格的会计人员，应"坚持原则，具备良好的职业道德品质"等。会计专业技术资格考试管理机构在组织报名时，应对参加报名的会计人员的职业道德情况进行检查。对有不遵循会计职业道德记录的，应取消其报名资格。目前，高级会计师资格采取考试和评审相结合的方式，会计职业道德不仅是考试的重要内容，也是评审标准的一个重要内容。各单位在聘用会计人员时，除考察其专业胜任能力外，更应将遵守职业道德的情况作为一项重要的考核内容。将会计职业道德奖惩与会计专业技术资格的考、评、聘联系起来，必将使广大会计人员像重视自己专业技术职称一样重视自己的职业道德形象，在日常的学习工作中不断提高自身的职业道德修养。

4）会计职业道德建设与《会计法》执法检查相结合

财政部门作为《会计法》的执法主体，可以依法对社会各单位执行会计法律制度情况及会计信息质量进行检查。通过检查，一方面督促各单位严格执行会计法律法规，另一方面也是对各单位会计人员遵守会计职业道德情况的检验。对于检查中发现的违反《会计法》的行为，会计人员不仅要承担《会计法》规定的法律责任，受到行政处罚或刑事

处罚，同时还必须接受相应的道德制裁，可以采取在会计行业范围内通报批评、指令其参加一定学时的继续教育课程、暂停从业资格、在行业内部的公开刊物上予以曝光等措施。

5）会计职业道德建设与会计人员表彰奖励制度相结合

《会计法》规定："对认真执行本法，忠于职守，坚持原则，作出显著成绩的会计人员，给予精神的或者物质的奖励。"因此，对于那些自觉遵守会计职业道德规范的优秀会计人员，应当给予精神的或者物质的奖励。对于符合会计职业道德规范的行为予以奖赏、表彰，可以使受奖者感到对遵守道德规范的回报和社会肯定，从而促使其强化道德行为。同时，又可以使受奖者周围的人得到鞭策和鼓励，使他们学有榜样、赶有目标，形成学、赶、帮、超的良好氛围。

2. 会计职业组织的行业自律

会计职业组织起着联系会员与政府的桥梁作用，应充分发挥中国会计学会、注册会计师协会等会计职业组织的作用，改革和完善会计职业组织自律机制，有效发挥自律机制在会计职业道德建设中的促进作用。

目前，我国通过会计行业组织强化自律管理和行业惩戒已取得了一定进展。中国会计学会制定了《中国会计学会个人会员分级管理办法（试行）》，加强对会员的服务和管理，包括对会员学术规范、职业操守的管理和培训，不断提升中国会计学会会员的职业道德水平。中国注册会计师协会作为注册会计师行业自律组织，为提高我国注册会计师职业道德水平做出了积极努力，先后发布了《中国注册会计师职业道德基本准则》《中国注册会计师职业道德规范指导意见》以及《注册会计师、注册资产评估师行业诚信建设实施纲要》等，并研究建立调查委员会、技术鉴定委员会、惩戒委员会等行业自律性决策组织。由于我国会计职业组织建立比较晚，自律性监管还比较薄弱，因此，应进一步加强会计行业组织对职业道德规范的监督与惩戒。

3. 社会各界齐抓共管

1）单位负责人的职责

单位负责人要切实抓好会计职业道德建设。会计人员职业道德表现好与差，其所在单位是最直接的受益者或受害者。《会计法》规定，单位负责人对本单位的会计工作和会计资料的真实性、完整性负责。因此，单位负责人必须重视和加强本单位会计人员的职业道德建设，在任用会计人员时，应当审查其会计从业资格证书、职业记录和诚信档案，选择业务素质高、职业道德好、无不良记录的会计人员从事会计工作；在日常工作中，应注意开展对会计人员的道德和纪律教育，并加强检查，督促会计人员诚实守信，坚持原则；在制度建设上，要重视内部控制制度建设，完善内部约束机制，有效防范舞弊和经营风险。同时，单位负责人要做遵纪守法的表率，支持会计人员依法开展工作。

2）各有关部门和机构要重视会计职业道德建设

各有关部门和机构要根据会计职业道德规范要求，结合本系统、本行业（单位）特点，有针对性地制定具体职业道德规范，开展多种形式的宣传教育，抓好督促落实。

3）各新闻媒体要加强社会舆论监督，形成良好的社会氛围

良好的会计职业道德风尚的树立，离不开社会舆论的支持和监督。要以新闻媒体为阵地，广泛开展会计职业道德的宣传教育，使社会各界了解会计职业道德规范的内容，促进良好的会计职业道德风尚深入人心。要在全社会会计人员中倡导诚信为荣、失信为耻的职

业道德意识，引导会计人员加强职业修养。通过会计职业道德建设中正反典型的宣传，弘扬正气，遏制舞弊，形成良好的会计职业道德环境和氛围。

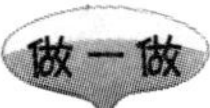

下列单位或部门中，可以对违反职业道德的会计人员进行处罚的有(　　)。

A. 财政部门　　B. 业务主管部门

C. 行业自律组织　　D. 所在单位

【答案】ABCD

7.4.3 会计职业道德建设的实施

1. 建立和完善会计职业道德教育体系

会计职业道德教育是指对会计人员和潜在会计人员进行有目的、有计划、有组织的道德教育活动。会计职业道德教育体系包括三个方面：

(1) 对潜在会计人员的职业道德教育，即对大中专院校的会计专业在校学生进行职业道德教育。

(2) 岗前会计人员的会计职业道德教育。

(3) 对会计人员的继续教育。

2. 建立和完善会计职业道德奖惩制度

实施会计职业道德奖惩制度有利于督促会计人员遵守职业道德，有利于形成抑恶扬善的社会环境，有利于会计人员形成良好的道德情感。建立和完善会计职业道德奖惩制度，一方面，要建立会计职业道德监管组织，如设立会计职业道德委员会；另一方面，要建立会计职业道德行为的追踪记录制度。如结合从业资格证的年度检查，对持证的会计人员进行注册登记，建立道德行为档案。

"奖惩机制是抑恶扬善的唯一的杠杆"是否正确?

3. 建立会计职业道德监督机制

会计职业道德监督机制包括两个方面：

1) 会计监督

会计人员监督经济业务经办人。会计人员通过审查、报账、核算、分析等会计程序，对经济活动中发生的经济业务进行核算。

2) 社会监督

社会监督会计人员，包括以下三个层次：由财政、税务、审计、监察等部门对会计人员遵守职业道德情况进行检查、督促；由会计师事务所等社会中介机构对会计行为进行查验、评估；单位职工和其他社会成员对会计人员的职业道德进行监督。

4. 财政部门对注册会计师、会计师事务所和注册会计师协会进行监督指导

会计职业道德的实施是一项复杂的系统工程，需要政府部门和社会各界积极参与。《会计法》规定，财政部门管理全国的会计工作。《注册会计师法》规定，财政部门对注册会计师、会计师事务所和注册会计师协会进行监督指导。这些规定，从法律法规的角度明确了财政部门管理注册会计师行业的体制。

对会计职业道德进行监督检查的部门主要是(　　)。

A. 会计行业组织　　B. 财政部门

C. 工商行政管理部门　　D. 纪律检查和监察部门

【答案】B

拓展阅读

折翼造假路

一、银广夏：拙劣的造假

“银广夏造假事件”是载入中国会计职业道德史上的一次沉痛的教训。此案于2001年的8月份被媒体披露后，业界一片哗然，而长期为银广夏做审计的中天勤会计师事务所也在瞬间崩塌，陷入“万劫不复”之地。参与调查的一位资深会计师说，如此长时间、巨额的造假令人震惊！银广夏从生产到销售、出口，一路假账走到底，性质极其恶劣，但手段却十分低劣，使的是伪造单据的老伎俩。银广夏的造假大账由始至终都是在虚构会计信息。银广夏造假给中国股市与会计职业道德的建设带来的影响极其恶劣，成为会计职业道德史上一个挥之不去的“失信情结”。

专家点评：银广夏的造假手段并不高明，但是银广夏却用其拙劣的造假手段走了那么远。事实上，银广夏的公司治理结构很不健全，没有形成股东、董事会、管理层、子公司之间的权力制衡，明显处于失效状态。董事会对其聘任的经理层人员没有实施充分有效的监督，内部管理混乱，为造假者提供了可乘之机。对此，中天勤会计师事务所和监管机构也负有不可推卸的责任。

二、东方纪元：迷失的CEO

2009年3月13日，在新加坡上市的中国教育企业东方纪元公告，由于公司前董事长兼CEO王越安承认财务造假，公司自愿申请暂停股票交易。事情发生于2009年的3月9日。东方纪元CFO接到该公司聘请的审计师事务所KPMG的通知，说他们无法确认该公司的银行存款余额，并对银行发出的确认函表示了怀疑。3月11日，王越安向董事会坦白了事情的真相。而后，作为东方纪元的董事长兼CEO王越安离奇失踪。东方纪元的这一财务造假案一时引起了社会各界的广泛关注，会计职业道德又一次被推上了风口浪尖。东方纪元的财务造假案带来的影响是极其恶劣的，会计职业道德操守到底处于怎样的境地？不仅让人产生更大的担忧。

专家观点：东方纪元造假案深刻揭示了一个道理，会计职业道德不仅仅是财务人员的事情，公司的高层领导更需要有高尚的会计职业操守。财务人员是为他们服务并且要听命于公司领导层的。公司领导层要以身作则，以合理合法的方式引导公司走上健康发展之路。

三、中捷股份：挪用资金

从2006年起，中捷股份原董事长蔡开坚指使他人，在未经任何审批程序、且公司董事会不知情的情况下违规占用公司的资金归控股股东中捷控股集团有限公司使用。事实上，蔡开坚之所以铤而走险，挪用资金，做出违反会计职业道德的事情，这和他的法律意识淡薄有很大的关系。"我只知道占用上市公司资金不对，但对占用资金的严重后果却认识不足。"对于中捷股份的做法，上海国家会计学院夏草认为，中捷股份在2007年10月的公开增发招股书中隐瞒了巨额占资事实，已构成欺诈发行股票行为。中捷股份实际控制人违规占用资金这么久没被发现，保荐人、会计师事务所、律师事务所都有责任。

专家点评：中捷股份案件的发生让人感到同情和遗憾。蔡开坚避开董事会，避开相关人员，挪用公司的资金，这和他的法律意识淡薄有很大的关系。如果蔡开坚能够熟知相关法律法规，能够清醒地认识到会计职业道德的社会规范作用，能够站在法律和职业道德的高度去领导中捷股份，相信中捷股份能够走得更远。

课后练习

一、选择题

1. 在我国，组织和推动会计职业道德建设，并对相关工作依法行政的机构是(　　)。

A. 工商行政管理部门　　B. 财政部门

C. 会计行业组织　　D. 其他机构

2. 对会计职业道德进行自律管理与约束的机构是(　　)。

A. 财政部门　　B. 工商行政管理部门

C. 会计职业组织　　D. 其他组织

3. (　　)对会计职业道德建设的组织和实施必须健全制度和机制，齐抓共管，保证会计职业道德建设的各项任务和要求落到实处。

A. 各级财政部门　　B. 会计职业团体

C. 机关　　D. 企业事业单位

4. 财政部门对会计职业道德监督检查的途径有(　　)。

A. 会计法执法检查与会计职业道德检查相结合

B. 会计从业资格证书注册登记管理与会计职业道德检查相结合

C. 会计专业技术资格考评与会计职业道德检查相结合

D. 会计专业技术资格聘用与会计职业道德检查相结合

二、思考题

面对法律的制裁，有些会计人员仍然频繁造假，铤而走险。请结合相关会计造假案例，谈谈加强会计职业道德建设的意义。

主要参考文献

[1] 东奥会计在线．财经法规与会计职业道德［M］．北京：北京大学出版社，2012.

[2] 高慧云．经济法实务［M］．北京：电子工业出版社，2012.

[3] 侯怀霞．经济法案例·法条·评析［M］．北京：中国法制出版社，2012.

[4] 柯新华．经济法原理与实务［M］．2 版．上海：上海财经大学出版社，2012.

[5] 杨柳．经济法［M］．苏州：苏州大学出版社，2012.

[6] 杨柳．经济法习题集［M］．苏州：苏州大学出版社，2012.

[7] 陈炳勋．经济法律法规［M］．3 版．北京：高等教育出版社，2011.

[8] 陈炳勋．经济法律法规习题集［M］．3 版．北京：高等教育出版社，2011.

[9] 陈燕玲．经济法教程［M］．北京：经济科学出版社，2011.

[10] 康娜．经济法原理与实务［M］．北京：北京大学出版社，2011.

[11] 钱光明．经济法基础［M］．南京：南京大学出版社，2010.

[12] 中国会计学会编写组．财经法规与会计职业道德［M］．北京：经济科学出版社，2009.

[13] 倪红霞．经济法［M］．2 版．北京：电子工业出版社，2007.

[14] 吴弘，李集合．合同法［M］．北京：中国政法大学出版社，2005.

[15] 肖江平．经济法案例教程［M］．北京：北京大学出版社，2004.